버블붕괴와 장기침체

김광수경제연구소 경제시평 04

버블붕괴와 장기침체

김광수경제연구소 지음

1판 1쇄 발행 | 2009. 3. 1

발행처 | Human & Books
발행인 | 하응백
출판등록 | 2002년 6월 5일 제2002-113호

서울특별시 종로구 경운동 88 수운회관 1009호
기획 홍보부 02-6327-3535, 편집부 02-6327-3537, 팩시밀리 02-6327-5353
이메일 | hbooks@empal.com

값은 뒤표지에 있습니다.

ISBN 978-89-6078-060-6 13320

김광수경제연구소 경제시평 04

버블붕괴와 장기침체

김광수경제연구소 지음

김광수경제연구소 경제시평 04

Human & Books

CONTENTS

|제3부| 세계 경제질서의 변화와 새로운 모색

　이 책은 김광수경제연구소에서 매주마다 제공하는 <경제시평> 자료의 일부를 엮어서 발간하는 모음집 시리즈입니다. 2008년 2월 『한국경제의 도전』을 시작으로 2008년 10월 『위기의 한국경제』에 이어 이번이 세 번째 모음집이 됩니다.

　우리 연구소의 <경제시평> 유료회원사업은 시작한 지 얼마 안되었습니다만 벌써 회원수가 2,400명을 넘고 있습니다. 지난 6개월 동안에만 무려 2,000명 가까운 사람들이 가입을 했습니다. 기업과 금융기관, 일반인, 투자자, 대학생, 언론 및 정부와 정치권 등에서 많은 사람들이 가입했습니다. 유료회원 가입이 급증함에 따라 시평, 특집, 경제단신, 시사경제, 중국, 일본, 인도, 러시아 지역경제 보고서 등 <경제시평>의 컨텐츠도 다양해지고 있습니다. 1년 전에는 제공되는 자료가 3종에 불과했으나 지금은 8종으로 늘어난 것입니다. 인터넷포털 '다음'에 개설된 카페 <김광수경제연구소포럼>에 들어가보시면 <경제시평> 샘플들을 참조하실 수 있습니다.

　미국의 부동산 버블이 붕괴되면서 2008년에는 금융위기가 전세계로 확산되었습니다. 그리고 글로벌 금융위기 확산에 이어 2009년에는 전세계적인 동시불황이 본격화되기 시작하고 있습니다. 이와 관련하여 우리 연구소는 이미 2008년 10월에 한국경제가 제2의 IMF사태와 같은 위기적 상황에 빠지고 있다고 선언했습니다.

100년 만의 위기라고 할 정도로 전 세계가 금융위기와 경기불황에 직면하면서 금융을 포함한 경제뿐만 아니라 정치 패러다임도 변하기 시작하고 있습니다. 지난 20세기 산업자본주의 경제는 석유에너지를 기반으로 양적 성장 제일주의와 선진국의 과소비를 부추겨왔습니다. 그로 인해 자구자원은 맹렬한 속도로 고갈되고 있으며, 지구환경은 거의 회복불능의 임계점에 이를 정도로 파괴되어 왔습니다. 이처럼 자원 소모적이고 환경파괴적인 20세기 산업자본주의 성장모델은 그 한계를 드러낸 것입니다.

그런가 하면 20세기 후반에 팽배한 자유방임적 금융자유화는 마치 돌을 황금으로 만들겠다는 중세 시대의 연금술을 연상케 할 정도였습니다. 사람들은 근면하고 성실하게 일하며 정직하게 사는 것이 시대착오적이라는 착각에 빠질 정도였습니다. 시대착오적인 이념에 빠진 기득권 정치세력들은 사람들을 탐욕의 도가니 속으로 몰아 넣었습니다.

이런 가운데 일반인들이 감당할 수 없는 엄청난 차입(레버리지)이 허용되었습니다. 시대착오적인 정치세력과 정부관료들은 금융혁신이라는 미명하에 자신들과 모든 사람들을 기만하면서 부동산이든 주식이든 파생상품이든 재테크 투기를 선동했으며 그런 정책들을 남발했습니다. 이들은 과잉 레버리지를 통한 재테크 투기가 21세기형의 새로운 경제활동 패러다임이라고 여겼습니다. 정직하고 열심히 땀 흘려 일하며 사는 것은 이미 구시대의 유물이라고 간주한 것입니다.

그러나 미국 44대 대통령에 취임한 오바마 대통령은 취임연설에서 지금 세계가 겪고 있는 경제위기는 일부 세력들의 탐욕과 시대착오적인 이념, 거짓공약 그리고 무책임의 결과라고 단언했습니다. 이제 이런 사기와 기만은 더 이상 용납되지 않을 것이라고 말했습니다. 근면과 정직, 용기와 페어플레이, 관용과 호기심, 충성심과 애국심은 예나 지금이나 여전히 변하지 않는 진리이며 역사를 소리 없이 발전시켜 온 원동력이었다고 말했습니다.

작금의 경제위기는 20세기 소수 특권계층만을 위한 성장패러다임의 모순이 한꺼번에 집약되어 폭발한 것이라고 할 수 있습니다. 이 경제위기를 계기로 세계는 21세기에 걸맞은 새로운 정치경제 패러다임의 모색을 시작하고 있습니다. 21세기형의 새로운 정치경제 패러다임은 가치관이나 철학이 바뀌는 것이 아니라 지향점과 주체가 바뀌는 것을 의미합니다. 소수 특권계층만의 탐욕을 위한 것이 아니라 모든 국민이 환경친화적인 안정된 삶과 행복을 누릴 수 있게 되며, 소수 특권계층이 모든 국민들의 운명을 마음대로 결정하는 것이 아니라 모든 국민 한 사람 한 사람이 자신의 운명을 결정하는 주체가 되는 것입니다. 인터넷이라는 강력한 쌍방향 실시간 소통 시스템을 통해서 말입니다.

오바마 대통령의 말처럼 21세기 정치경제 패러다임은 여전히 변하지 않는 진리에 기반을 두고 있습니다. 열심히 땀 흘려 일하는 근면과 남을 속이지 않는 정직함, 불의에 맞서는 용기와 기회의 평등을 보장하는 공정함, 이웃과 더불어 사는 관용과 미래와 미지에 대한 호기심과 같은 불변의 진리에 기반을 두고 있습니다.

이처럼 세상의 정치경제 패러다임이 변하는 전환점에 있습니다. 그러나 한국사회는 여전히 시대착오적인 정경관언사법 유착의 특권구조가 타파되지 않고 20세기 성장패러다임의 모순이 심화되고 있습니다. 소수 특권세력들은 시대착오적 이념과 부자 되게 해주겠다는 감언이설로 일반국민들을 기만하고 농락하여 권력을 잡고 있습니다. 이들은 민주주의의 형식적 틀을 악용하여 권력을 잡고 있으며 이것을 민주주의라고 주장하고 있습니다. 그리고 정책이라는 이름으로 포장하여 자신들의 탐욕을 충족하기 위해 교묘하게 착취구조를 강화하고 있습니다. 이들은 이것을 시장경제라고 주장하고 있습니다. 이들 특권계층은 엉터리 나팔수들과 결탁하여 일반국민들을 기만하고 속이고 있습니다. 이런 엉터리 나팔수들을 이들은 언론이라고 주장하고 있습니다.

그러나 이런 사기 정치와 착취 경제는 더 이상 민주주의 시장경제라고 할 수 없습니다. 이들은 집값은 영원히 오를 것이며 주식도 계속 오를 수밖에 없다고 떠들어 대고 있습니다. 금방 탄로나는 거짓말과 사기를 서슴없이 그리고 태연하게 하고 있습니다.

우리 연구소가 <경제시평>과 <김광수경제연구소포럼>을 시작하게 된 것은 바로 이런 소수 특권계층과 엉터리 나팔수들의 사기와 기만과 거짓을 한국사회에서 몰아내기 위해서입니다. 일반국민들이 객관적이며 신뢰할 수 있는 정보를 접함으로써 더 이상 사기 당하지 않도록 하기 위해서입니다. 국민들은 지금 자신들과 자식세대들의 장래가 어떤 상황에 놓여 있는지 올바로 깨달아야 합니다. 자신의 꿈과 희망이 어떻게 사라지고 있으며 자식세대들의 미래가 어떻게 망가지고 있는지를 올바로 깨달아야 합니다.

깨닫는 것에서 그치는 것이 아니라 21세기형의 새로운 정치경제 패러다임을 구축할 수 있도록 나서야 합니다. 모든 국민들 한 사람 한 사람이 인간답게 살 수 있는 민주주의 시장경제를 만들어가기 위해 나서야 합니다. 이를 위해서는 20세기 패러다임에 사로잡힌 부모세대는 이제 물러나고 자식세대에게 자리를 비켜 주어야 합니다. 진보든 보수든 아니면 좌든 우든 이미 부모세대는 더 이상 지식정보화된 21세기 세상의 변화를 따라갈 수 없으며 한국사회도 이끌어갈 수 없다는 사실이 입증되었습니다. 부모세대가 고생해서 가르친, 그래서 부모세대보다 더 많이 배운 자식세대가 21세기 새로운 패러다임을 만들어갈 수 있도록 부모세대는 이제 길을 터줘야 합니다. 그것만이 한국사회가 최소비용으로 최단시일 내에 가장 평화적으로 21세기형의 공동체적 민주주의 시장경제를 만들어갈 수 있는 유일한 방법입니다.

마지막으로, 보다 많은 분들이 <경제시평>과 <김광수경제연구소포럼>에 접하시어 자식세대 중심의 21세기형 민주주의 시장경제를 함께 만들어갈 수 있기를 진심으로 기원하겠습니다.

감사합니다.

2009년 2월

金光洙經濟研究所

소장 김광수

이명박 정부의 이념 과잉과
한국경제의 위기

2007년 하반기에 본격화한 미국발 서브프라임론 사태가 2008년에 들어서면서 글로벌 금융위기로 확산되었다. 그리고 금융위기에 이어서 세계 각국에서 경기불황이 동시에 시작되고 있다. 유감스럽지만 2009년에도 이런 위기 상황이 계속될 것으로 보인다. 이미 미국을 비롯한 외국의 대다수 전문가들과 전문기관들이 2009년은 힘든 한 해가 될 것이라고 전망하고 있다. 이런 비관적 전망이 대부분인데도 불구하고 일부에서는 주식투자로 한탕 하려는 무모한 욕심에 사로잡혀 있는 사람들도 있는 것 같다. 무모한 욕심은 화를 부르기 마련이다.

위기에 직면하게 되면 사람들은 본능적으로 역사를 돌이켜 본다. 그 역사를 돌이켜 보면, 경제위기는 정치적 이념과도 밀접한 연관을 갖는 것 같다. 특히 자유주의와 자유방임주의를 혼동하는 정치이념이 시장경제를 지배할 경우 경제 혼란이 발생하는 것처럼 보인다. 신고전파의 자유주의가 정치이념 세력과 결합하게 되면 특권계층 위주의 자유방임주의로 쉽게 변질되기 때문이다.

미국의 경우를 예로 들면, 1930년대 대공황(하딩-쿨리지-후버)과 1971년-1973년의 닉슨쇼크와 변동환율제 이행의 혼란기(닉슨-포드), 1980년대 말의 부동산투기 버블과 금융위기(레이건-부시〈41대〉), 그리고 최근의 경제위기(부시〈43대〉) 모두가 미국 공화당이 집권한 시기에 발생하였다.

1930년대 대공황이 발생하기 전인 1921년부터 대공황이 진행되던 1933년까지 신고전파적 자유주의를 신봉한 공화당출신 대통령이 3차례 연속 집권했다. 그러나 이들이 실제로 행한 것은 자유주의적 시장경제가 아니라 국내적으로는 자유방임적 시장경제였으며 대외적으로는 철저한 보호무역주의였다.

1921년 3월~1923년 8월까지 하딩(Warren G. Harding) 대통령에서부터 1923년 8월~1929년 3월까지 쿨리지(Calvin Coolidge), 그리고 1929년 3월~1933년 3월까지 후버(Herbert Hoover) 대통령에 이르기까지 공화당이 3차례 연속 집권한 것이다. 하딩은 집권 중에 사망하였는데 권력남용과 부패로 역사가들로부터 최악의 대통령으로 평가 받은 인물이다. 그의 사후 부통령이던 쿨리지가 대통령직을 이어받았다.

특히 후버 대통령의 경우 1928년 선거유세에서 "어느 가정의 냄비에도 날마다 닭 1마리를, 어느 가정 차고에도 자가용 2대를!"이라는 슬로건을 내걸고 압승했다. 그는 1929년 3월 대통령 취임식 연설에서 "오늘 우리 미국인들은 그 어떤 나라 역사에서도 볼 수 없을 정도로 빈곤에 대해 최종 승리를 눈앞에 두고 있다"는 유명한 말을 했다. 그러나 취임하자마자 대공황이 발생함으로써 그는 바보가 되었다. 그는 대공황을 부정하려 했다. 오히려 한술 더 떠 "불황은 일시적인 것이며 조금만 기다리면 다시 경기는 회복한다"고 말하면서 정부개입을 최소한으로 억제하는 자유방임적 정책노선을 견지했다.

뿐만 아니라 대외적으로는 1920년대 공화당 정권하에서 지속되어온 보호무역주의 노선을 더욱 강화하여 1930년에는 대공황 극복 대책으로 할리-스무트무역법(Hawley-Smoot Tariff Act)을 성립시켰다. 이 법을 통해 2만여 수입품목에 대해 관세를 기록적으로 인상한 것이다. 이것이 대공황을 더욱 악화시킨 요인 중의 하나로 비판 받고 있다. 결국 대공황의 위기는 1933년 민주당의 루스벨트 대통령이 집권하면서 뉴딜정책이라는 적극적인 경기부양책 시행으로 극복되기 시작하였다고 할 수 있다.

2007년 하반기부터 본격화되기 시작한 미국의 서브프라임론 사태도 대내적으로는 극단적인 자유방임주의에 입각한 무차별적 금융규제 완화와 대외적으로는 네오콘으로 대변되는 일방주의적 시장개방 압력에 기인하는 바가 크다고 할 수 있다. 네오콘들은 1920~30년대처럼 미국이 보호무역주의를 할 수 없다면 반대로 경제발전 수준에 관계없이 외국에 대해 무차별적으로 시장을 개방하라는 압력을 가해야 한다고 주장한 것이다. 시장개방은 시장경제를 확대시켜준다는 점에서 필요하다. 그러나 일방주의 정치이념에 입각하여 획일적이고 무차별적인 시장개방 강요는 문제라고 할 수 있다. 서로의 경제사정을 감안하여 서로가 감당할 수 있는 형태로 질서 있고 단계적으로 추진하는 것이 바람직하다.

아이러니컬하게도 한나라당의 이명박 정부는 20년대 말 미국 공화당의 후버 대통령과 닮았다. 이명박 대통령과 한나라당은 미국을 비롯하여 세계경제가 부동산버블 붕괴와 금융위기가 진행되고 있던 2007년 후반과 2008년 봄에 부동산가격 올리기와 747공약을 내세워 대통령이 되었으며 집권당이 되었다. 이는 마치 "모든 가정이 아파트 투기로 7% 경제성장과 4만 달러 소득 달성을!"이라는 공약을 내세워 대통령과 집권당이 된 것이라고 할 수 있다. 20년대 말 공화당 후버 대통령의 선거공약을 연상케 한다.

뿐만 아니라 2008년 들어 경제위기가 심화되고 있고 계속 경고가 나오고 있음에도 불구하고 이들은 여전히 위기를 부정했으며, 자유주의를 자유방임주의로 착각한 채, 정치 이념을 앞세워 특권계층을 위한 규제완화라는 것을 계속해왔다.

이명박 정부는 리만브라더스가 파산하기 불과 한 달도 채 안 되는 시점에서 금융 글로벌화를 외치며 리만브라더스를 인수하겠다고 나섰다. 그것도 달러보유고가 바닥이 나서 원/달러 환율이 폭등하는 상황에서 말이다. 이명박 정부는 경제위기를 끊임없이 부정했다. 그러다가 미국을 비롯한 세계경제 악화로 인해 일시적인 위기를 겪을 뿐 자신들의 무지와 무능함 때문이 아니라고 주장했다. 한국 은행들의 위기가 끊임없이 안팎으로 제기되고 있었으나 한국의 은행과 금융시장은 전혀 문제가 없다고 말했다. 그러나 곧바로 사상 초유의 위기이며 은행들이 문제라고 자신의 말을 뒤집었다. 은행 임직원들은 급여를 삭감해야 한다고 말했다. 은행이 무슨 부실을 얼마나 안고 있는지에 대해서는 일언반구 한마디도 없이 거액의 공적자금만을 쏟아 붓고 있다.

이명박 대통령은 때로 국민들에게 주식과 펀드를 사라고 외쳤다. 또 한국경제에 거품은 없다고 주장하던 대통령이 이제는 거품을 빼야 한다고 외치고 있다. 불과 몇 달 전만 해도 경제위기는 없다던 대통령이 이제는 스스로 앞장서서 경제위기를 외쳐대며 대규모 건설경기 부양책과 거품빼기 구조조정을 강요하고 있는 것이다. 말 안 듣는 공무원까지 잘라내면서까지 대통령이 나서서 부동산투기를 부추기고 건설업계를 위한 4대강 정비사업 등과 같은 필요성도 사업성도 시급성도 없는 토목사업들을 추진하고 있다. 집권당인 한나라당 대표는 대통령에 맞장구 치면서 전 국토의 공사장화를 외쳐대고 있다.

이명박 대통령은 미국 빅3 자동차의 경영위기가 강성 노조 때문이라고 말했다. 과연 그럴까? 흔히 빅3의 경영위기의 원인으로 퇴직자의료보험 등 종업원들에 대한 무리한 복지비용 부담 문제를 거론한다. 그러나 이것은 문제의 본질이 아니다. 만일 근로자와 퇴직자의료보험 부담이 빅3 경영난의 근본원인이라고 한다면 이 부담을 없애면 빅3가 회생할 수 있느냐 하는 것이다. 자동차산업에 대해 조금만 기본적인 상식과 지식을 갖춘 사람이라면 누구라도 불가능하다고 말할 것이다.

그러면 빅3 경영위기의 근본원인은 무엇인가? 그 답은 아래의 <도표 1>에 있다. 이 도표에서 볼 수 있는 것처럼 미국의 승용차 판매는 지난 90년대부터 지속적으로 감소해왔다. 90년대 초 930만대에서 2008년에는 670만대로 260만대나 줄었다. 반면 SUV, 픽업 등 경트럭 판매는 90년대 초 460만대에서 2004년에 940만대로 무려 460만대나 증가하는 가파른 상승세를 지속해왔다. 이러한 변화를 주도한 것은 빅3였다. 일본과 한국 등의 공세에 밀리고 판매감소를 보이는 승용차 시장에서는 마진이 높은 고가 중대형 차량 생산에 치중하기 시작했다. 그리고 가파른 성장세를 보이는 경트럭 시장에서 고가 대형차 위주의 생산전략에 집중했던 것이다. 그러나 이미 2005년부터 경트럭 시장이 포화상태에 이르러 상황이 반전되기 시작했다.

특히 2005년부터는 유가상승이 지속됨에 따라 연비가 떨어지는 중대형

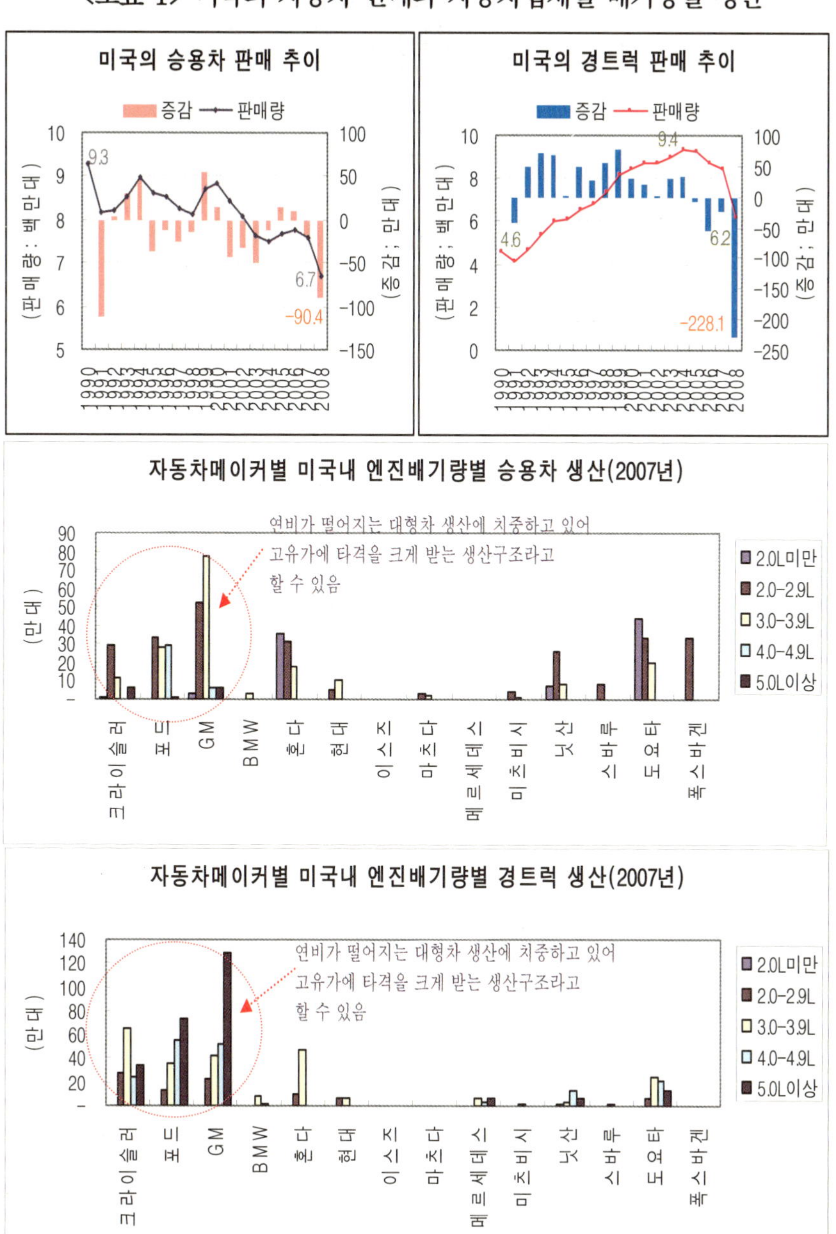

<도표 1> 미국의 자동차 판매와 자동차업체별 배기량별 생산

(주) KSERI 경제보고서 "세계 제조산업 동향 분석 – 자동차산업편(1)"

차량에 대한 수요가 감소하기 시작한 것이다. 그리고 글로벌 금융위기가 본격화하고 유가가 배럴당 140달러를 돌파한 2008년에는 파국적 상황을 맞이하게 된 것이다.

이상의 분석 결과로부터 빅3 경영위기의 근본적인 원인은 근로자에 대한 복지비용 증가 때문이 아니라 빅3의 경영전략 실패 때문이라는 것을 알 수 있다. 미국 내에서 빅3 구제금융과 관련하여 많은 논란이 일고 있는 것도 바로 이 때문이라고 할 수 있다. 미국에 있는 수많은 자동차 전문가들과 분석가들, 그리고 의회 등 정책결정자들과 언론이 모두 바보라서 빅3 지원을 둘러싸고 갑론을박을 하고 있는 것이 아니다.

중대형차 위주의 생산/판매 전략을 취해온 빅3의 전략실패가 구제금융을 해준다고 해서 하루 아침에 해결될 수 있는 문제가 아니다. 하루 아침에 중대형차 위주의 생산라인을 중소형차 라인으로 바꿀 수도 없으며, 하루 아침에 중대형차 위주의 판매전략을 중소형차 판매전략으로 바꿀 수 있는 것도 아니다. 또 중소형차 위주로 바꾼다고 해서 당장 이익을 낼 수 있을 정도로 경쟁력이나 노하우가 있는 것도 아니다.

밑도 끝도 없이 계속 돈을 퍼주어야 하는 상황이라면 차라리 파산을 검토하는 것이 낫다는 주장도 일리가 있다. 그러나 미국뿐만 아니라 NAFTA와 유럽, 아시아 등에서 글로벌 사업을 전개하고 있는 빅3가 차지하는 비중이 매우 크고 영향 또한 지대하다는 점에서 파산을 시킬 수는 없는 노릇이다. 바로 이런 고민 때문에 빅3에 대해 어쩔 수 없이 구제금융을 해주지만 그 대신 납세자인 미국 국민들이 납득할 수 있는 경영회생 계획을 요구하고 있는 것이며, 경영진이든 근로자든 희생을 감수하도록 요구하고 있는 것이다. 만일 빅3 노사가 미국 정부로부터 구제금융을 받아 일정기간 후에는 반드시 회생할 수 있다는 납득할 수 있는 회생계획을 제시하지 못한다면 어쩔 수 없이 파산시킬 수밖에 없다. 빅 3가 아무리 크다 한들 언제까지나 미국 국민들의 세금으로 연명할 수는 없기 때문이다. 이처럼 빅3 문제는 전체적인 문제를 보고 진단해야 하는 것이며, 모든 경제 상황도 동일한 논리에 의해 파악되어야 한다.

공동체 속에서 자유라는 말이 성립하기 위해서는 자유를 원하는 주체들 스스로의 엄격한 규율을 요구한다. 그래야만 모두의 자유를 보장할 수 있다. 시장경제가 경제주체들의 자유를 전제로 하지만 모두가 제멋대로 해도 된다는 자유방임주의를 요구하는 것은 결코 아니다. 자유방임주의는 모든 경제주체의 자유를 보장하는 것이 아니라 가장 힘센 특권계층의 특혜와 특권만을 보장할 뿐이다. 1800년대 자본주의 시장경제 태동 이후 자유방임주의는 특권계층의 기득권 옹호를 위한 정치이데올로기로 이용되어 왔다고 할 수 있다. 자유방임적 정치이념이 시장경제를 지배할 경우 항상 버블이 발생했으며 동시에 그 버블의 붕괴로 인해 경제위기도 발생했다.

올바른 경제정책을 시행하려면 현실 경제를 객관적으로 보고, 현실 경제의 당면한 문제를 해결할 수 있는 올바른 방법으로, 필요한 시점에 선제적으로 정책으로 시행하여야 한다.

그렇게 하지 못하고서 끊임없이 거짓과 자기변명을 반복하거나 시대착오적인 정치이념으로 접근하려 하는 한, 한국경제는 계속 퇴보할 수밖에 없다. 문제가 무엇이고 어떻게 해결해야 하는지 모른 채 그저 우왕좌왕할 뿐이다. 2008년 한국경제는 이렇게 우왕좌왕하다가 혼란에 빠진 한 해였으며, 2009년에도 이런 상황은 여전히 계속될 것으로 보인다.

경제 전체가 앞으로 한 걸음도 나아가지 못하고 우왕좌왕한 채 성장동력을 잃어가고 있는 것이야말로 한국경제가 안고 있는 가장 근본적인 문제라고 할 수 있다.

거듭된 정책실패와 증폭되는 경제위기

미국발 금융위기의 원인과 전망

며칠 새 대형 투자은행인 리만브라더스가 파산하고, 세계 최대 보험사인 AIG가 파산 위기에 몰려 미국 정부의 구제금융을 받는 등 글로벌 금융기관들이 극심한 위기에 빠져들고 있다. 이에 따라 세계 각국 증시가 요동치는 등 미국발 금융공황 조짐마저 보일 정도로 세계 경제가 극심한 혼란을 겪고 있다. 이에 이번 주 <시사경제>에서는 미국발 금융위기의 원인과 전망에 대해 소장님과 인터뷰한 내용을 싣기로 했다. [1]

2007년 초부터 연구소 <경제시평>에서 미국경제 상황에 대해 집중적으로 다뤄왔는데, 이처럼 미국경제 문제에 집중한 까닭은 최근과 같이 미국경제가 극심한 혼란에 빠질 것을 예견한 때문이었습니까?

사실 미국의 부동산 시장 거품 문제에 대해서는 이미 2003년과 2004

---

[1] 이 글과 세번째 수록된 '한미 통화스왑과 힌은의 기준금리 인하'는 김광수경제연구소의 선대인부소장이 김광수소장을 인터뷰하여 그 내용을 정리한 글이다..

년 무렵 연구소에서 발간한 <경제보고서>에서도 여러 차례 지적한 바 있습니다. 미국 금융기관들의 주택모기지 대출 증가세와 주택가격 상승세가 도저히 정상적인 상황이 아니라고 보았기 때문입니다. 2004년에 발간한 『현실과 이론의 한국경제』 2권에서도 이미 미국 부동산 버블 붕괴 위험을 경고했습니다. 특히 부동산 투기버블이 극성을 부리게 된 배경에 패니메이나 프레디맥과 같은 미국 연방주택금융공사의 모기지담보부증권(MBS) 발행을 통한 무한대에 가까운 자금공급 메커니즘이 있다고 지적했습니다. 그때 이미 우리 연구소는 미국 부동산 버블 붕괴는 시간 문제로 봤습니다.

이미 <경제시평>에서 설명한 바와 같이 미국의 주택모기지론 증가는 90년대 중반 클린턴 정부의 중하위 저소득층을 위한 주택공급정책에서부터 시작됩니다. 그리고 2000년에 들어오면서 증가속도가 빨라지기 시작했는데 특히 2002년과 2003년에는 2001년의 IT버블 붕괴와 9.11테러로 인한 경기침체를 주택시장의 버블이 상쇄해줄 정도로 불이 붙기 시작했습니다. 그리고 급기야는 2005년과 2006년 2년 연속으로 연간 1조 달러 이상의 신규 대출이 이뤄졌는데 이것이 바로 서브프라임론 급증에 기인한 것이었습니다. 미국의 기존주택 가격도 2000년부터 2006년 중반까지 2.3배 가량 상승했습니다.

그러나 2006년 초부터 서브프라임론 문제가 수면 위로 드러나기 시작했습니다. 이미 2005년 말부터 미국의 신규주택 판매량이 줄기 시작했고, 주택건설 투자를 비롯한 기업들의 설비투자도 2006년부터 줄기 시작했습니다. 말하자면 2006년 중반부터 부동산 거래가 빠르게 줄기 시작하면서 주택가격도 하락세를 보이기 시작한 것입니다. 그 여파로 2007년 초에 가장 체력이 빈약한 일부 주택모기지금융사들이 파산하기 시작했습니다. 우리 연구소는 그때부터 미국 경제 위기가 본격화될 것으로 봤습니다.

그래서 2007년 초부터 미국의 금융기관과 부동산시장 동향과 문제 등에 대해 <경제시평>에서 집중적으로 다루기 시작했습니다. 미국 경제가 혼란에 접어들 것임을 깨달았기 때문에 미국의 부동산 버블붕괴 문제를 주의 깊게 관찰해온 것입니다. 페니매이와 프레디맥이 크게 문제가 될 것이라는 것도 벌써 이때 <경제시평>에서 다루었습니다.

일부에서는 우리 연구소가 각종 경제현안들에 대해 족집게 점쟁이처럼 예언한 것으로 보는 경우도 있는데, 우리는 점쟁이도 아니고 예언한 적도 없습니다. 오로지 객관적인 사실과 각국의 경제정책과 제도, 그리고 경제이론 및 분석방법론에 입각해 미국경제의 펀더멘털을 분석했을 뿐입니다. 그 분석 결과 미국 경제가 혼란에 빠져들 가능성이 매우 높다는 결론에 도달했고 그것을 정리해 발표했을 뿐입니다.

민주주의 시장경제하에서는 경제가 펀더멘털 흐름에서 크게 벗어날 수는 없습니다. 역사가 그것을 입증해주고 있습니다. 물론 일시적으로 펀더멘털을 크게 벗어날 수 있고, 그게 어느 정도 지속되면 적지 않은 사람들이 마치 그것이 정상적인 것이라고 착각하기도 합니다. 심지어는 경제전문가라고 하는 사람들도 그런 착각에 빠져 헤매는 경우가 일쑤입니다. 그만큼 경제를 분석할 수 있는 전문적 역량을 갖춘다는 것이 어렵고 힘들다고 할 수 있습니다.

사실 객관적 사실과 각국의 현실경제에 대한 올바른 이해, 그리고 경제학적 분석방법론을 바탕으로 펀더멘털을 올바로 분석하면 펀더멘털에서 벗어나는 게 보이게 됩니다. 그럴 때 우리 연구소는 사전 경고하게 되며, 시차는 있을지언정 그런 경고가 대부분 현실화되었습니다. 왜냐하면 역사적으로 펀더멘털로부터의 심각한 일탈은 반드시 문제를 일으켰으니까요. 이것이 우리 연구소가 마치 점쟁이처럼 보인 연유라고 생각됩니다. 우리 연구소는 어느 날 갑자기 금융시장이 혼란에 빠질 것이라고 예언한 적은 없습니다. 펀더멘털 분석에 대한 자연스러운 결과일 뿐입니다.

2008년 초부터 최근까지 미국 경제가 금융공황에 가까운 극심한 혼란에 빠지고 있는데, 이렇게 된 근본원인은 무엇이라고 보십니까?

미국 경제가 혼란에 빠진 배경에는 미국 경제 자체의 구조적 문제도 있지만, 세계 경제의 구조적 변화에 기인한 부분도 있습니다. 또 단기적 요인도 있지만, 20, 30년에 걸친 장기적 요인도 복합적으로 작용하고 있습니다.

우선, 장기적 요인에 대해 살펴봅시다. 세계경제의 변화를 보면 1930년대 대공황을 계기로 시장실패 가능성을 인정하고 정부의 역할을 강조하는 케인지안이 등장하게 됩니다. 2차 대전 이후 유럽과 일본 등 전후 폐허를 복구하기 위해서도 정부의 역할이 절대적으로 요구됐습니다. 60년대까지만 해도 세계 각국은 케인지안적인 경제성장 모델이 주류였습니다.

동시에 30년대 대공황 때 탄생한 글래스-스티걸법으로 대표되는 규제금융의 틀이 형성됐습니다. 이를 통해 은행과 증권, 보험간의 겸영이 금지되었습니다. 금융기관간 금리경쟁도 금지되었습니다. 말하자면 글래스-스티걸법은 원천적인 경쟁금지 틀이었다고 할 수 있습니다.

이 두 가지가 60년대까지 세계 경제의 큰 틀이었습니다. 하지만 60년대부터 일본과 독일 등 유럽국가들이 전후 복구를 완료하고 경제 대국으로 성장했습니다. 그에 따라 세계경제와 교역이 급성장하고 금융거래도

활발해졌습니다. 세계경제와 교역이 빠르게 성장함에 따라 케인지안적 정부개입과 글래스-스티걸법에 따른 금융규제가 걸림돌이 되기 시작했습니다. 그 결과, 70년대부터 케이지안이 퇴조하고 통화론자들이 주도권을 잡기 시작했습니다. 즉 70년대부터 세계경제의 틀이 바뀌기 시작한 것입니다.

70년대 세계경제의 패러다임 변화를 보면 크게 금융자유화와 달러를 기축통화로 하는 변동환율제, 그리고 통화론적 정책기조의 정착의 세 가지를 들 수 있습니다.

우선, 금융자유화 흐름의 핵심은 증권화입니다. 규제금융의 틀 속에서는 은행이 중심적 역할을 하게 되지만 규제완화 또는 자유화의 틀 속에서는 시장의 변화를 즉각적으로 반영할 수 있는 증권 중심으로 바뀌게 됩니다. 따라서 금융자유화의 흐름은 곧 증권화의 흐름이라고 할 수 있습니다. 이런 과정에서 자연스럽게 궁지에 몰린 은행과 보험이 증권관련 영업을 하려고 한 것입니다. 그런 움직임은 결국 1999년 그램-리치-브릴리법을 탄생시켰습니다. 이 법은 지주회사 방식에 의한 은행과 증권, 보험의 겸영을 허용하는 것으로 사전규제 경쟁금지 체제에서 사후 감독 경쟁촉진 체제로 일대 전환을 의미하는 것이었습니다.

이러한 증권화와 겸영 허용은 결과적으로 은행과 증권, 보험 등 업태에 관계없이 금융기관들의 투자은행화를 가속화시켰습니다. 즉, 은행은 단지 예금을 받아 대출을 해주고 결제를 해주는 기능을 넘어 은행 자신이 차입 등을 통해 위험자산에 투자하는 투자은행 영업을 하게 되었고, 증권사 역시 단지 중개영업에만 그치지 않고 차입 등을 통해 자기위험 부담 아래 위험자산에 직접 투자를 하는 투자은행 영업을 확대하게 된 것입니다. 보험회사도 마찬가지였습니다. 그 결과 은행, 증권, 보험의 투자은행 부문은 매우 빠른 속도로 성장해갔으며 그 상당부분이 헤지펀드 형태를 통해서 이루어졌습니다. 말하자면 은행, 증권, 보험의 투자은행화와 헤지펀드 급성장이 서로 맞물려 있었던 것입니다. 이러한 현상은 90년대에 들어오면서 가속도가 붙게 됩니다.

둘째로, 달러를 기축통화로 하는 변동환율제는 미국의 쌍둥이 적자인 경상수지 적자와 재정수지 적자를 유발했습니다. 왜 그럴까요? 달러가 기축통화 역할을 하다 보니 세계경제 교역 성장에 맞춰 달러 공급을 늘려 주어야 합니다. 그런데 달러는 미국의 화폐이기도 합니다. 미국이 달러를 그냥 공짜로 마구 뿌려줄 수는 없습니다. 일본이나 한국, 중국 등의 물건을 사주거나 이들 나라에 돈을 빌려주든지 하는 방식으로 공급해야 합니다.

그런데 미국경제가 아무리 크다 한들 세계경제의 1/4에 불과합니다. 결국 국제교역이든 국제금융 분야든 단순계산하더라도 달러를 미국경제의 4배 가량 공급해주어야 한다는 이야기가 되는 셈입니다. 이를 위해서는 미국 가계와 기업들이 일본이나 한국, 중국 등의 나라에서 물건을 엄청나게 계속 사줘야 합니다. 그런데 경상수지 적자가 확대되면 당연히 달러화 가치가 떨어져 수입가격이 높아지므로 무역불균형이 시정되어야 합니다. 그러나 달러화가 기축통화이다 보니 달러화 안정을 위해 인위적으로 강세 정책을 유지하지 않을 수 없게 됩니다. 미국의 경상수지 적자가 구조적으로 발생할 수 밖에 없는 이유가 바로 이 때문이라고 할 수 있습니다.

뿐만 아니라 미국의 가계나 기업들 역시 물건을 사려면 역시 달러가 필요합니다. 자신들의 소득과 수입 이상으로 물건을 사려면 빚을 내야 합니다. 미국정부 역시 재정수지 적자를 통해 가계나 기업에게 달러를 뿌려주고 있습니다. 결국 달러를 기축통화로 하는 변동환율제 이행은 미국의 쌍둥이 적자와 미국가계의 과소비 및 과다 차입을 부추기는 결과를 초래한 것입니다.

셋째로, 80년대 레이건 정부 때부터 통화론자들이 본격적으로 경제정책을 주도하기 시작했습니다. 통화론자들은 경기침체 원인이 높은 인플레이션과 초고금리 때문이라고 주장했습니다. 이를 해소하기 위해서는 우선 통화량을 지속적으로 공급해 저금리 기조를 정착시켜야 한다고 주장합니다. 그리고 감세를 통해 기업투자 촉진으로 공급확대를 통해 물가를 안정시켜야 한다고 주장합니다. 감세론이 화제에 오르기도 하지만 그것은 세계경제를 혼란에 빠트릴 정도의 큰 이슈라고는 할 수 없습니다.

70년대부터 이 세가지 기조를 중심으로 세계경제 패러다임이 바뀌었습니다. 그리고 이 세 가지 기조가 서로 맞물려서 많은 문제를 초래하게 됩니다. 당장 변동환율제 시행 후 10여 년 만인 1985년 구조적인 경상수지 적자를 견디지 못하고 달러화 가치가 크게 폭락합니다. 플라자합의와 수퍼 301조 발동이 바로 그것입니다.

그런가 하면 레이건정부 출범으로 통화론자들의 주장에 따라 통화 공급량을 지속적으로 늘려 저금리기조가 정착됨에 따라 80년대 후반에 일본을 중심으로 달러 유동성 과잉으로 인해 부동산 및 주가 버블이 발생하게 됩니다. 특히 달러 유동성 과잉은 금융기관들의 투자은행화와 맞물리면서 버블을 가속화시키게 됩니다. 일본에서는 넘쳐나는 달러유입으로 버블이 극에 달하며 이른바 저팬머니(Japan money)가 미국과 유럽 등으로 환류되면서 버블을 일으킵니다. 바로 이런 점에서 80년대 말의 버블은 바로 달러 기축통화제도와 통화주의 정책, 그리고 투자은행화의 산물이라고 할 수 있습니다.

90년대에 들어오면서 일본 등에서 버블이 붕괴됨에 따라 넘쳐나는 달러 투기자금들이 중남미와 동아시아 등 이머징 마켓으로 향하게 됩니다. 미국 글로벌 금융기관들의 투자은행화와 맞물리면서 투기자본인 헤지펀드들도 급성장하게 되는데 헤지펀드들의 돈줄이 바로 금융기관들의 투자은행부문이었기 때문입니다. 그러나 이것 역시 10년을 채 버티지 못하고 90년대 중반부터 중남미 위기와 90년대 후반 동아시아 외환위기가 발생합니다.

2000년에 들어오면서는 이들 투기자금들이 미국과 유럽, 중국으로 몰렸습니다. 뿐만 아니라 한국, 중국 등 외환위기를 겪은 아시아 국가들이 크게 혼이 나면서 인위적인 달러화 강세정책을 배경으로 막대한 경상수지 흑자를 통해 외환보유고를 늘렸습니다. 이것이 달러 유동성 과잉의 원천이 되기도 했습니다. 일본이 1조 달러, 중국이 1조 5,000억 달러, 한국도 2000억 달러가 넘는 외환을 보유했습니다. 이 외환들은 금고에 들어있는 게 아니라 미국과 유로화 경제권 등에 환류되어 그 나라 국채와 주식, 부동산 등에 투자됐습니다. 그 결과 또다시 10년 만에 미국 서브프라임론 사태로 대표되는 전 세계적 규모의 투기 버블을 유발한 것입니다.

물론 중기적으로 보면 2001년 미국 부시 정부 출범 이후 2002년부터 2004년 상반기에 걸친 초저금리 정책도 부동산 버블을 가속화하는 요인이 되기도 했습니다. 또한 10년 넘게 지속되고 있는 일본의 제로금리 정책도 엔캐리 투기자금을 전세계에 공급하는 원천이 되기도 했습니다. 그러나 이것만이 지금의 미국을 중심으로 하는 투기버블 원인의 전부는 아닙니다. 전 세계적으로 달러 유동성이 넘쳐나고 글로벌 금융기관들의 투자은행화가 경쟁적으로 가속화되면서 넘쳐나는 달러 유동성이 부동산으

로 쏟아져 들어갔습니다. 미국뿐만

아니라 유럽 국가들과 중국 등 브릭스 국가들, 한국 등에도 모두 들어 갔습니다. 단지 이미 부동산 버블 붕괴를 경험한 일본만 학습효과 때문에 부동산 버블이 생기지 않았을 뿐입니다.

현재 미국 FRB가 파산 위기에 몰린 세계 최대 보험사인 AIG에 대해 구제조치를 취했는데, 리만브라더스 등 최근 글로벌 금융기관들이 파산 위기에 처하게 된 원인이 무엇입니까?

이미 우리 연구소는 오래 전부터 <경제시평>을 통해서 미국 금융위기가 쉽게 끝나지 않는다고 경고해왔습니다. 하지만 국내외적으로 상황을 낙관하는 사람들이 적지 않았습니다. 예를 들어, 2008년 초 모노라인 사태가 발생했을 때 많은 사람들과 언론들이 문제가 없을 것이라고 말했습니다. 그러나 우리 연구소는 이 문제가 그냥 쉽게 끝나지 않을 것이라고 경고했으며, 결국 그 경고대로 2008년 5월에 모노라인 업체 대부분이 파산하거나 파산 위기에 몰렸습니다.

2008년 3월에 베어스턴스 사태가 발생했을 때도 우리 연구소는 쉽게 끝나지 않을 것이며 리만브라더스도 위험할 것이라고 경고했습니다. 패니메이나 프레디맥 등도 마찬가지입니다. 13조 달러에 달하는 미국의 주택 모기지론 가운데 5.5조 달러를 이들 두 기관이 공급했습니다. 글로벌 민간금융기관의 주택 모기지론에서 문제가 발생했는데, 이들 민간금융기관들의 주택 모기지론을 재매입하여 그것을 담보로 모기지담보부증권(MBS)를 발행하여 자금을 공급해준 페니매이와 프레디맥이 문제가 안 될 리가 있겠습니까? 결국 2008년 5월부터 두 기관의 문제가 표면화되기 시작했고 7월에는 긴급구제법안이 통과되었으며 9월에는 미 재무성이 이들에 대해 사실상 국유화 조치를 취하게 된 것입니다. 리만브라더스사도 경고한 대로 파산했습니다. 시티그룹과 AIG도 대규모 손실로 자본부족 등 문제가 심각하다고 경고해왔습니다.

이처럼 은행, 증권, 보험 할 것 없이 미국의 글로벌 금융기관들 대부분이 예외 없이 휘청거리고 있습니다. 왜 이렇게 됐을까요? 이것은 앞서 설명한 바대로 이들 금융기관들의 투자은행화에 기인합니다. 2000년 이후 전세계적으로 부동산 가격이 계속 뛰자 모든 금융기관들이 뛰어들었습니다. 미국 금융기관들은 주택모기지 대출 및 관련 증권화상품 투자를 위해 넘쳐나는 막대한 자금을 차입했습니다. 고객으로부터 받은 예금이나 모기지 관련 자산담보부증권(ABS)도 모두 채권이므로 차입이라고 할 수 있습니다. 그 돈으로 모기지 관련 투자에 몰두했던 것입니다.

미국 글로벌 금융기관들의 투자은행화를 아래의 <도표 1>을 통해 좀더 자세히 설명해보기로 합시다. 금융기관이 ABS든 MBS든 CDO든 증권화상품 등을 통해 차입을 하면 투자은행 대차대조표의 부채항목에 차입금으로 잡히게 됩니다. 이 차입금으로 금융기관은 자기위험 부담으로 서브프라임론이나 CDO 증권화상품과 같은 위험자산에 투자를 합니다. 이 위험자산은 투자은행 대차대조표의 자산항목에 잡히게 됩니다. 그런데 CDO등의 증권화를 계속적으로 반복하게 되면 이론상 무한대에 가까운 차입과 자산 증식이 가능 해집니다. 그 결과 자기자본은 그대로인 채 부채항목과 자산항목이 엄청나게 늘어나게 됩니다. 이 경우 부채에 초점을 맞추게 되면 레버리지(leverage)가 엄청나게 증가하는 셈이 되며, 자본에 초점을 맞추게 되면 자기자본 부족이 되고, 자산에 초점을 맞추게 되면 부실 위험이 높아 거래가 거의 전무 하다시피 한 레벨3 자산으로 분류되는 부실자산을 과다 보유하게 되는 셈이 됩니다. 보는 각도에 따라서 과다 레버리지, 자기자본 부족, 부실자산 등으로 달리 표현되지만 모두가 다 투자은행의 대차대조표 상의 이야기라고 할 수 있습니다.

<도표 1> 미국 글로벌 금융기관들의 투자은행 파산 구조

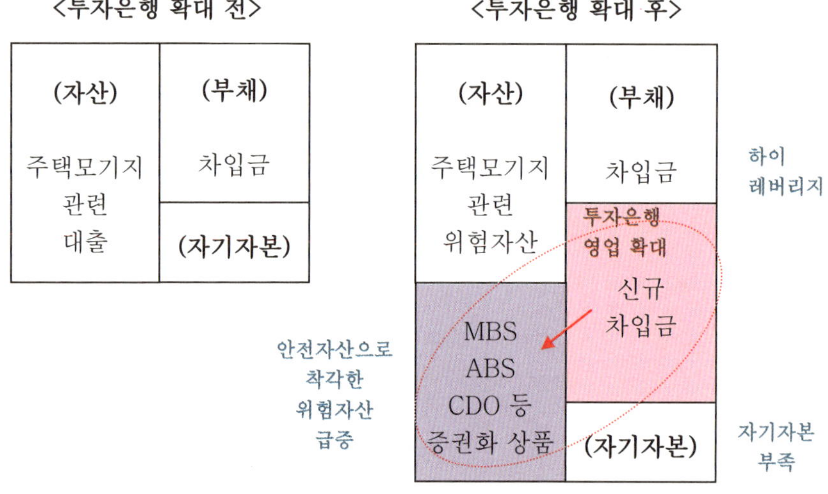

<버블 붕괴 및 파산>

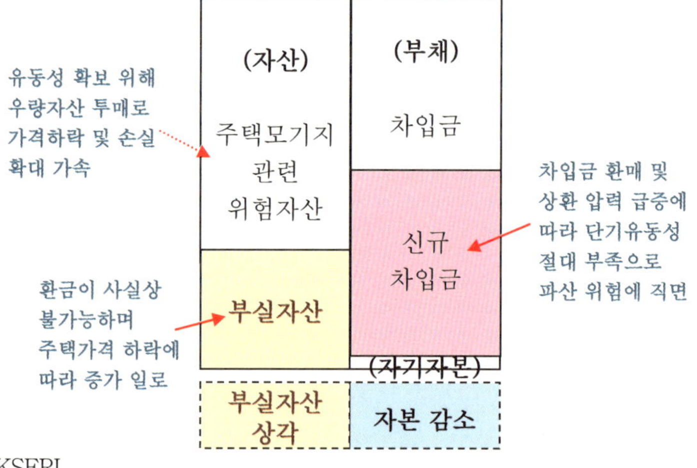

(주) KSERI

이처럼 글로벌 금융기관들의 투자은행부문은 자기 책임하에 서브프라임론이든 Alt-A든 점보모기지든 위험자산에 투자를 했습니다. 주택가격이 상승을 계속하는 한 이를 모두 안전자산이라고 생각한 것입니다. 그런 착각이 바로 버블을 더욱 가속화시킨 것입니다. 말하자면 투자은행들은 버블의 자기증식을 한 셈이나 마찬가지였던 것입니다. 그런데 어느 날 갑자기 서브프라임론 사태가 터져 주택가격이 하락하기 시작합니다. 그 경우 투자은행 대차대조표 상의 자산가치가 크게 줄어들게 됩니다. 자산 항목의 가치는 크게 줄어들고 있는데 부채 항목에 있는 차입금은 그대로 있습니다. 자산가치 감소는 자기자본 감소를 통해 대차 균형을 유지합니다.

2000년 이후 아시아 국가들의 중앙은행과 민간금융기관들은 넘쳐나는 달러유동성으로 이들 미국 글로벌 투자은행이 판매하는 금융상품들을 대량으로 매입했습니다. 패니메이나 프레디맥 등 미국 연방주택금융공사 MBS 채권도 대량 구입했고, 글로벌 금융기관들의 증권화상품들도 대량으로 구입했습니다. 그런데 부동산 버블이 붕괴되면서 미국 글로벌 금융기관들의 손실이 확대되자 이들 기관에 돈을 빌려주거나 투자해준 외국 중앙은행이나 민간금융기관들이 투자손실을 우려하여 미국 글로벌 금융기관들에 대해 환매나 상환요구를 빗발치듯 하고 있는 것은 당연합니다.

미국의 글로벌 금융기관들이 단기유동성 부족에 빠지고 있는 이유는 바로 이 때문이라고 할 수 있습니다. 계속되는 환매나 상환요구에 미국의 글로벌 금융기관들은 대규모 단기 급전이 필요한 상황이 계속되고 있는 것입니다. 말하자면 환매나 상환 런(run)이 일어나고 있다고 할 수 있습니다. 이런 환매나 상환 요구에 응하지 못하게 되면 결국 파산에 내몰리게 되는 것입니다. 시티그룹이든 모건스탠리든 골드만삭스든 상관없이 투자은행 영업을 강화해온 거의 모든 글로벌 금융기관들이 무차별적으로 파산위험에 내몰리고 있는 것입니다.

예를 들어, AIG에게 전세계 거의 모든 금융기관들이 손해를 최소화하기 위해 무차별적 환매를 요구하고 있습니다. 그러려면 자산을 팔아야 합니다. MBS든 CDO든 뭐든지 팔아야 합니다. 그런 것들이 모두 주택담보대출과 연계돼 있습니다. 주택가격은 계속 떨어지고 있어 사려는 사람들이 없습니다.

미국의 글로벌 금융기관들은 자신들이 보유한 주택모기지 관련 증권화 상품 자산들은 거의 거래가 끊겨 환금이 불가능한 상황에 빠졌습니다. 자산가치 감소가 계속되어 자기자본마저 모조리 잠식당하게 되는 처지에 빠졌습니다. 글로벌 금융기관들 자력으로 자기자본 조달이 안 되자 당장에 차입금 환매나 상환요구에 대응할 수 있는 단기유동성 부족에 빠졌습니다. 이에 미 FRB는 우량자산들에 한해 미국채로 바꿔주는 식으로 유동성을 공급해주고 있습니다. 그리고 그것도 모자라 다소 신용위험이 있는 자산이라 할지라도 미국채로 바꿔주는 상황에까지 이르고 있습니다.

외국 중앙은행이나 민간금융기관에 대한 미국 연방준비제도이사회(FRB)의 핵심 요구도 달러방어가 아니라 환매나 상환 자제 요청입니다. 각국의 민간금융기관들이 환매를 요구하면 할수록, 문제가 된 미국 금융기관들의 부실자산을 시장에 내다팔 수밖에 없습니다. 그것이 안 팔리면 FRB가 다 떠안아주든지 아니면 파산하든지 둘 중의 하나입니다. 만일 다 떠안아 준다고 할 경우 아무리 FRB라 한들 그 엄청난 돈을 어떻게 다 감당할 수 있겠습니까?

미국 정부는 베어스턴스에 대해서는 민간 스스로 문제를 해결할 수 있는 방식으로 지나치게 사태를 낙관하다가 결국에는 JP모건체이스 은행에 손실보증을 조건으로 인수하게 했습니다. 페니매이와 프레디맥은 그 규모가 워낙 커서 민간 차원에서 해결할 수 없을 뿐만 아니라 미국정부가 보증한 공사였기 때문에 사실상의 국유화 조치를 취했습니다.

패니메이와 프레디맥은 미국 정부가 차입 원리금 상환을 보장해주겠다고 할 수 있는데, 리만브라더스에 대해서는 그럴 수가 없습니다. 리만브라더스는 민간 금융기관이기 때문입니다. 각국에 환매 자제 요청을 할 수도 없습니다. 설사 미국 정부가 환매 자제를 요청한다 한들 각국 민간 금융기관들이 손해보는 것을 뻔히 알면서 누가 자제하겠습니까? 중앙은행은 국가간 협력 차원에서 자제할 수도 있겠지만, 민간 금융기관들은 투자자들에게 책임 추궁을 당하니 그러고 싶어도 그럴 수가 없습니다.

보험, 은행, 저축은행 등을 막론하고 미국의 글로벌 금융기관들이 거의 무차별적으로 파산 위험에 내몰리고 있습니다. 그 이유는 위에서 설명한 바와 같이 미국 글로벌 금융기관들이 지나치게 투자은행화 되었기 때문이라고 할 수 있습니다. 시티그룹과 와코비어 등 글로벌 은행 대부분이 전통적인 은행영업보다는 헤지펀드 등을 통한 투자은행 사업확대에 초점을 맞췄습니다. 모건스탠리나 골드만삭스 등 증권사도 중개업무보다는 헤지펀드 등을 통한 투자은행 확대에 열을 올렸습니다. AIG와 같은 보험회사도 전통적인 보험영업에 노력하기보다는 투자은행에 집중했습니다. 이것이 바로 미국의 글로벌 금융기관들이 무차별적으로 파산위기에 내몰린 근본 원인이라고 할 수 있을 것입니다.

미국 금융기관의 파산과 부동산 버블 붕괴는 어떤 상관관계를 갖고 있습니까?

미국의 글로벌 금융기관들의 투자은행 대차대조표의 자산항목에 있는 자산들 대부분이 주택모기지대출 상품과 관련되어 있습니다. 즉 주택가격에 모든 것이 달려 있다는 뜻입니다. 주택가격이 하락하면 할수록 악순환이 확대 재생산되는 구조인 것입니다. 미국의 주택시장은 신규주택 공급 과잉 물량만 해도 250만~300만 호에 달하고 있는데 해소가 되기는커녕 오히려 차압된 기존주택 물건들마저 시장에 쏟아져 나오고 있습니다. 연간 신규주택 판매량을 100만호로 잡아도 3년치 물량입니다. 2010년까지는 미국 주택시장이 수급구조상으로도 회복하기는 거의 불가능해 보입니다.

우리 연구소뿐만 아니라 그린스펀 전 FRB의장 등 해외 전문가들도 미국의 금융위기는 겨우 중간 지점을 통과하고 있을 뿐이라고 말합니다. 결코 미국의 금융위기가 단기간에 끝나지 않을 것이라는 것을 의미합니다. 적어도 2008년 연말까지는 지금과 같이 긴박한 상황이 계속될 것으로 보입니다. 금융시장이 혼란에 빠지니 실물경제도 위험에 몰립니다. 실물경제가 하락하면 주택시장의 회복은 더더욱 더뎌지게 됩니다. 이런 식으로 작금의 미국 경제는 악순환의 연쇄고리에 물려 있습니다. 미국이 장기불황은 몰라도 3~5년 정도의 중기 불황에는 빠져들 가능성이 아주 높아지고 있습니다. 최근 <경제시평>에서도 소개한 바 있는 일본의 사이토 세이치로 교수 등 외국 전문가들도 그런 가능성을 경고하고 있습니다.

금융공황에 가까운 현재 위기 상황을 극복하기 위한 미국 정부의 대응은 어떻게 보십니까?

미국 정부 대응방식을 보면 처음에는 상황을 낙관했던 것으로 보입니다. 또한 정치적 부담도 최소화하기 위해 가능한 한 민간 금융기관 스스로 사태를 해결하도록 유도해온 것으로 보입니다.

2008년 3월의 베어스턴스 사태 때를 보면 JP모건체이스가 베어스턴스를 인수하도록 중재를 하고 보증을 서준 것도 정치적 부담을 최소화하고 사태를 낙관했기 때문인 것 같습니다. 그런데 5월에 페니메이와 프레디맥 사태가 발생하자 사태의 심각성을 깨달은 것 같습니다. 얼마 전 패니메이와 프레디맥을 사실상 국유화하는 조치를 단행했습니다. 그러나 그 전까지만 해도 국유화는 없다는 이야기를 계속해왔습니다. 거대 주택금융공사가 파산위험에 내몰릴 정도면 아무리 글로벌 금융기관이라 한들 민간금융기관의 상황이 얼마나 심각할 것인지를 비로소 깨달은 것 같습니다.

미국정부가 리만브라더스를 구제하지 않은 이유 역시 낙관론이 작용한 것으로 보입니다. 또한 민간기업인 리만브라더스의 부실을 미국 정부가 다 떠안아 주게 되면 그 이후 발생하는 모든 유사 사태에 대해 미국정부가 다 떠안아야 한다는 부담감도 작용한 듯합니다. 대부분의 글로벌 금융기관들이 무차별적으로 연쇄 파산 위험에 처해 있는 상황에서 미 정부가 미국 국민들의 세금으로 모두를 다 떠안는 것은 불가능하다고 할 수 있습니다. 그래서 미국 글로벌 금융기관 10개사가 70억 달러씩 갹출해 700억 달러 규모의 자구책 펀드를 조성하게 한 것으로 보입니다. 그러나 이것은 연출에 불과합니다. 모두가 자기 발등에 떨어진 불을 끄기도 바쁜 지경에 남을 걱정할 여력이 없기 때문입니다.

정치적 이유도 있었을 것입니다. 2008년 11월 미 대선을 앞두고 민간금융기관의 손실을 무차별적으로 구제해주게 되면 미국민의 비판여론이 높아져 공화당 매케인 후보에게 불리하게 작용할 수도 있다고 생각했을 수도 있습니다.

그런데 리만브라더스의 파산은 결과적으로 사태를 더욱 악화시키는 셈이 되었다고도 할 수 있습니다. 미국 정부가 국내외 투자자들에게 민간 금융기관의 문제는 스스로 해결하라는 메시지를 준 셈이 되었기 때문입니다. 미국내 투자자들뿐만 아니라 외국의 중앙은행과 민간금융기관들이 모두 파산위험이 높은 글로벌 금융기관들에 차입금 상환과 환매를 일시에 요구해왔기 때문입니다. AIG가 리만브라더스 파산 직후 불과 이틀 만에 거액의 단기급전이 필요한 상황에 내몰리게 된 것도 바로 이 때문이 아닌가 생각됩니다. 말하자면 리만브라더스 파산 처리는 미국의 글로벌 금융기관에 대한 국내외 금융기관들의 차입금 상환요구 런(run)을 유발했다고 할 수 있습니다.

상황이 이렇다 보니 FRB가 단기 유동성 공급을 더 늘린다든지 기준금리를 내린다고 해서 해결될 문제가 아닙니다. FRB가 이번에 금리를 동결한 것도 그 때문이라고 할 수 있습니다. 미국 정부는 사태를 낙관하고 재정적, 정치적 부담을 줄이기 위해 리만브라더스를 시장에 맡기는 식으로 해결하려고 했는데, 결과적으로 AIG를 국유화하지 않을 수 없는 상황으로 몰리게 된 것입니다. 이로 인해 미국정부는 앞으로 문제가 되는 글로벌 금융기관들에 대해 구제 개입을 하지 않을 수 없는 상황이 돼버린 것입니다. 그러나 미국 정부가 이런 식으로 모두 다 감당할 수 있을지는 의문입니다.

향후 미국의 경제위기가 얼마나 더 지속될지에 대한 전망으로 인터뷰를 마무리해주시기 바랍니다.

앞서 설명한 바와 같이 미국 금융시장 위기는 중간 지점을 지나고 있습니다. 예를 들어, 미국 주택가격이 정점이었던 2006년 상반기에 미국 전체 주택의 자산가치는 24조 달러였는데 지금은 18조 달러로 떨어져 이미 6조 달러의 자산가치가 날아갔습니다. 자기 주택을 가진 사람도 있지만 상당수가 모기지 대출 구매를 했습니다. 물론 최대 6조 달러까지 모두 손실화될 수도 있습니다만, 25%에서 30%만 부실화되어도 약 1.5조에서 2조 달러 가량의 손실이 발생하게 됩니다. 그 경우, 1.5조에서 2조 달러는 글로벌 금융기관이든 개인이든 어디에선가 장부상 손실로 나타나야 합니다. 그런데 아직 거기까지 안 갔습니다. 지금 최근까지 글로벌 금융기관들이 손실처리하고 공적자금을 투입한 액수를 합쳐도 1조 달러에 훨씬 못 미치고 있습니다. 이것은 앞으로도 어떤 형태로든 민간 금융기관들에 감춰진 5,000억에서 1조 달러의 손실이 추가적으로 더 드러나야 한다는 것을 의미합니다. 만일 주택가격이 추가로 더 하락할 경우 손실은 더욱 확대됩니다. 만일 3조 달러의 손실이 생긴다면 앞으로도 2조 달러 이상의 추가 손실이 발생해야 한다는 것을 의미합니다.

　이것이 미국경제가 장기불황까지는 안 가더라도 최소한 3~5년 정도의 중기불황을 피할 수는 없을 것이라는 근거입니다. 미국 금융위기 사태가 어느 정도 진정국면에 들어가려면 최소한 금융기관 손실처리가 가닥이 잡혀야 하고, 주택가격 하락도 멈춰야 합니다. 하지만 단기적으로는 그럴 가능성이 잘 안 보입니다.

<시사경제> 2008년 9월 18일

제2의 IMF사태에 빠진 한국경제

국내 은행권의 유동성 부족과 달러 부족에 대한 국내외 불안감이 계속 높아지자 기획재정부는 2008년 10월 19일 은행의 외화차입에 대한 지급보장과 금융기관 유동성 공급 확대, 펀드 불입금에 대한 소득공제 및 배당소득 비과세 조치, 그리고 중소기업 자금지원의 4가지 대책을 담은 '국제금융시장 불안 극복방안'을 발표했다.

재정부가 발표한 대책내용을 재정리해서 살펴보면, 먼저 외환시장 안정 대책으로는 국내은행(해외지점 포함)이 2009년 6월말까지 도입하는 대외채무에 대해서 총 1,000억 달러까지 발생일로부터 3년간 정부가 지급을 보증해주기로 했다. 보증규모를 1,000억 달러로 한 것은 2009년 6월말까지 만기가 도래하는 국내은행의 대외채무가 약 800억 달러이기 때문이라고 한다. 또 한국은행과 함께 충분한 외화유동성을 은행권에 추가적으로 공급하기로 했는데, 우선 긴급히 300억 달러를 추가로 직접 공급하기로 했다. 수출입 대기업, 자산운용사 등 달러 실수급 업체들과의 긴밀한 협력을 통해 달러 수급이 안정될 수 있도록 노력하겠다고 했다. 그리고 G20회담 등을 통한 다자협력과 통화스왑 등 국제공조 체제에 포함되도록 노력하고 한중일 중심의 지역협력도 강화하겠다는 것이다.

은행 등 금융기관의 원화 유동성 부족 및 자금인출 사태에 대한 대책으로는 한국은행이 금융시장에 RP매입, 국채 직매입 및 통안증권 중도상환 등을 통해 원화유동성을 충분히 공급함으로써 금융시장의 불안요인을 사전에 차단하겠다고 했다. 금융기관의 자본 확충, 예금보장 확대 등은 현재로서는 필요하지 않은 상황이나, 필요시 적기에 충분한 조치를 시행할 것이라고 했다.

증시 안정에 관해서는 장기보유 주식 및 채권 펀드에 대해 세제지원을 통해 주식시장 및 자산운용사의 수신 안정을 도모하겠다고 한다. 장기주식형펀드(적립식)에 3년 이상 가입한 경우 불입금액의 일정비율을 소득공제하고 배당소득에 대해 비과세하며, 장기 회사채형펀드(거치식)에 3년 이상 가입한 경우에도 배당소득에 대해 비과세할 계획이라고 밝혔다.

자금난에 직면한 중소기업 금융지원 확대에 관해서는 기업은행에 대하여 1조원의 현물출자를 추진할 계획이라고 했다. 1조원 증자시 중소기업 대출 여력은 약 12조원 증가될 것으로 예상된다는 것이다.

그러나 재정부의 대책발표에도 불구하고 원/달러 환율은 폭등세를 보였으며 증시는 폭락세를 보여 정부대책을 무색하게 하였다. 아래의 <도표 1>에서 볼 수 있는 것처럼 10월 24일 원/달러 환율은 1,422원으로 치솟았으며, KOSPI 주가지수는 938포인트를 기록하여 2005년 5월 이후 처음으로 1,000포인트 밑으로 떨어졌다. 그런가 하면 채권의 순가격지수(이자를 제외한 순수한 채권가격 변동만을 나타내는 지수) 역시 액면가 밑으로 떨어지고 있다. 이것은 사실상 한국경제가 이미 '제2의 IMF 사태'에 진입하였음을 시사하는 것이라고 할 수 있다.

먼저 원/달러 환율 폭등과 관련하여 국내 외환시장의 달러수급 구조를 살펴보기로 하자. 아래의 <도표 1>에서 볼 수 있는 것처럼 외국인 투자자의 주식 순매도는 2006년부터 지속되고 있는데, 2007년 27.2조원(약 290억 달러)의 순매도에 이어 2008년에도 10월 현재까지 33.6조원(약 330억 달러)의 순매도를 기록 중이다. 이대로라면 2008년 말까지 40조원(400억 달러)을 훌쩍 뛰어넘을 것으로 보인다.

그런가 하면 2008년 8월까지 경상수지 적자가 125억 달러를 넘고 있으며 2008년 말까지는 200억 달러를 넘을 것으로 보인다.[2] 게다가 수출기업들의 달러 매각 기피를 감안하면 실제로 수출기업의 달러공급과 수입기업의 달러수요 간의 경상거래 면에서 발생하는 달러 공급부족은 최소한 경상수지 적자의 서너 배는 훌쩍 뛰어넘을 가능성이 매우 높다.

여기에 2009년 6월까지 800억 달러의 외채를 상환해야 하는 은행권의 달러 수요까지 포함하면 이미 한국의 외환시장은 수급이 완전히 무너진 상태라고 할 수 있다. 말하자면 한국의 외환시장은 플로우 측면에서 투기적 가수요까지를 포함하여 대략 2,000억 달러 전후 수준의 달러부족이 발생하고 있는 것으로 추정된다. 달러가 바닥이 난 것이 아니라 절대적으로 부족한 상태에 빠져 있는 것이다. 이것이 바로 정부의 시장 개입

---

[2] 2008년 8월까지 빠른 속도로 급증해 2008년 9월말까지 139억원의 적자를 기록했던 경상수지 적자는 이후 원/달러 환율 급등에 따른 서비스수지 개선 영향 등으로 급격히 줄어 2008년 연간으로는 64억 달러 적자에 그쳤다. 여기에서는 당시 상황에서 외환시장에 미치는 경상수지 적자의 영향을 설명하기 위한 추정으로 이해하기 바란다.

<도표 1> 한국 금융시장의 주요 지표 추이

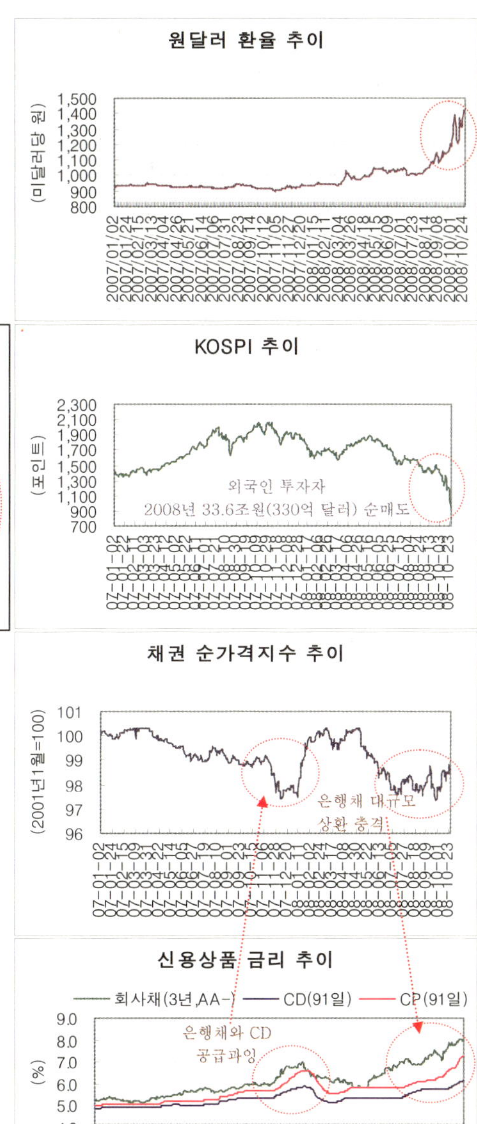

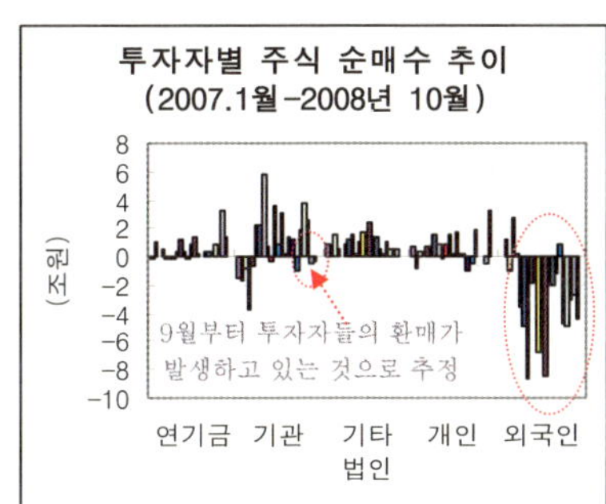

(주) 각종 자료로부터 KSERI 작성.

에도 불구하고 8월부터 원/달러 환율이 폭등을 계속하고 있는 이유라고 할 수 있다. 문제는 이런 달러 수급 불균형이 2009년에도 계속될 가능성이 매우 높다는 것이다.

정부의 외환보유고는 2,400억 달러 정도로 알려져 있으나 이미 시장개입으로 사용한 외환보유를 감안하면 대략 2,000억 달러 정도로 추정된다. 환매 문제와 투자손실 문제까지를 감안하면 사실상 정부가 동원할 수 있는 가용 외환보유고는 매우 한정적일 것으로 보인다. 그렇다고 미국이나 일본 등과 정부간 또는 중앙은행간 달러스왑도 체결하지 못하고 있다.[3] 모두가 제 발등에 불이 떨어져 남의 나라 신경 쓸 겨를이 없을 뿐만 아니라 미국 이상으로 부동산 버블 붕괴에 직면한 한국경제를 달러스왑 공조체제에 끼워주고 싶은 마음도 없기 때문이다. 뿐만 아니라 중국과 베트남, 인도 등에 투자한 민간부문 해외투자펀드들의 자금 환류도 기대하기 어렵다. 대부분의 해외투자펀드들이 반토막 이하로 깨진 상태에 있을 뿐만 아니라 환매에 어려움을 겪고 있는 경우도 적지 않기 때문이다.

이런 상황에서 300억 달러 규모의 긴급 달러자금을 공급하고 수출대기업들에게 달러매각을 강요한다 한들 마치 언 발에 오줌 누기와 같은 것이라고 할 수 있다. 그런가 하면 은행들의 달러차입에 대해 정부가 지급보증을 해준다고 한들 이미 달러 수급이 완전히 무너져 있는 마당에 외국 금융기관들에게 먹힐 것이라고 보기는 힘들다고 할 수 있다. 외신

---

[3] 2008년 10월 한국 정부는 300억 달러 한도로 한미간 통화스왑을 체결했다. 이어 12월 중국 일본과도 통화스왑을 체결했다. 하지만 외화자금 여건이 계속 불안한 가운데 고환율 상태가 지속되자 한국은행은 한미 통화스왑의 만기를 2009년 10월말로 당초보다 6개월 연장했다.

에서 한국위기를 보도하고 있는 배경도 바로 이 때문이라고 할 수 있다. 외신의 한국위기 보도는 외국인 투자자들의 한국 증시 이탈 이유와 궤를 같이 하고 있다고 할 수 있다. 이에 대해 한국정부는 지난 90년대 IMF 사태 때처럼 여전히 "우리는 다르다(We are different)" 고 주장하고 있다. 한국정부만 혼자 눈 가리고 아웅하고 있는 것 같다.

다음으로 은행 등 금융기관들의 원화 유동성 부족 문제에 대해 살펴보기로 하자. 앞서 <도표 1>에서 외국인의 주식 순매도를 떠받쳐주고 있는 것은 증권, 자산운용사, 은행, 보험 등 기관들과 법인기업들이다. 그러나 9월부터 기관들이 순매도로 반전되고 있는 모습을 보이고 있는데 이는 투자자들의 펀드 환매가 발생하고 있기 때문이다. 투자자들의 펀드환매는 국내펀드와 해외펀드 양쪽에서 일어나고 있다. 국내펀드는 9월에 20조원 가량의 환매가 발생했으며 10월에는 연기금과 개인들의 매수세에 힘입어 15.7조원 가량의 순유입이 있었다. 해외펀드는 이미 2008년 7월부터 환매가 계속되고 있는 가운데 4개월 동안에 2.6조원 가량의 환매가 이루어지고 있다.

그러나 원화유동성 부족의 문제는 은행들이 더 심각하다. 은행들이 막대한 은행채와 CD 상환 압력에 직면해 있기 때문이다. 아래의 <도표 2>에서 예금은행 전체의 평균 예대비율 추이를 살펴보면 2001년 80% 수준이던 것이 2002년부터 주택담보대출이 증가하기 시작하면서 급상승하기 시작하여 2004년에는 100%에 이르게 된다. 즉 2004년에 예금은행들은 이미 예금 수신액 전부를 부동산담보대출로 소진해버리게 된다. 그 결과 은행들은 2005년부터 부동산담보대출을 확대할 수 있는 대출자금 부족에 직면하게 되었다.

은행들은 추가로 부동산담보대출을 해주기 위해서는 예금을 늘리거나

<도표 2> 예금은행 예대비율 및 은행채 발행 잔고 추이

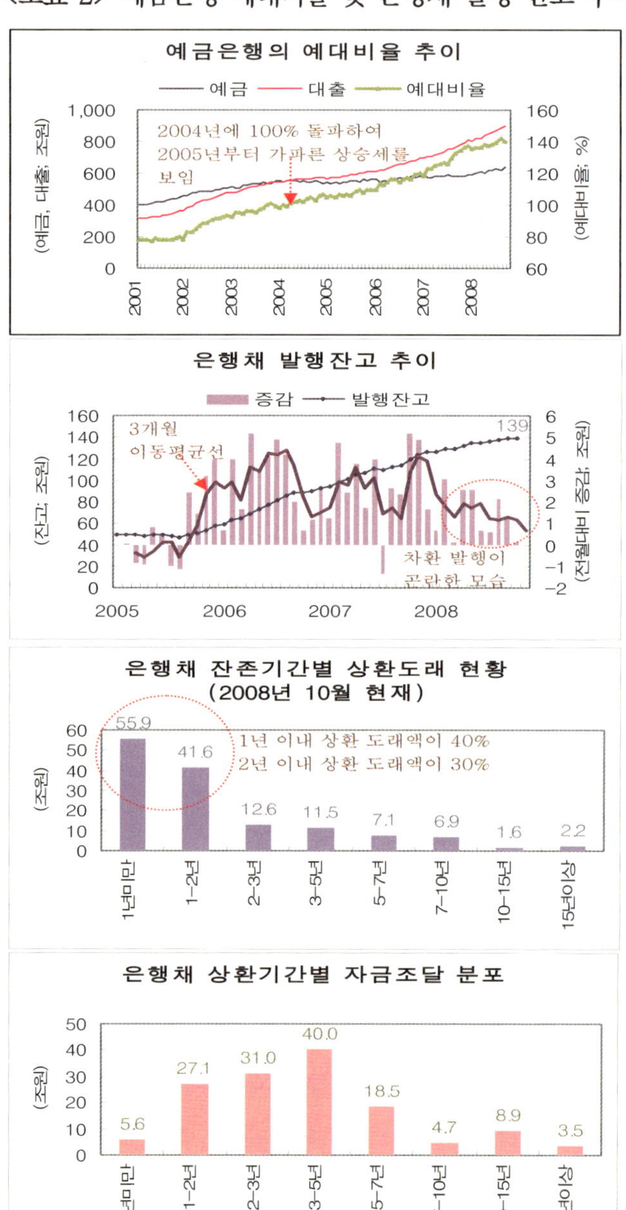

(주) 각종 자료로부터 KSERI 작성

아니면 예금 이외의 별도의 자금조달원을 찾지 않으면 안되게 되었다. 이에 은행들이 눈을 돌린 것이 바로 은행채와 CD 발행 그리고 단기외화 차입 확대였던 것이다. 2005년부터 은행들은 은행채와 CD 남발 그리고 단기외화차입 확대를 통해 원화자금을 조달하여 부동산담보대출을 확대해간다. 그리고 2008년 8월말 기준으로 국내 시중은행들을 포함한 예금은행 전체의 평균 예대비율은 평균 140%에 육박하였다. 말하자면 예금 100에 대해 140의 대출을 한 것이다. 이것은 예금은행들이 초과대출분 40의 자금을 은행채와 CD 발행 및 단기외화차입을 통해 조달했다는 것을 의미한다.

이중 조달비중이 가장 큰 은행채 발행 잔고 추이를 살펴보면, 2005년 초에 은행들의 은행채 발행잔고는 50조원 미만이었다. 그러나 부동산대출 자금부족으로 2005년 하반기부터 은행채 발행이 증가하기 시작하여 2006년부터 2007년까지 2년 동안에는 월평균 2.8조원 가량의 속도로 순발행을 계속해왔다. 그 결과, 2008년 10월 현재 은행채 발행잔고는 총 139조원에 달하고 있다. 2005년의 50조원 미만에 비하면 무려 90조원 가까이나 늘어난 것이다.

은행채 남발은 기업들의 회사채 시장을 압박했다. 기업보다 신용이 높은 것으로 평가된 은행들이 은행채 남발을 통해 회사채 시장의 자금을 빨아들여 버렸기 때문이다. 은행들은 만기가 1년 이상 7년 이하의 은행채를 주로 발행했다. 예컨대 2006년에 만기 2~3년짜리 은행채를 발행했다면 2008년부터 2009년에 걸쳐 상환이 도래하게 된다. 이런 식으로 은행채의 상환 잔존기간별 상환도래 금액을 살펴보면, 2008년 10월 현재 1년 이내에 상환해야 하는 금액이 55.9조원으로 전체 발행잔고의 40%를 차지하고 있다. 또 1~2년 이내에 상환해야 하는 금액도 41.6조

원으로 30%를 차지하고 있다. 즉, 2년 이내에 상환해야 하는 은행채가 총 97.5조원으로 전체 발행잔고의 70%에 달하고 있다. 이미 발등에 불이 떨어진 것이다.

미국발 서브프라임론 사태와 금융위기가 확산되면서 한국도 부동산 버블붕괴가 시작되고 주가도 폭락하기 시작하자 투자자들은 신용불안을 우려하여 투자회수를 서두르고 있다. 위의 <도표 2>에서 볼 수 있는 것처럼 2008년부터 전월대비 은행채 순발행(증감)이 급격히 줄어들고 있다. 그로 인해 은행들의 차환발행이 급격히 줄어들고 있다. 차환발행이 어려워지면 만기가 도래한 은행채에 대해 원리금을 상환해줄 수밖에 없게 된다. 그 결과 은행들이 극심한 원화유동성 부족에 빠지게 된 것이다. 물론 CD와 단기외화차입 상환도 마찬가지로 원화유동성 부족의 원인이 되고 있다.

앞서 <도표 1>의 채권 순가격 추이에서 볼 수 있는 것처럼 은행채도 순자산가격이 액면가를 밑돌고 있다. 즉 은행채에 대한 이자를 제외한 은행채 자체의 가격은 액면가 이하로 떨어지고 있다. 뿐만 아니라 은행채 금리도 폭등하는 양상을 나타내고 있다. 이는 은행채에 대한 투자자들의 수요가 급감하여 수급이 무너져버렸기 때문이다. 이런 상황에서 은행들은 막대한 은행채 상환을 위해 자금을 마련해야 한다. 재정부와 한은이 원화 유동성 공급을 확대하겠다고 하지만 이것 역시 언 발에 오줌 누기와 같다. 현재로서는 금융시장 혼란과 경기불황 그리고 무엇보다도 막대한 은행채 상환액 등을 감안하면 은행들의 원화유동성 부족 문제를 쉽게 해소할 수 없을 것으로 보인다. 은행들이 너나 할 것 없이 예금금리를 올려 예금을 확보하려고 발버둥치고 있는 것이 바로 이 때문이라고 할 수 있다.

결국 원화 유동성 부족이 계속될 경우 은행들로서는 자금부족으로 인한 부도 위험을 벗어나기 위해서 부동산담보대출 자금을 회수하지 않을 수 없게 된다. 은행들이 원화유동성 부족으로 부동산담보대출 회수에 나설 경우 부동산시장에서 어떤 상황이 벌어질 지는 설명이 필요 없다. 또한 은행들의 극심한 원화 유동성 부족이 단기간에 해소될 가능성이 낮다는 점을 감안하면 중소기업뿐만 아니라 대기업들도 극심한 원화자금 조달난에 빠지게 될 것이다. 적지 않은 중소기업들이 자금난으로 도산할 가능성이 매우 높다. 이미 실제로 그런 상황이 발생하고 있다.

이미 한국경제는 '제2의 환란'에 빠져 있다. IMF사태 이후 한국경제는 부동산투기에 매달려 성장잠재력을 상실한 채 버블 성장을 해온 셈이다. 그런 버블이 여기저기서 걷잡을 수 없이 터지기 시작하고 있다. 정부관료들과 정치권의 무지와 무능 그리고 도덕적 해이는 또다시 국가적 위기를 초래하고 있다. 90년대 말의 IMF사태에서 이들은 아무것도 배운 바가 없다.

처음부터 버블을 차단하는 정책을 추진했더라면 문제는 간단했다. 그러나 정권에 관계 없이 한국경제를 건전하게 유지할 책임이 있는 정부관료들과 정치권은 오히려 버블을 부추기고 선동하는데 앞장섰다. 그런 그들이 이제 와서 버블 붕괴를 막아보겠다고 각종 대책들을 남발하고 있는 것이다. 우리 연구소는 그저 통탄할 뿐이다. 이 모든 빚과 상처는 자식세대들이 떠안을 수 밖에 없다. 우리의 자식세대들은 무슨 힘으로 이 엄청난 빚과 상처를 감당할 것인가?

<특집> 2008년 10월 28일

한미 통화스왑과 한은의 기준금리 인하

최근 재정부는 300억 달러 규모의 한미 통화스왑 체결을 발표하고 한국은행은 기준금리를 0.75%포인트 인하를 발표했다. 이에 이번 시사경제에서는 소장님과의 일문일답 형식으로 한미 통화스왑 체결과 금리인하 문제를 중심으로 최근 경제상황을 설명하기로 한다.

2008년 10월 30일 한미 정부간에 2009년 4월을 기한으로 300억 달러 통화스왑을 체결했는데, 이에 따라 1,500원에 육박하던 원/달러 환율이 1,300원대 이하로 떨어지며 일단은 안정세를 찾아가는 양상입니다. 통화스왑 체결의 효과에 대해서 설명해주시지요.

현재 한국 외환시장의 달러수급은 완전히 무너져 있는 상태입니다. 달러 부족액이 대략 2,000억 달러 정도로 추산되고 있습니다. 이런 상황에서 300억 달러 통화스왑 체결을 통해 300억 달러를 확보한 것은 300억 달러만큼 수급완화에는 기여할 것입니다. 다만 달러 부족액이 2,000억 달러에 달하므로 300억 달러 통화스왑으로는 근본적인 문제 해결은 어려울 것입니다. 결론부터 말하면 원/달러 환율은 스왑거래로 확보한 300억 달러의 자금이 소진되는 시점부터 다시 상승 압력을 받게 될 것으로 보입니다. 그리고 그 시기는 그리 멀지 않을 것입니다.

국내 달러수급 상황을 다시 설명해보기로 합시다. 먼저 달러 수요면을 살펴보면, 외국인 투자자들의 국내증시 이탈로 2007년 약 290억 달러의 순매도에 이어 2008년에도 10월까지 약 330억 달러의 순매도를 기록중입니다. 2008년 말까지는 순매도액이 약 400억 달러에 이를 것으로 보입니다. 또 이미 정부가 밝힌 바와 같이 2009년 6월까지 국내 은행들이 상환해야 할 단기외채가 800억 달러입니다. 게다가 경상수지 적자가 2008년 말까지 200억 달러에 이를 것으로 보입니다.[4] 뿐만 아니라 국내 외환시장에서 달러의 주요 공급자인 수출기업들은 고환율 상황이 이어지면서 달러를 내놓지 않고 있는데, 경상수지 적자분의 3~4배는 될 것입니다. 이런 달러 수요들을 전부 합치면 대략 2,000억 달러 정도에 달한다고 할 수 있습니다.

반면 달러 공급 면에서 보면, 한국 정부의 외환보유액이 10월말 기준으로 2,122억 달러입니다만 실제로 가용할 수 있는 금액은 이보다 훨씬 더 적다고 할 수 있으며 당장 현금화도 어려운 상태에 있다고 할 수 있습니다. 세계의 모든 글로벌 금융기관들과 정부기관들이 대규모 투자손실을 보고 있는데 한국만 예외일 수는 없습니다. 민간 금융기관은 말할 것도 없고 한국은행이나 한국투자공사 역시 상당한 규모의 투자손실이 발생했을 것입니다. 뿐만 아니라 미국을 비롯한 국제 금융시장의 신용위

---

[4] 이 책 42쪽, 주2의 설명 참조

기로 거래가 거의 끊기다시피 하여 매도 자체도 어려워 현금화가 사실상 불가능한 보유증권이 많다고 볼 수 있습니다.

그런가 하면 8월부터 미국 금융시장과 증권시장이 극도의 혼란에 빠지면서 미국 정부가 중국과 일본 등 미국채를 대량 보유한 나라들에 국제공조 차원에서 미국채 매각 자제 요청을 했을 것으로 추정됩니다. 금융시장이 혼란에 빠져 있는데 각국 중앙정부가 일거에 달러를 매각하면 걷잡을 수 없는 사태로 빠질 것은 당연하기 때문에 폴슨 재무장관이나 버냉키 FRB의장이 각국 정부에 매각 자제를 요청했을 것입니다. 각국 정부가 미국 금융위기를 우려하여 보유한 미국채 매각에 나선다면 그야말로 불 속에 기름을 끼얹는 것이나 마찬가지가 되기 때문입니다.

각국 정부도 이에 동의했을 것으로 보이는데, 실제로 8월까지 주요국의 미국채 보유 추이를 살펴보면 멕시코와 아일랜드를 제외하면 다른 나라들은 큰 변화가 없습니다. 이 때문에 한국 정부 역시 원/달러 환율이 폭등하고 있음에도 불구하고 보유한 미국채를 매각하기 어려웠을 것입니다. 특히 미국채를 가장 많이 보유하고 있는 중국과 일본에 대해 미국이 저자세를 보이고 있는 것도 이 때문이라고 할 수 있습니다. 특히 중국 수뇌부와는 계속적인 접촉을 통해 중국의 세계경제 공헌을 내세워 협력 요청을 해오고 있습니다.

통화스왑 체결 역시 마찬가지라고 할 수 있습니다. 미국 입장에서 당장에 발등에 불이 떨어져 자신도 주체하기 어려운 형편에 남에게 돈을 융통해줄 여유가 없습니다. 7,000억 달러라는 거액의 공적자금도 미국 금융기관 부실처리에 크게 모자란 판에 남에게 융통해줄 자금여력이 없는 것입니다. 리만브라더스 파산 이후 2008년 9월 18일 6개국과의 통화스왑 체결에 이어 9월 29일에는 10개국으로 통화스왑 체결을 확대한 것도 미국 금융시장의 위기 확산을 막기 위한 것이라고 할 수 있습니다. 10월 29일에 FRB가 한국, 멕시코, 브라질, 싱가폴과도 통화스왑을 체결한 것은 신흥경제권으로 금융위기가 확산되는 것을 차단하기 위한 것도 있지만 이들 국가들의 미국채 보유가 상대적으로 많기 때문이라고도 할 수 있습니다. 이들 국가들이 미국채 매각을 자제해준 대가로 통화스왑을 체결해준 것이라고 할 수 있습니다. 일부 언론에서 한미간의 통화스왑 체결이 이명박 정부의 영웅적 협상결과의 산물인 것처럼 미화하고 있는데, 이것은 경제를 잘 모르는 이야기입니다.

그러나 한국 입장에서 한미간 통화스왑이 아무런 비용 없이 체결되었다고 볼 수는 없습니다. 통화스왑은 달러와 원화에 내재된 환율변동 위험을 거래하는 일종의 파생상품입니다. 한미 양국간에 원화와 달러를 맞바꾼다고 할 때 계약환율을 얼마로 정하느냐 하는 것입니다. 한미간 통화스왑이 체결되기 전날의 원/달러 환율은 달러당 1,470원대였으며, 3영업일 전의 원/달러 환율도 1400원대를 상회하고 있었습니다. 따라서 원/달러간 통화스왑의 계약환율은 1400~1500원 사이였을 것으로 추정됩니다. 결국에는 달러 부족으로 발생하는 환율상승 부담을 한국은행이 대신 지면서 달러를 빌려와 국내 외환시장에 공급해주는 것이라고 할 수 있습니다.

수출기업들의 달러 매각 기피로 인한 달러 공급부족이 경상수지 적자액의 3~4배에 이른다고 말씀하셨는데, 달러 수급 불균형과 환율에 미치는 영향에 매우 큰 것으로 보입니다. 이에 관해 좀더 자세하게 설명해주십시오.

한국의 연간 수출액은 2007년 3,700억 달러 정도였으며 2008년은

4,000억 달러 전후 수준으로 전망됩니다. 4,000억 달러의 4분의 1만 시장에 안 나와도 1,000억 달러입니다. 원/달러 환율은 2008년 초 930원대에서 4월에 1,000원대로 올랐고 다시 금융위기가 본격화된 9월부터는 정부 개입에도 불구하고 1,400원대까지 올랐습니다. 연초에 비해 원/달러 환율이 50% 이상 오른 것입니다.

이런 상황에서 수출기업은 누구나 벌어들인 달러를 팔려고 하지 않을 것입니다. 당장 운영자금으로 써야 할 달러를 제외하고는 기업들은 달러를 계속 보유하려 할 것입니다. 더욱이 지금처럼 금융위기와 실물경제 위기가 동시 진행되고 있으며 장기화될 가능성이 높은 상황에서는 미래에 대한 불안감으로 더더욱 달러를 내놓지 않으려 할 것입니다. 이것이 달러 수급 불균형의 결정적 요인 가운데 하나라고 할 수 있습니다.

금융위기는 지금도 계속 진행되고 있을 뿐만 아니라 미국을 비롯한 세계경제의 불황은 이제부터 시작이라고 할 수 있습니다. 한국경제도 이제부터 불황이 시작되고 있다고 할 수 있습니다. 금융위기와 실물경제의 불황은 하룻밤 자고 나면 다음날 아침 안개처럼 사라져버리는 것이 아닙니다. 이런 점을 감안하면 더더욱 달러수급 불균형이 심화될 가능성이 높습니다. 왜냐하면 수출기업들의 수출이 크게 둔화될 가능성이 높아졌기 때문입니다.

한국은행이 10월 27일 기준금리를 0.75%포인트 긴급 인하했습니다. 3분기 경제성장률이 전년동기대비 3.9%로 둔화되고 있어 경기대책 차원에서 긴급 금리인하를 한 것으로 보이는데요. 이 같은 금리인하가 환율 등 한국경제 전반의 상황을 감안할 때 올바른 판단이었을까요?

한국은행이 얼마 전 긴급히 금리를 0.75%포인트 인하했습니다. 그러나 이미 여러 차례 밝힌 바와 같이 한국경제가 당면한 가장 화급한 문제는 환율안정입니다. 원/달러 환율을 빨리 정상적인 수준으로 환원하는 것이 실물경제가 불황으로 빠지는 것을 완화할 수 있는 최상위 정책과제인 것입니다. 환율이 폭등하는 상태에서는 대기업뿐만 아니라 중소기업들 모두가 생산을 올 스톱하게 됩니다. 기업들은 기존에 확보한 원자재를 활용해서 생산을 하고 있을 뿐, 환율이 폭등한 뒤로는 원자재를 수입해서 채산성을 맞출 수가 없습니다. 생산하면 할수록 적자가 늘어나는데 어떻게 공장을 돌리겠습니까? 더욱이 내수가 빠르게 급강하하는 상황에서는 더욱 그렇습니다.

그나마 아직은 환율 폭등으로 인한 생산 정체 현상이 초기단계라고 할수 있습니다. 환율폭등으로 기업들의 생산 정체가 본격화되는 것은 이제부터라고 할 수 있습니다. 2008년 말이나 2009년 초부터 기업들의 생산정체가 본격화될 가능성이 높습니다. 환율폭등으로 중소기업들의 원가부담이 급증하여 생산이 중단되면 대기업도 생산을 크게 줄일 수밖에 없습니다.

달러당 원화 환율이 1,000원에서 1,300원이나 1,400원으로 급등하게되면 원자재를 수입해서 생산하는 업체들은 수입원가가 30~40% 상승한 것이나 마찬가지라고 할 수 있습니다. 업종에 따라 다소 편차는 있지만 대부분 기업들의 원가구조를 보면 원재료비가 70% 정도이고 인건비는 10%, 물류비 등 기타 관리비가 20% 정도를 차지합니다. 따라서 원/달러 환율이 30~40% 이상 오르면, 수입원자재 비중이 전체 원자재의 절반 가량을 차지한다고 가정할 경우 기업들의 원가상승 부담은 15~20% 이상 증가한다고 볼 수 있습니다. 따라서 기업 입장에서는 제품가격을 그만큼 올리지 않는 한 채산성을 맞출 수 없게 됩니다. 더군다나 수출이 둔화되고 내수도 급감하는 상황에서는 기업 연쇄도산과 같은 최악의 사태가 발생한다고 할 수 있습니다.

원/달러 환율폭등은 고유가보다도 악성이라고 할 수 있습니다. 고유가는 에너지절감 노력이나 원화 강세로도 어느 정도 부담을 상쇄할 수 있습니다. 또한 유가 상승은 원유를 대량으로 사용하는 기업에만 선별적으로 부담이 크다고 할 수 있습니다. 하지만 원/달러 환율 상승은 금리정책과 마찬가지로 모든 기업에 무차별적으로 영향을 미칩니다. 그만큼 악성인 것입니다. 따라서 실물경기 불황을 차단하기 위해서라도 원/달러 환율을 정상 궤도로 하루빨리 환원하는 것이 최우선 정책과제인 것입니다.

한국경제는 자산시장에서 자산가격이 하락하는 디플레이션 현상과 생산경제에서 수요는 없는데 제품가격은 올라가는 스태그플레이션 현상이 동시에 진행되는 상황이 발생하게 됩니다. 이미 2008년 초부터 이런 현상이 가속화되고 있습니다. 이런 점에서 보더라도 원/달러 환율 안정이 얼마나 시급한 과제인지 알 수 있습니다.

원/달러 환율을 안정시키는 방법은 간단합니다. 달러를 많이 공급하거나 달러 수요를 줄이면 됩니다. 달러 공급을 늘리는 것은 통화스왑 체결이나 외환보유를 활용하는 것 등을 들 수 있습니다. 그러나 지금 상황은 이런 방식으로 달러공급을 늘리는데 한계가 있습니다. 국내 수출기업들이 보유한 달러를 적극 내놓도록 유도하는 것이 필요합니다. 국내 수출기업들이 보유한 달러를 내놓도록 하기 위해서는 원화금리를 높게 유지해주는 것이 가장 효과적입니다. 국내 수출기업들만 보유달러를 지속적으로 내놓아도 원/달러 환율은 크게 안정될 수 있습니다. 달러 금리는 1~2%대로 떨어졌기 때문에 환율 상승에 의한 환차익 효과가 크지 않는 한 달러를 보유할 유인은 적습니다. 이런 점에서 원화 금리를 달러 금리에 비해 가능한 한 높게 유지하는 것이 중요한 것입니다.

물론 원화금리를 높게 유지하게 되면 외국인 투자자들의 자금이탈을 억제하는데도 다소나마 도움이 될 수 있습니다. 지금 상황에서 한국은행이 금리를 인하한다고 해서 기업들이 투자를 할 리 만무합니다. 가계들이 소비를 늘릴 리 만무합니다. 이미 부동산과 주식 등 자산시장의 버블이 붕괴되고 있기 때문에 금리인하가 경기를 부양하는 효과는 극히 제한적인 상태인 것입니다. 일부 건설업종과 내수 중소기업을 제외하고 대기업들의 현금유동성이 충분한 상태이며 불황이 시작되는데 금리를 내린다고 누가 투자를 하겠습니까?

국내외적으로 위험이 극도로 높아진 상태에서 금융기관이 대출을 확대할 리도 만무합니다. 대출확대는커녕 은행 등 금융기관 자신들조차 원화자금 부족으로 허덕이고 있어 시중금리가 계속 상승하고 있는 판에 한국은행이 정책금리를 낮춘다고 해서 효과가 있을 리 만무합니다.

한국은행 스스로가 국제공조를 내세워 자발적으로 금리를 인하한 것인지는 모르겠지만 한국의 경제상황을 감안한다면 타이밍상으로 맞지 않는 정책입니다. 지금 상황에서 금리 인하는 결과적으로 외환시장의 불균형을 더욱 심화시키는 결과를 초래할 뿐입니다. 모든 정책에는 긍정적인 측면과 부정적인 측면이 동시에 존재합니다. 어떤 정책을 시행할 때는 긍정적인 측면이 부정적인 측면보다 커야 하고, 정책 시행의 타이밍도 잘 맞춰야 합니다. 교과서적으로 보면 금리인하는 금융비용을 줄여준다는 긍정적 측면이 있지만, 지금 달러가 부족한 상황에서는 달러 부족을 심화시키는 부정적인 면이 압도적으로 더 큰 상태입니다.

한은 통계에 의하면 경기가 둔화되고 있다고는 하지만 3분기 실질 GDP 성장률이 전년동기대비 3.9% 성장하고 있고, 실업률은 3.1%로 오히려 줄고 있습니다. 반면 물가는 계속 치솟고 있는 것으로 나타나고 있습니다. 심지어 정부통계에 의하면 2008년 주택가격도 거의 하락하지 않은 것으로 나타나고 있습니다. 정부통계만을 보면 한은이 이례적으로 대폭적인 금리인하를 할 이유가 없는 것입니다. 대폭적인 금리인하와 대대적인 부동산대책을 남발하고 있는 것은 정부 스스로가 통계가 부실하다는 것을 인정하는 것이나 마찬가지라고 할 수 있습니다.

하지만 부동산시장과 주식시장에서는 버블이 붕괴되는 자발적 구조조정 과정이 진행되고 있습니다. 금리를 인하한다고 해서 가격 불균형을 시정하는 버블 붕괴를 막을 수는 없습니다. 금리를 인하한다고 해서 버블을 지탱할 수 없습니다.

또 금리를 인하한다고 해서 가계나 기업들의 자금 사정이 좋아지지는 않습니다. 기준금리를 인하했지만 시장금리는 여전히 고공행진을 계속하고 있습니다. 금융기관 스스로 돈이 부족한 상태인데다, 금융기관에 대한 불신도 높아지고 있는 상태입니다. 은행들이 1년 이내 상환해야 하는 은행채가 56조원, 2년 이내 상환해야 하는 은행채가 97.5조원에 이르고 있습니다. 그런데 채권시장은 가격폭락으로 차환발행이 거의 불가능한 상태에 가깝습니다. 이러다 보니 은행들의 은행채 상환을 위한 원화자금 확보가 시급해진 것입니다. 이런 상태에서 한은이 정책금리를 인하하게 되면 은행들의 원화 유동성확보는 더욱 힘들어지게 됩니다.

하지만 한국은행이 원화 유동성을 대량으로 공급해주게 되면 결과적으로 원/달러 환율상승 압력으로 작용할 수 있습니다. 한국은행이 시중은행들이 보유하고 있는 국공채 매입이나 은행채 매입으로 원화 유동성을 공급해주면 시중은행의 원화자금 경색은 완화할 수 있지만, 원/달러 환율상승이라는 부작용을 낳게 됩니다. 원화 유동성 부족이 화급을 다투는 상황에서는 유동성 공급확대가 불가피하지만 부동산이나 주가 버블 붕괴를 막기 위해 금리인하를 하게 되면 부작용만 키울 뿐입니다. 무엇보다도 과거 일본이나 지금의 미국의 경우를 보아도 금리인하가 버블붕괴를 막지는 못하고 있다는 사실을 직시할 필요가 있습니다.

자산시장의 가격은 스스로 조절되도록 하는 것이 최선의 방법입니다. 자산가격은 올라가기도 하고 내려가기도 하는 것입니다. 정부가 인위적으로 자산시장에 개입하는 것 자체가 잘못된 것입니다. 개입하면 개입할수록 자산시장의 자율적인 위험조절 기능이 교란되고 기업들의 정부 의존도가 커지는 도덕적 해이만이 늘어날 뿐입니다. 결과적으로 정책적 효과를 기대할 수 없으며 그로 인해 효과 없는 정책남발로 정부에 대한 불신만 커질 뿐입니다.

주가가 급락하자 정부가 연기금을 동원해 대량 매수에 나서 주가를 부양했는데, 앞서 말씀하신 내용으로 보면 이것도 문제라고 할 수 있겠습니다.

연기금을 통해서 주가하락을 막으려는 것도 어리석은 짓입니다. 세계 어느 나라도 연금의 평균 운용수익이 시장금리 수준을 초과하는 일은 없습니다. 현실적으로도 그렇고 이론적으로도 그렇습니다. 더구나 연기금은 1,2년 단위로 운용되고 없어지는 것이 아니라 30~40년 이상의 장기간의 단위로 운용되는 특별기금입니다. 5년 임기의 특정 정권이 정치적 수단으로 쌈짓돈처럼 마음대로 쓸 수 있는 자금이 아닙니다. 연금을 동원하여 주가 하락을 막겠다고 하는 것은 참으로 어리석은 일입니다. 이제부터 불황이 시작되는 마당에 연기금을 투입하여 주가하락을 얼마나 막을 수 있겠습니까?

자산시장에서 자율적으로 가격조정이 일어나도록 해서 투자자 입장에서 볼 때 이 정도 가격이라면 주식을 매입해도 되겠다고 생각되면 정부가 개입을 안 해도 투자가 들어오게 됩니다. 실제로 10월에 주가가 1,000포인트 이하로 떨어지자 기관들은 매각했지만 개미투자자들은 대규모로 주식을 매입했습니다. 시장 참여자들이 위험과 수익을 적절히 판단해가며 투자하도록 맡겨야지 이렇게 연기금을 쏟아 붓는 것은 연기금을 황폐화시키는 것입니다. 만약 불황이 장기화돼 투자한 기업이 파산하거나 구조조정을 당하면 어떻게 할 것입니까? 그럴 가능성이 점점 높아지고 있는데, 연기금으로 주가를 떠받치는 것으로 금융시장이 안정되고 있다고 생각한다면 참으로 한심스럽습니다.

다시 강조하지만 미국을 비롯한 세계경제뿐만 아니라 한국경제의 금융위기는 아직 해소되지 않고 있습니다. 뿐만 아니라 실물경제 위기는 이제부터 시작이라는 것을 잊어서는 안 됩니다. 이렇게 볼 때 정부의 인위적 가격부양 개입에도 불구하고 앞으로 상당기간에 걸쳐 지속적으로 자산시장의 가격조정이 일어날 가능성이 매우 높습니다.

최근 일부 인터넷 매체 보도에 따르면 마치 한국경제가 정상적인데도 우리 연구소와 특정 네티즌이 한국경제가 위기다라는 식으로 선동하고 있다며 기획재정부가 소위 '소통'에 나서겠다는 보도가 있었는데요.

아마도 그 언론매체나 기사를 쓴 기자가 과장했을 것이라고 생각합니다. 기획재정부 관료들이 이런 말을 했을 것이라고 생각되지 않습니다.

이미 미국의 그린스펀 전 FRB의장조차도 최근의 금융위기와 관련하여 자신의 정책 과오를 인정했습니다. 폴슨 미 재무장관도 금융감독 규제정책과 금융 시스템의 실패를 인정했습니다. 그래서 금융기관에 대한 감독 강화와 금융시스템 재구축을 위한 새로운 틀을 만들기에 노력을 기울이고 있습니다. 한국도 온갖 투기부양정책 노력에도 불구하고 이미 부동산 버블이 붕괴되고 있습니다. 그 동안의 부동산 정책이 실패했기에 엄청난 부동산 버블이 생겨났고, 지금 그 버블이 붕괴가 일어나고 있는 것입니다. 미국에서 일어나고 있는 똑 같은 현상이 한국에서도 일어나고 있는 것입니다.

이명박 대통령 자신마저도 최근 금융기관들이 140%에 달하는 예대비율에 이를 정도로 과다대출을 했다고 시중은행들을 비난했습니다. 그래서 은행 경영진의 임금동결 내지 삭감을 주장하기까지 했습니다. 이처럼 대통령 스스로도 한국경제가 심각한 문제를 안고 있다는 사실을 시인한 것입니다. 그리고 원/달러 환율이 왜 폭등했습니까? 그 동안 온갖 정책실패가 누적된 결과 때문입니다.

기획재정부의 전신인 재정경제부와 기획예산처는 우리 연구소가 2004년 유료화 시작 때부터 2007년까지 4년 동안 연간 구독료가 300만원인 <경제보고서> 회원이었습니다. 지금도 정부관료들과 정부출연연구기관, 한국은행, 여야 정당 국회의원 등이 개인회원 자격으로 100여명이 넘게 <경제시평>을 구독하고 있습니다. 얼마 전에는 지적재산권을 보호해야 할 기획재정부 관료들은 자신들의 인트라넷에 올려 <경제시평>을 돌려 보기까지 했다고 합니다.

만약 우리 연구소가 한국경제에 대해 황당한 선동을 하고 있다면 정부관료들이나 정치권이나 한국은행이나 지금까지 그런 엉터리 자료를 왜 보아온 것입니까? 그 보도 내용이 사실이 아니길 바랍니다. 그리고 사실이 아닐 것입니다.

<시사경제> 2008년 11월 4일

한국은행의 금리인하와
한중일 통화스왑 체결

2008년 12월 11일 한국은행은 기준금리를 현행의 4%에서 1%포인트 인하하여 3%로 낮춘다고 발표했다. 이로써 한국은행은 최근 2달 동안에 무려 2%포인트나 기준금리를 인하한 셈이 되었다.

금리인하의 이유로 소비와 투자, 수출 부진 등 경기가 급속히 악화되고 있으며 금융기관들의 신용경색도 계속되고 있어 기업들의 자금난이 심화되고 있기 때문이라고 했다. 다만 소비자물가와 생산자물가는 상승세가 한풀 꺾이고 있다고 말했다. 이에 금리정책을 경기부양 위주로 추진하겠다고 말했다.

2008년 3분기 한국의 경제성장률은 전년동기대비 3.8%, 전기대비로는 2%(연환산치)의 성장률을 보여 둔화된 모습을 보이고 있다. 소비가 둔화되고 있으며 유가 급락에도 불구하고 수출입 모두 감소하고 있고 설비투자는 증가한 것으로 나타났다. 2008년 4분기에는 이보다 더 낮은 성장률을 보일 것으로 예상되며, 한국은행은 2009년 경제성장률도 2%

로 낮게 전망하고 있다.

또 한국은행의 최대 정책목표라고 할 수 있는 물가를 살펴보면, 아래의 <도표 1>에 나타난 바와 같이 소비자물가는 유가급락의 영향으로 한풀 꺾이고 있는 모습으로 11월에는 전년동월대비 4.5%로 7월의 5.9%에 비해 낮아졌다. 그러나 1차 농산품과 에너지를 제외한 근원물가는 11월에 5.3%로 오히려 상승세를 계속하고 있다. 이처럼 근원물가가 상승세를 계속하고 있어 소비자물가는 더 이상 낮아지지 않을 것으로 보인다. 달러표시 수출입 물가는 유가급락 영향으로 모두 크게 떨어지고 있으나 원화표시 수출입 물가는 반대로 원/달러 환율 폭등 영향으로 크게 상승하고 있다. 그 결과 수출업체는 1달러 수출에 대해 40% 이상의 환차익이 발생하고 있으며 수입업체는 1달러 수입에 대해 45% 가량의 환차손이 발생하고 있는 모습을 보이고 있다.

이처럼 원/달러 환율 폭등에 의한 원-달러 수출입 물가의 극단적인 괴리는 국내 수입업체로부터 수출업체로 그리고 소비자로부터 생산자로의 극단적인 소득의 재분배를 초래하고 있다. 특히 소비자임과 동시에 임금노동자가 대부분인 가계의 경우, 수입업체에 근무하는 사람은 막대한 환차손에 의해 임금삭감과 도산 위험으로 일자리를 잃을 위험에 처한 반면, 수출업체에 근무하는 사람은 막대한 환차익이 임금상승으로 환원되지 않을 경우 실질적인 소득감소가 발생하게 된다. 왜냐하면 농산품 및 유가와 상관없는 국내 근원물가가 원/달러 환율 폭등에 의해 계속 상승하고 있어 실질 구매력이 감소하기 때문이다. 유가 폭락에도 불구하고 국내 근원물가가 계속 상승하고 있다는 것은 원/달러 환율 폭등으로 인해 수입업체들이 환차손을 줄이기 위해 국내 출하가격을 인상하고 있기 때문이다.

<도표 1> 한국의 주요 물가 변동률 추이

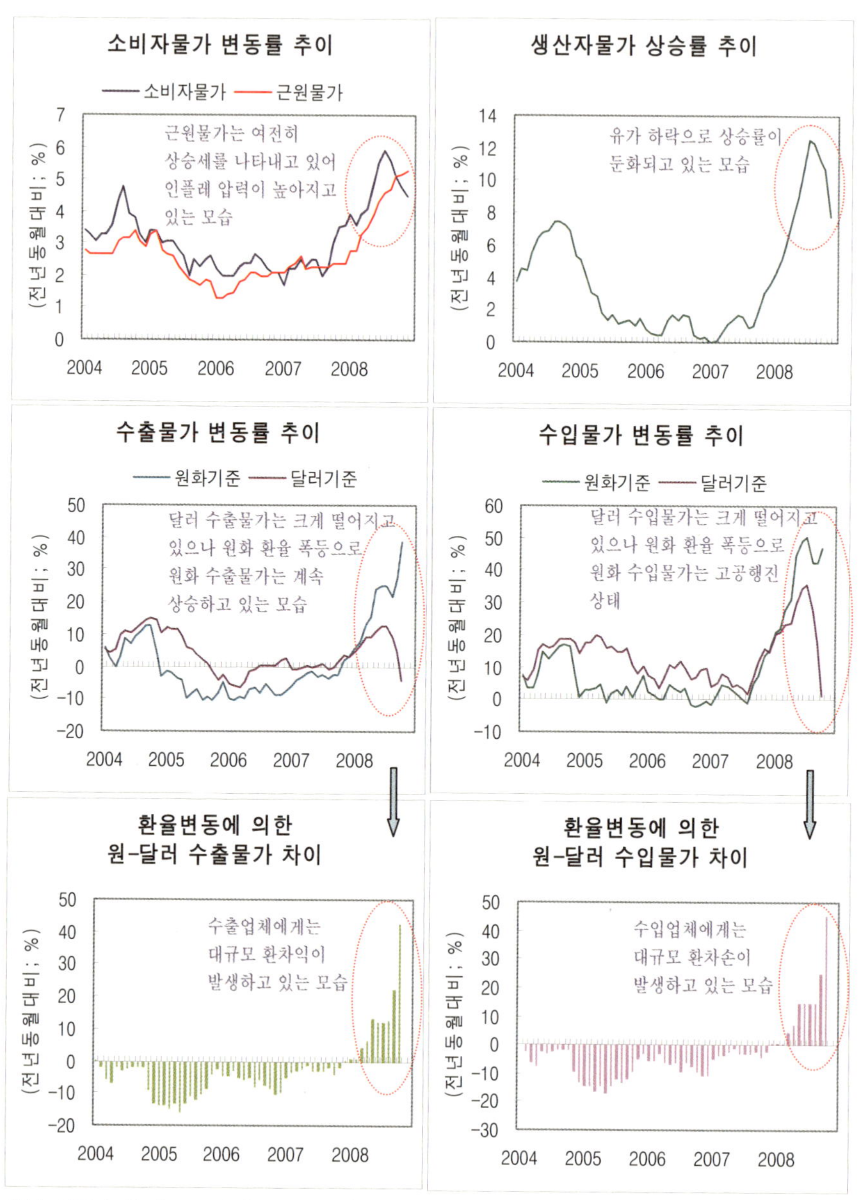

(주) 한국은행 자료로부터 KSERI 작성

이것은 경제주체들의 부가가치 창출에 의한 소득재분배가 이루어지는 것이 아니라 정책당국의 원/달러 환율안정 실패로 인해 경제주체들간의 왜곡된 소득재분배가 발생하고 있다는 것을 의미한다. 말하자면 원/달러 환율 폭등은 수입업체와 소비자를 희생하는 대가로 수출업체에 몰아주는 결과를 초래하고 있는 것이다. 나아가 국내로부터 국외로 노동력과 부가가치의 유출이 일어나고 있는 것이다.

이런 식으로 경제가 지속할 수 있다고 생각하는 것은 큰 착각이다. 생산 면에서든 지출 면에서든 분배 면에서든 왜곡이 구조화되는 경제는 절대로 오래 가지 못한다. 수입업체들이 원/달러 환율 폭등으로 인한 막대한 환차손을 소비자에게 가격인상 형태로 전가하지 못하는 한 수익성 악화로 도산에 처하게 된다. 소비자 역시 수출기업으로부터 임금상승 형태로 환차익을 환원 받지 못하는 한 근원물가 상승에 의한 실질구매력 감소로 소비위축은 계속될 수밖에 없다. 이로부터 한국은행이 해야 할 가장 시급한 과제는 금리인하보다는 원/달러 환율안정이라고 할 수 있다. 한국은행은 원/달러 환율폭등 정책실패를 금리인하로 땜질하고 있는 것이나 마찬가지인 셈이다.

대폭적인 기준금리 인하에도 불구하고 시중 자금사정은 전혀 나아질 기미를 보이지 않고 있다. 아래 <도표 2>에서 시장금리 추이를 살펴보면 2008년 7월부터 기준금리를 인하하기 시작했음에도 불구하고 회사채와 CP금리는 계속 상승세를 지속하고 있다. 증시 자금조달 면에서도 2008년 하반기부터 회사채 발행과 주식 자금조달 모두 크게 감소하고 있다. 이는 국내외 경제상황 악화로 인해 투자자들이 투자위험이 매우 높아지고 있는 증시로부터 이탈하고 있음을 보여주고 있다. 이런 상황에

<도표 2> 시장금리와 시중 자금사정 추이

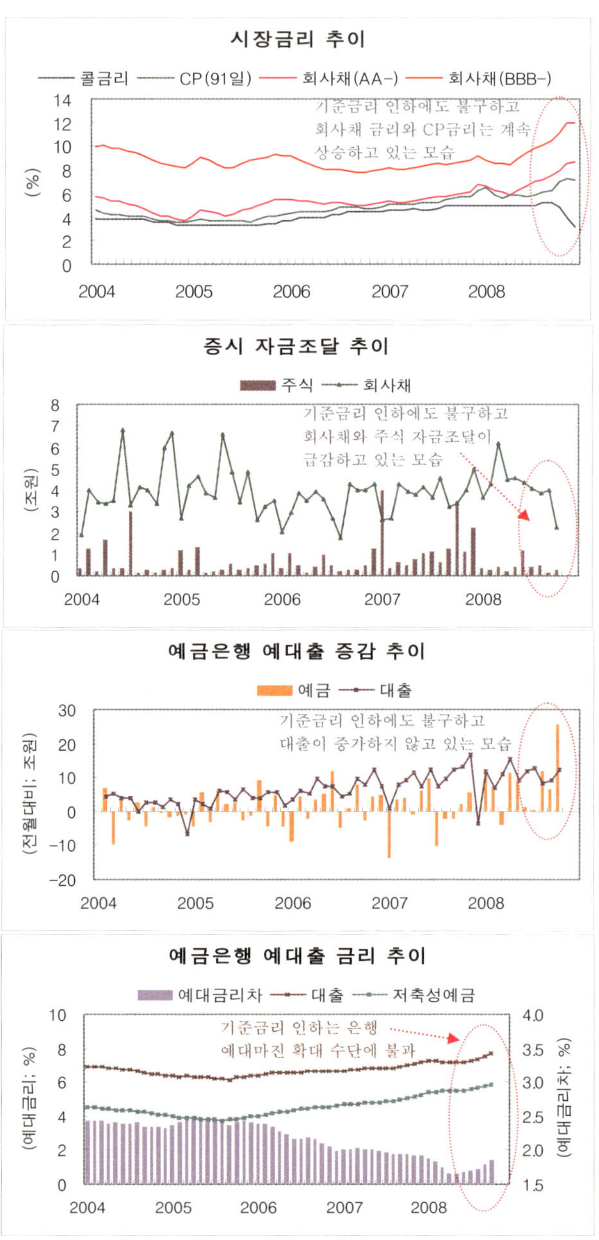

(주) 한국은행 자료로부터 KSERI 작성

서 정책금리를 인하한다고 시장금리가 내려갈 리 만무하다. 결과적으로 시장금리와 정책금리가 따로 놀 수 밖에 없으며 정책금리 인하가 그다지 의미가 없는 상황인 것이다.

기준금리를 인하한다고 해서 은행들의 대출금리가 내려가는 것도 아니다. 위 도표에서 예금은행의 예금 수신 및 대출 추이를 살펴보면 한국은행의 기준금리 인하에도 불구하고 7월부터 오히려 예금이 크게 증가하고 있는 반면 대출은 거의 변화가 없는 것으로 나타나고 있다. 이로부터 기준금리 인하에 상관없이 은행들의 대출은 크게 줄지도 않고 있을 뿐만 아니라 크게 늘어나고 있는 것도 아닌 것으로 나타나고 있다. 또 기준금리를 인하했다고 해서 은행의 예금 및 대출 금리가 내려가는 것도 아니다. 기준금리 인하가 영향을 미친 것이 있다면 지난 2006년부터 계속 감소해온 은행의 예대금리차(예대마진)가 다시 높아지고 있다는 것이다. 결국 한국은행의 기준금리 인하는 결과적으로 은행의 수익성 개선을 위한 또 하나의 몰아주기를 하고 있는 셈이라고 할 수 있다. 은행들의 마구잡이식 부동산대출을 방치한 자신들의 정책실패를 또 다른 무리수 정책으로 땜질하려 하는 것이라고 할 수 있다.

한편, 12월 12일 한국은행은 일본은행 및 중국 인민은행과 원/엔 및 원/위안화 통화스왑을 체결하였다고 발표했다. 일본 언론은 원화 환율 폭등으로 외화부족 우려가 높아지고 있는 한국을 지원하기 위해 일본정부가 한일간 통화스왑 협정을 확대하기로 했다고 보도했다.

일본은행과는 200억 달러 상당의 원/엔화 통화스왑을 2009년 4월 말까지를 기한으로 체결하기로 했다. 한일 양국 중앙은행은 지난 2005년 5월에 동아시아 외환시장 안정을 위해 30억 달러 상당의 원/엔 통화스왑을 체결했는데, 이번에 그 한도액을 200억 달러 상당으로 늘린 것이다. 이 외에도 2005년 협정에서 국제통화기금(IMF)의 긴급지원을 받을 경우에 한해 추가로 달러화로 100억 달러를 지원하기로 했었다.

또 중국 인민은행과도 1,800억 위안/38조원 이내에서 3년을 한도로 통화스왑을 체결하기로 했으며 기한은 연장 가능한 것으로 했다. 중국 인민은행과의 통화스왑은 지난 5월에 800억 달러 규모의 공동기금을 조성하기로 한 치앙마이 이니셔티브와는 별도로 체결된 것이라고 밝혔다.

이처럼 일본과 중국이 한국에 대해 통화스왑 지원에 나선 것은 외환부족에 빠진 한국정부의 요청에 의한 것이기는 하지만 내심으로는 그리 달갑지 않게 생각했을 것으로 보인다. 그럼에도 불구하고 통화스왑 지원에 나선 것은 경기불황이 가시화되고 있는 가운데 원화 환율이 폭등함에 따라 결과적으로 한국 수출상품의 가격경쟁력이 크게 높아져 일본과 중국의 자국 수출기업들이 타격을 받을 것을 우려한 때문이라고 할 수 있다. 달러가 부족한 한국 기업들이 일본과 중국으로부터 엔화와 위안화로 수입을 원활히 할 수 있도록 하기 위한 때문으로도 볼 수 있다. 주지하는 바와 같이 한국은 일본에 대해 연간 200억 달러 이상의 경상수지 적자를 기록하고 있다. 그런가 하면 엔캐리 차입 상환을 해야 하는 한국 금융기관 및 기업들이 원활하게 엔화 차입금 상환을 할 수 있도록 하기 위한 것으로도 볼 수 있다.

이런 점에서 볼 때, 이번 엔화 및 위안화와의 통화스왑 체결은 주로 국내기업들이 일본 및 중국과의 경상교역 결제자금 면에서 도움이 될 수 있을 것으로 보인다. 그러나 국내 외환시장의 절대적인 달러부족을 해소하는 데는 기여하지 못할 것으로 보인다. 아마도 이번 통화스왑 협정 확대와 관련하여 일본과 중국 측의 그런 요구조건 단서가 붙어 있을 가능성이 높다.

다음 날인 12월 13일 일본 후쿠오카에서 한국 이명박 대통령과 일본 아소 타로 총리 그리고 중국 온자바오 수상이 모여 미래지향적인 성숙한 파트너십 관계 구축을 위한 한중일 3국 정상회담이 개최되었다. 회담 주최국인 일본 입장에서는 중일간 현안 및 파트너십 강화 문제가 핵심이었으며 한일 문제에 관해서는 통화스왑 지원과 6자 회담 문제가 논의되었다. 또 공동성명에서는 글로벌 금융위기에 대해 한중일 3국이 협력하여 공동 대처하자는 의견이 제시되었으며 한국에 대한 일본과 중국의 통화스왑 지원이 이번 회담의 가시적인 성과로 부각되었다. 일본 아소 총리는 이번 3국 정상회담을 '제1회 한중일 정상회담'이라고 부르고 싶다고 말했다.

비록 한국 정부 입장에서는 일본과 중국에 외환을 구걸하는 입장이 되었지만 이번 한중일 3국간 통화스왑 지원은 일본과 중국 입장에서는 의미가 있다고 할 수 있다. 국내 지지율이 급락하고 있으며 의회 해산 압력을 받고 있는 아소 총리 입장에서는 자신의 정치적 입지를 강화하는 홍보수단으로 적극 활용하고자 했을 것이다. 그런가 하면 세계 3대 경제권을 형성하고 있는 동아시아 한중일 3국이 달러화가 아닌 지역통화간 통화스왑을 체결하여 금융위기에 공동대처 하려는 움직임은 사실상 최초이다. 2009년 4월에 영국 런던에서 개최될 예정인 G20 정상회담에서는 프랑스 등 유럽연합(EU)을 중심으로 IMF개혁의 핵심이라고 할 수 있는 달러 기축통화제 문제가 재론될 가능성이 높다. 이런 가운데 일본과 중국은 이번 한국에 대한 통화스왑 지원을 통해 실적을 만듦으로써 미국과 유럽연합 주도 움직임을 견제하고 자신들의 주장을 내세울 수 있는 입지를 마련한 것이라고 할 수 있다.

결론을 말하자. 한국은행은 대폭적인 금리인하를 단행했다. 한국은행이 기준금리를 대폭으로 인하하고 있지만 시장금리와 시중 자금사정은 개선되지 않고 있다. 오히려 악화되고 있다. 이는 문제의 근원이 금리인하로 해결될 수 있는 것이 아니기 때문이다.

또 한국은행은 일본 및 중국과 엔화 및 위안화 통화스왑도 체결했다. 엔화 및 위안화 통화스왑 역시 일시적으로 일본, 중국과의 경상수입거래면의 자금난을 해소하는 데는 기여할 것으로 보인다. 그러나 작금의 극심한 외환시장 수급불균형은 여전히 해소되기 어려울 것으로 보인다.

최상의 정책은 문제를 애초부터 일으키지 않는 사전예방적 정책을 시행하는 것이다. 차선의 정책은 불가피하게 문제가 발생하면 그 원인을 정확하게 이해하고 문제해결을 위한 올바른 대책을 강구하는 것이다. 최악의 정책은 자신들이 문제를 일으키는 주범이라는 사실조차도 모른 채 헤매는 것이다. 최악의 정책이 난무하는 정부는 대통령이 구걸 외교를 하지 않을 수 없는 경우도 발생하게 된다. 국가적 수치와 창피를 무릅쓰고 말이다.

<경제시평> 2008년 12월 15일

일본 사례를 통해서 본
건설경기 부양대책

　부동산 거품 붕괴가 본격화하고 이에 따른 미분양 물량 급증으로 인한 부실 건설업체들의 도산을 막으려는 정부의 건설 경기 부양대책이 쏟아지고 있다. 이명박 정부 출범 이후 첫 번째 부동산 대책인 8.21대책부터 시작해서 10년간 500만 호 주택공급을 천명한 9.19대책, 가계 주거부담 완화 및 건설부문 유동성 지원 구조조정 방안을 담은 10.21대책 경제난국 극복 종합대책인 11.03대책에 이르기까지 불과 8개월 만에 4차례의 건설경기 부양대책이 쏟아져 나온 것이다.

　이들 4 차례의 건설경기 부양대책의 구체적 내용을 요약해보면 아래와 같이 크게 6 가지로 정리될 수 있다.

1) 최저가낙찰제 확대 적용 연기

2) 지방 미분양 아파트 환매조건부 매입

3) 정부예산 120조 원을 동원한 주택 공급

4) 뉴타운 및 신도시 추가 지정

5) 재개발 재건축 사업 촉진

6) 분당신도시 16배 크기의 그린벨트 해제를 통한 보금자리 주택 및 국민임대주택 건립

이밖에 직접적인 건설부양 정책으로 포장하지는 않았어도 내용을 뜯어보면 사실상 건설경기 부양대책인 경우도 많다. 예컨대 정부가 향후 5년간 56조원을 투입하는 '광역경제권 선도 프로젝트' 사업이 대표적이다. 56조원 사업 가운데 53조원 가량이 이미 포화상태인 항만과 공항, 산업단지, 도로 건설 등에 들어가게 된다. 이 같은 대규모 건설경기 부양책을 잇따라 내놓으면서 이명박 정부와 여당인 한나라당이 내세우는 명분은 '경기 활성화'와 '일자리 창출' 등이다.

"사회간접자본(SOC)에 투자해 경제도 살리면서 결국 그것이 국가경쟁력도 살리는 쪽으로 가야 한다. 국토균형발전 측면에서 지역의 대규모 SOC 사업을 앞당겨야 한다" (이명박 대통령, 10월 30일)

"아파트가 아닌 지방 SOC 사업같은 경기 활성화 효과가 큰 사업을 할 것이다. 재정지출에서 경기활성화 효과가 제일 큰 것은 역시 건설사업이다." (박병원 청와대 경제수석)

"지역경제 활성화와 일자리 창출을 위해 기간 교통과 물류시설 등에 투자할 것이다" (강만수 기획재정부 장관, 11월 3일)

　그런데 대통령과 고위 당국자들의 이 같은 주장은 현실에 비춰볼 때 얼마나 설득력이 있을까? 이를 살펴보기 위해 먼저 한국 건설산업이 전체 경제에서 차지하는 비중을 따져볼 필요가 있다. 건설산업 비중을 따져보는 방법에는 여러 기준이 있을 수 있지만, 가장 효과적인 것은 GDP 총량에서 건설업의 비중을 따져보는 방법이다.

　아래의 <도표 1>에서 2007년 기준 한국의 실질GDP는 798조원이고 이 가운데 건설업이 차지하는 비중은 52조원에 6.6% 정도에 불과하다. 그런가 하면 취업자수 면에서도 전체 취업자 2,326만 명 가운데 건설업이 차지하는 비중은 185만 명에 8%에 불과하다. 그런가 하면 2003년 기준 산업연관표 상에 나타난 건설업의 생산유발계수나 국산투입계수는 결코 높지 않다. 생산유발계수란 최종수요가 1단위 증가할 경우 이로부터 유발되는 각 산업별 산출액을 말하는데, 건설업의 경우 2.5으로 도소매의 4.09, 음식숙박의 2.9, 운수창고 4.07, 철강 3.2, 유화제품 4.1 등에 비해 낮다. 그런가 하면 투입계수는 각 산업별 생산물 1단위 생산을 위해 투입하는 중간재 투입물 단위를 나타내는데, 이것 역시 건설업이 타 업종에 비해 딱히 높다고 할 수 없다.

　또 건설경기 부양책이 현실에서 어느 정도 효과가 있을지 살펴보기로 하자. 7,80년대 개발경제 시대에는 '경기침체가 오면 건설경기 부양으로 대응한다'는 게 거의 공식화돼 있었다. 당시 이 같은 대응은 두 가지 측면에서 합리성을 가졌다. 우선, 당시에는 이렇다 할 산업이 없었기 때문에 상대적으로 건설산업의 GDP 비중이 높았고 산업연관효과와 고용 효과도 높았다. 그래서 건설업의 경기부양 효과도 그만큼 컸다고 할 수 있다. 건설업에 투자하면 건설업계 자체뿐만 아니라 관련된 자재 생산 및 공급업체 등 연관 산업 전반에서 매출과 고용이 큰 폭으로 늘어났다.

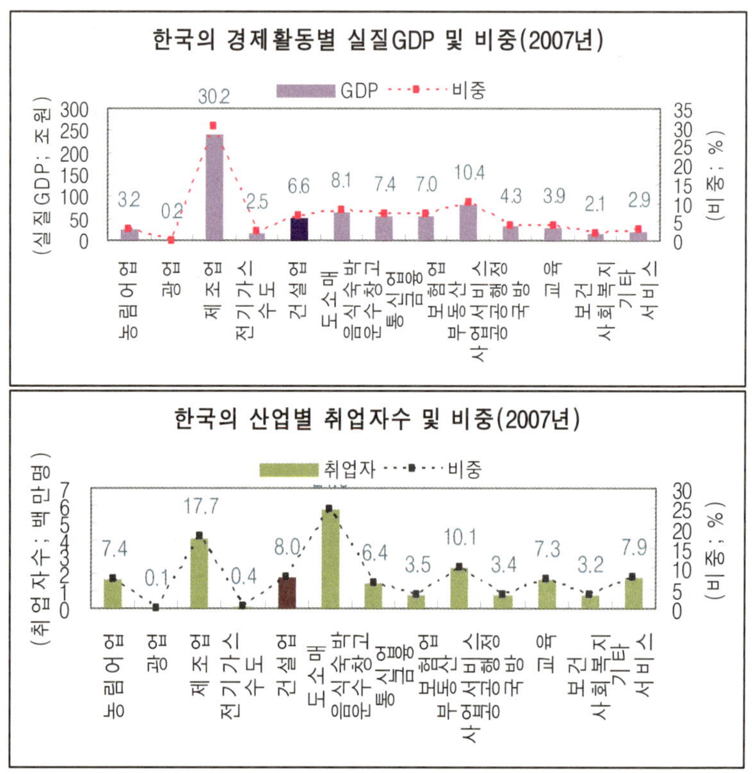

(주) 한국은행 자료로부터 KSERI 작성

또한 당시에는 각종 사회간접자본(SOC)이 아직 부족한 상태였기 때문에 건설경기 부양을 통해 취약한 SOC를 확충하는 기회로 삼을 수도 있었다. 도로, 항만, 공항 등 SOC 확충은 물류 수송의 확대와 물류 시간 및 비용 절감 등의 형태로 한국 경제의 성장 잠재력 확충에 기여했다.

하지만 지금은 2,30년 전의 개발시대 때와 확연히 달라졌다. 지금은 건설업 말고도 수많은 새로운 산업들이 발전했다. 그로 인해 앞서 살펴본 바와 같이 건설업의 비중도 크게 낮아졌고, 산업연관효과도 줄어들었다. 또 입지별로 다르겠지만, 웬만한 SOC 투자는 이미 이뤄져 전국에서 이용률이나 가동률이 낮은 도로, 공항, 산업단지 등이 급증하는 데서 볼수 있는 것처럼 SOC 확충 필요성도 크게 낮아졌다. 더구나 개발연대와 외환위기를 거치면서 대형 건설업체들의 조직 구조와 고용 구조가 변화하면서 정부가 내세우는 '경기 활성화'와 '일자리 창출' 효과도 크게 떨어졌다. 왜 그런지 아래 <도표 2>를 참고로 해서 설명해보자.

우선, 건설업체들은 87년 민주화 이후 노조가 빠른 속도로 조직화되고 노조원들의 임금이 급상승하자 비용절감 명목으로 덤프트럭 운전자들과

<도표 2> 한국 대형 건설업체들의 조직 및 고용 구조 변화

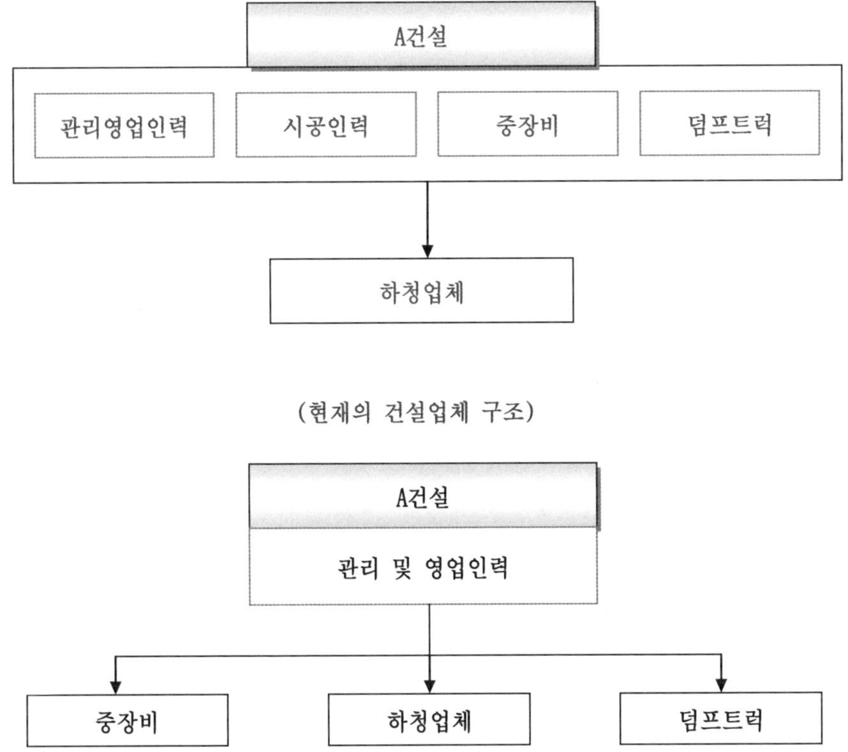

중장비 인력들을 개인사업자 형태로 분리시켰다. 또한 시공인력들도 아웃소싱 명목으로 점차 하청업체에 떠넘겨 본사 인력을 줄여나갔다. 이 같은 추세는 90년대 말 외환위기를 맞으면서 더욱 심화됐다. 외환위기 이후 대형 건설업체에는 최소한의 관리 및 영업인력만 남았고, 그나마 남아 있는 인력의 상당수도 비정규직으로 전환됐다.

그런 가운데 개인사업자가 된 덤프트럭과 중장비 사업자들의 시장진입이 자유롭게 개방되면서 경쟁이 치열해져 트럭운임 및 중장비 단가는 계속 하락했다. 하청업체의 사정도 갈수록 열악해졌고, 시공인력들의 노임 단가도 불법 외국체류자들의 유입으로 지속적으로 하락했다. 이 때문에 90년대 이전에 비해 외환위기 이후 덤프 및 레미콘, 중장비기사와 하청업체 시공인력 등 소위 현장 노동자들에게 돌아오는 몫은 실질가격으로 절반 이하로 줄어들었다는 것이 많은 건설현장 관계자들의 이야기다.

이런 구조에서 정부가 경기부양 명목으로 예전처럼 추경편성 등을 통해 건설사업 재정확대를 하면 어떻게 될까? 답은 뻔하다. 경기부양 명목의 건설사업 예산의 대부분은 공사를 수주한 대형 원도급자가 차지해 버리고 밑바닥으로는 거의 내려가지 않는다.

왜 그런지를 서울지방국토관리청이 2002년 발주해 2004년까지 진행된 경기도 성남~장호원 도로 건설공사 2공구 공사 현장 사례를 통해 보자. 아래의 <도표 3>에 나타난 바와 같이 이 공사에서 A건설 등 3개 대형 건설업체 컨소시엄은 총공사비(정부 예정가격은 3,032억 원) 2,853억 원에 수주한 공사 가운데 약 1,970억 원어치의 공사물량을 60.5% 정도인 1,190억 원에 하청을 주었다. 간접공사비와 자재비 등의 명목으로 챙긴 이익만이 883억 원(=2,853억-1,970억)이고, 이에 더해 직접공사비 하청 과정에서 780억 원(=1,970억-1,190억)을 추가로 챙긴 것이다.

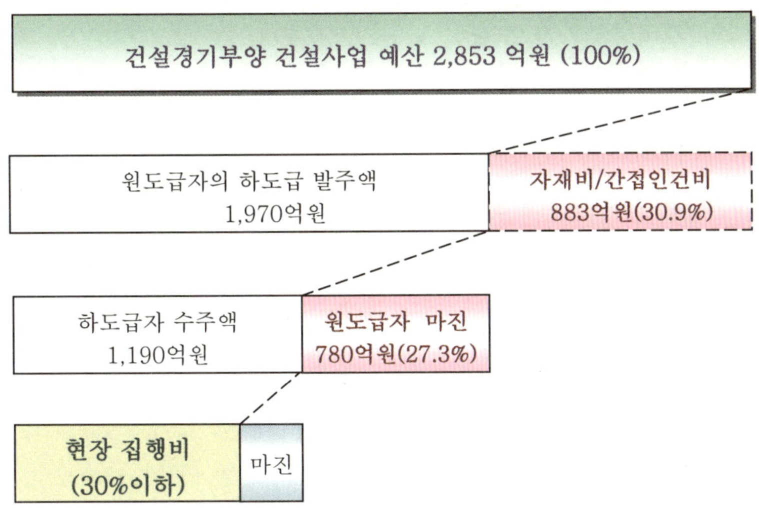

　A사 등은 간접공사비와 자재비만으로 처음부터 총공사비에서 30.9%가량을 챙긴 다음 직접공사비 하청 과정에서 추가로 27.3%가량을 챙긴다. 총공사비의 58.2% 가량이 A사 등 대형 원도급업체의 이익으로 돌아간 것이다. 이런 막대한 이익을 챙기는데 대해 대형 건설업체들은 직원을 투입해 공사 전반을 관리하는 비용이라고 주장한다. 하지만 각종 관리비용은 이미 간접공사비에 포함돼 있기 때문에 단순히 공사물량을 넘겨주는 브로커 역할을 하는 하청발주 과정에서 다시 엄청난 차익을 챙기는 것은 설득력이 떨어진다. 결국 경기부양을 위한 재정투입이 대형 건설업체들의 금고로 그대로 들어가버려 경기부양 효과와는 무관하게 퇴장되어 버린다는 것이다.

　좀더 구체적으로 위의 예에서 건설경기부양 재정사업의 경기부양 효과를 살펴보기로 하자. 건설경기부양 예산 2,853억 원의 58.2%가 자재비/인건비 883억 원과 마진 780억 원의 형태로 대형 원도급업체에게 돌아간다. 원도급업체가 차지하는 이 돈은 사업관리 및 영업직원들의 월급과 음성적인 로비자금까지 포함된 활동비, 자재비 등으로 나가지만 대부분이 이익으로 사내유보 된다. 사내에 유보된 자금들의 상당 부분은 대형 건설업체의 향후 주택사업 등을 위해 택지매입 비용 등에 들어가 땅값을 부추길 뿐 당장에 경기부양에 기여할 수 있는 고용을 늘리거나 산업연관효과 확대를 통하여 연관산업의 소득을 늘리는 데 사용되지는 않는다.

특히 지금처럼 건설업체들이 무리한 차입과 분양사업 전개로 미분양이 급증하여 극심한 자금난에 시달리는 상황에서는 정부 경기부양 예산이 이들 업체들의 부채 상환에 사용될 가능성이 매우 높다. 이명박 정부가 경기부양책을 통해 실제로 노리는 것도 다소 과장되게 들릴지는 모르지만 건설업체들에 대한 유동성 지원이라고 할 수 있다. 이것은 적어도 현 정부가 건설경기부양책 실시를 위해 겉으로 내세우는 경기활성화와 일자리 창출과는 거리가 멀다는 것을 의미한다.

하도급업체에 지급되는 1,190억 원(41.8%)도 3차, 4차, 5차 다단계 하도급 과정을 통해 중간마진 형태로 상당 부분이 사라지고 최종 시공인력과 덤프트럭 및 중장비 기사 등에게 돌아가는 금액은 당초 건설경기부양 예산의 30%에도 미치지 못할 것으로 추정된다. 정부가 건설경기부양 명목으로 아무리 돈을 풀어도 건설사업 현장에는 돈 구경하기 어렵다는 말이 나오는 것이 바로 이 때문이다. 더구나 시공인력 가운데 30~40% 정도를 차지할 것으로 추정되는 외국인 노동자들은 임금의 상당 부분을 본국에 송금하므로 이들을 통한 국내소비 진작효과는 더욱 떨어질 수밖에 없다.

물론 위의 사례에서 원도급자가 챙기는 마진이 큰 이유는 상위 대형건설업체들이 가격담합을 통해 폭리를 취할 수 있는 턴키입찰 (설계시공

일괄입찰) 방식이기 때문이다.[5] 하지만 평균 낙찰가가 가장 낮은 최저가
낙찰제의 경우에도 원도급자는 20~30% 이상 남기는 게 보통이다. 결국
외환위기 이후 급변한 건설업계의 사업구조 및 고용 구조 때문에 건설토
목 사업을 통한 고용창출 및 내수진작 효과는 과거에 비해 크게 줄어들
었다. 이런 상황에서 정부가 건설경기부양을 한다고 해서 건설 및 토목
사업을 통해 얼마나 많은 고용이 창출되고 소득증대 효과가 생기겠는가?

이제 부동산 버블 붕괴 시기에 있어서 정부의 부동산 경기부양책이 얼
마나 효과가 있는지에 대해 일본의 사례를 살펴보기로 하자.

미국의 경우 2007년 하반기 서브프라임론 사태가 본격화된 이후 미국
정부의 천문학적인 경기부양책과 공적자금 투입 그리고 FRB의 금리인
하 등 온갖 대책에도 불구하고 미국경제는 경기후퇴의 일로를 걷고 있다
는 사실은 이미 모두가 다 알고 있는 사실이다. 미국의 서브프라임론 사
태가 본격화되자 많은 사람들이 미국은 일본의 경우와 다를 것이라고 생
각했다. 그러나 폴슨 재무장관이나 버냉키 의장 등 미국 정책당국자들은
가장 먼저 일본의 버블 붕괴사례를 주시했다. 똑 같은 실수를 반복하지
않겠다는 생각에서였다. 그러나 결과는 90년대 일본의 부동산버블 붕괴
과정에서 나타난 것과 거의 유사한 현상이 반복되고 있다는 사실이다.
그 중에서도 특히 버블 붕괴가 진행되는 동안에 버블 붕괴를 막기 위한
경기부양 대책은 거의 효과가 없다는 것이 드러나고 있다.

아래 <도표 4>에 나타난 바와 같이 일본 정부는 부동산 버블 붕괴를

---

[5] 우리나라의 공공공사에서 턴키입찰의 경우 최저가 낙찰제 대상에서 제외되어 있을
뿐 아니라 거액의 설계비용을 선투자하여야 하므로 사실상 대형업체만 참여할 수 있
어 담합을 하면 손쉽게 낙찰률을 높일 수 있다.

막기 위해 1992~1995년 동안 무려 66.9조 엔에 달하는 각종 경기부양 대책을 쏟아냈다. 경기부양대책 외에 2조 엔씩 세 차례 보완대책이 나왔다는 점을 감안하면 총 재정투입은 73조 엔에 이른다. 이는 1994년 일본 정부의 일반예산 규모와 맞먹는 액수였다. 이처럼 막대한 재정을 경기부양대책에 투입했지만 결국에는 버블 붕괴를 막지는 못했다. 이 기간 동안 일본경제는 0%대의 실질성장률에 그쳤다는 것이 그 증거다.

<도표 4> 90년대 버블 붕괴 시기의 일본의 경기부양 대책

부양책	시기	사업규모(조엔)
제1차 종합경제대책	92년 8월	10.7
제2차 종합경제대책	93년 4월	13.2
긴급 경제대책	93년 9월	6.2
신종합 경제대책	94년 2월	15.3
긴급 엔고경제대책	95년 4월	7.3
경제대책	95년 9월	14.2
97년도 추경예산	98년 2월	4.5
종합경제대책	98년 4월	16
긴급경제대책	98년 11월	17
경제신생대책	99년 11월	17
일본신생을 위한 신발전정책	2000년 10월	11
누계		132.4

(주) 일본 내각부 자료로부터 KSERI작성

이처럼 경기부양 효과가 없었던 이유에는 여러 가지가 있을 수 있는데 그 중에 하나로 당시 일본 집권당인 자민당의 건설족(토건족) 의원들의 요구에 의해 불요불급한 각종 건설토건 사업들로 경기부양책이 채워졌다는 점을 들 수 있다. 말하자면 부동산 버블 붕괴를 막는다는 명목으로 또 다른 버블을 만들어냈던 것이다. 뚜

럿한 계획도 없이 육지와 무인도를 연결하는 대교, 아무런 목적도 없이 산을 마구 훼손해 건설했으나 산토끼와 노루만 다니는 도로, 조그만 시골길과 연결되는 거대한 고가도로들이 이 시기에 집중적으로 지어지기 시작했던 것이다. 이처럼 버블 붕괴를 또 다른 버블을 만들어 막으려는 퍼주기식 경기부양대책에도 불구하고 결국 버블붕괴를 막지 못했던 것이다.

그런가 하면 부동산 버블 붕괴가 시작되던 상황에서 일본 정부의 과도한 건설경기 부양책으로 사실상 시장에서 퇴출돼야 할 부실 건설업체들의 상당수가 연명했다. 그 결과 버블 붕괴 초기의 줄도산에도 불구하고, 90년대 중반까지 일본의 건설업체 수는 오히려 늘어났다. 경제전문가인 사이토 세이치 교수의 책 『일본경제 왜 무너졌나』에 따르면 건설 토목산업 종사자 수는 91년 604만 명에서 96년에는 676만 명으로 오히려 72만 명이 늘어났다. 반면 이 기간에 제조업 종사자 수는 1,563만 명에서 1,450만 명으로 113만 명이나 줄어들었다. 또한 같은 기간의 건설 토목관련 업체 수를 보면 60.2만 개에서 64.7만 개로 약 4.5만 개나 늘어났다. 또 일본전문가인 알렉스 커(Alex Kerr)의 저서 『치명적인 일본』에 따르면 1994년 일본의 콘크리트 제조량은 모두 9,160만 톤으로 7,790만 톤인 미국보다 더 많았다. 국토의 단위 면적당 일본이 미국에 비해 약 30배나 많은 콘크리트를 사용한 것이었다.

부동산 거품이 일면 당연히 건설 붐도 일고, 부동산 거품이 꺼지면 건설 경기도 죽기 마련이다. 부동산 거품 붕괴기에는 그만큼 건설시장의 파이가 줄기 때문에 부동산 붐 때 생겨났던 건설업체 수가 감소하는 것이 정상이다. 그런데 오히려 일본의 건설업체 수는 정부의 막대한 경기부양 공공사업 확대에 힘입어 버블 붕괴기에 더 늘어난 것이다. 실제로 사정을 잘 뜯어보면 정부 예산이라는 호흡기로 연명하는 부실 건설업체들이 대폭 늘어난 것이다. 부실기업들이 인수합병이나 퇴출 등을 통하여 원활히 구조조정이 이뤄졌더라면 살 수 있었던 기업들조차 시간이 흐르면서 점점 부실화되었다.

이 때문에 "90년대 일본의 경기부양책은 건설업의 보호와 지원에 도움이 되었을 뿐, 경기의 자율적인 힘을 회복시킨다는 케인스 이론과는 거리가 멀었다"고 세이치로씨는 평가했다. 세이치로씨에 따르면, 이 같은 90년대의 대대적 건설경기부양 대책은 일시적인 효과에 그칠 뿐 결과적으로 적자재정 체질화와 국채 잔고 누적을 초래했으며, 진정한 원인치료를 미루게 함으로써 도태돼야 할 기업까지 목숨을 연명해 일본 경제의 증상을 더욱 악화시켰고, 초저금리 정책과 재정지출 확대로 격렬한 통증을 숨긴 결과 일본 경제의 병인이 모호해져 병의 원인 진단에 오류가 발생했다고 지적했다. 이 같은 건설업계 보호적인 건설경기 부양대책으로 건설사의 부실은 수면 아래에서 지속적으로 증가했고, 결국 98년부터 금융권의 부실 증가로 이어져 일본의 장기 침체를 가져오는 주요 원인으로 작용했다고 주장한다.

실제로 일본 정부는 96년 일본의 실질 GDP성장률이 3.5%로 올라서자 지나친 건설경기 부양으로 천문학적으로 늘어난 국가채무 부담 때문에 위의 <도표 4>에서 보는 것처럼 96~97년에는 대규모 경기부양 대책을 마련하지 않았다. 그러자 97년부터 건설업체와 금융기관이 줄도산 하는 등 버블 붕괴 후 2차 위기를 맞게 됐다. 부동산 거품에 이어 막대한 '재정적자 거품' 아래 부실을 숨기고 있던 건설업계와 금융기관들이 정부 재정지원이라는 호흡기가 끊어지자 곧바로 다시 중태에 빠져든 것이다. 아래의 <도표 5>를 보면 부동산 버블 붕괴에 따라 부실해진 건설업 등의 구조조정 지연으로 90년대 후반에 도산기업 수와 도산기업의 부채 총액 이 급증하고 있다. 또한 건설업의 도산 급증으로 실직, 감봉, 장기 휴가 등 근로자 피해도 급증하고 있음을 알 수 있다.

90년대 부동산 버블 붕괴를 막기 위해 일본 정부는 공공 건설사업 경기부양책뿐만 아니라 금리인하와 주가부양대책도 함께 동원했다. 일본 대장성은 우정연금과 국민연금 등을 통해 92년 하반기에만 약 2.82조엔

<도표 5> 일본의 업종별 기업도산에 따른 근로자 피해 추이

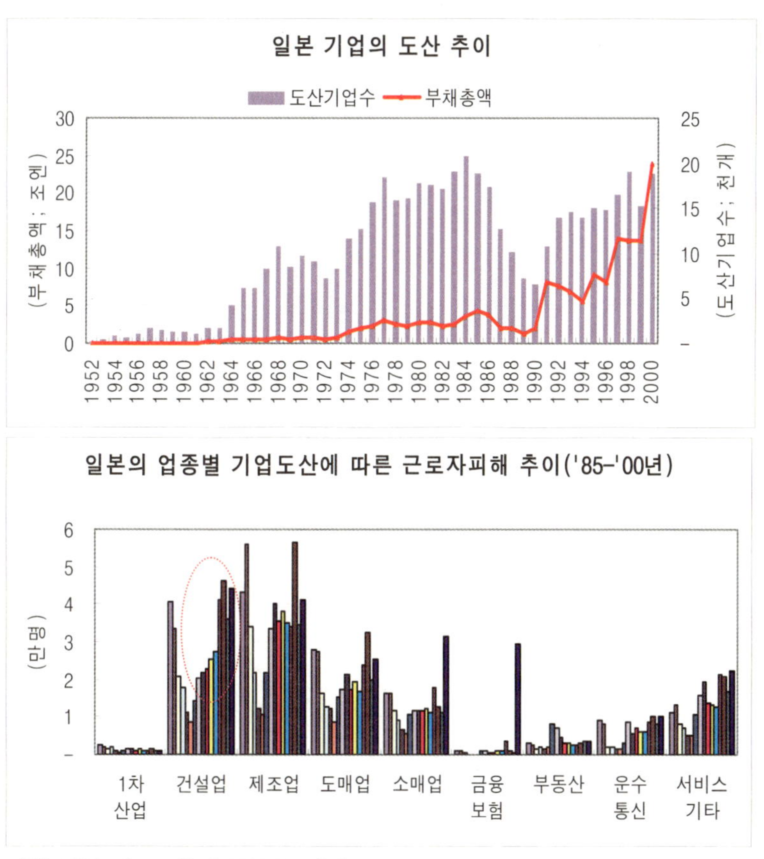

(주) TSR 자료로부터 KSERI 작성

을 주식시장에 투입해 주가를 떠받쳤다. 이들 공적 연금은 95년까지 주가가 떨어질 때마다 주식시장에서 순매수자로 주가부양에 나섰다. 연기금의 효과적 운용을 위해 '투자자'로서 참여한 것이 아니라 주가 부양을 위한 의무적 매수자로서 주식시장에 참여한 것이었다. 이 때문에 국제금융계에서는 일본의 이 같은 주가부양 대책을 두고 당시 유엔 평화유지군의 머릿 글자인 PKO(Peace-Keeping Operation)을 빗대 PKO (Price-Keeping Operation)라고 조롱하는 말까지 나오기도 했다. 일반적으로 정부를 주식시장의 건전한 투자환경 조성자로 보는 다른 선진국들과 달리 특정 목표주가를 정하고 정부가 투자를 결정하는 일본 정부를 조롱하는 표현이었다.

또 일본 대장성은 일본은행에 수시로 압력을 가해 90년 8월까지 6%였던 기준금리를 91년 4.5%로 떨어뜨린 데 이어 94년까지 1.75%수준까지 낮췄다. 하지만 이 같은 기준금리 인하에 가장 먼저 반응해야 할 건설 및 부동산업계는 아무런 반응이 없었다. 은행들은 이미 부동산 및 건설업계의 대규모 부실채권을 잔뜩 떠안고 있는 상태에다 신용경색까지 겹쳐 추가 대출을 할 여력도 없었던 것이다. 뿐만 아니라 이미 부동산시장의 투자자들 모두가 부동산 버블이 붕괴되고 있다는 사실을 다 알고 있었기 때문에 일본은행이 기준금리를 인하한다고 해서 부동산 수요가 다시 늘어나거나 부동산가격이 다시 올라갈 것이라고 생각한 사람은 아무도 없었다.

이상으로부터 90년대 부동산 버블 붕괴 시기에 일본 정부는 공공건설사업을 중심으로 한 막대한 건설경기부양책(재정정책)과 금리인하(통화정책), 주가부양책(공적 연금 동원) 등을 총동원했으나 결과적으로 버블붕괴를 막지 못했다. 오히려 이후 과감한 구조조정 후 효과적으로 쓰일 수 있는 재정 및 통화정책 수단들을 일찌감치 소진해 버렸다고 할 수 있다. 그나마 위안이었다고 한다면 그것은 90년대 일본은 엔고가 급속히 진행되었다는 사실이다.

그런데 기묘하게도 지금의 한국 정부는 원/달러 환율이 폭등하는 가운데 90년대 일본 정부가 하던 정책을 그대로 답습하고 있다. 재정확대를 통한 건설경기 부양책을 남발하고, 무모한 금리인하와 연금을 동원한 주식매입, 은행채와 카드채, 회사채 매입을 독려하고 있다.

과거 일본이나 외환위기 직후의 구조조정 경험에서 배우지 못하고 과거 일본이 장기불황으로 치달았던 궤적을 그대로 따라가고 있다. 물론 한국은 정권의 변화에 관계없이 계속 반복되는 정책실패와 국가적 위기가 발생하는 근본원인부터 해결하지 않으면 안 된다. 지난 IMF사태를 비롯하여 대통령을 비롯한 정부관료들과 여야를 막론하고 정치권은 이미 21세기 급변하는 세계경제 환경 속에서 한국경제를 정상적으로 운영할 능력과 역량이 없음이 드러났다. 이들은 시대착오적인 집단이 되어 버린 것이다. 대통령과 정부관료들 그리고 정치권의 무능과 무지를 계속 방치하는 한 더 이상 패러다임이 변한 21세기 한국경제가 정상적으로 발전해가기를 기대하는 것은 무리다.

그렇다고 당장 발 밑에서 타오르는 불을 끄지 않으면 안 된다. 어떻게 해야 하는가 이다. 아래의 <도표 6>에 정리한 2008년 10월 30일 일본 정부가 내놓은 긴급 경기부양대책인 '생활대책'이 큰 참고가 될 것이다. 자산시장의 가격조정은 자산시장 스스로에게 맡기는 것이 최상책이다. 부동산이든 주식이든 자산가격이 올라갈 때가 있으면 내려갈 때가 있는 것이다. 인위적으로 막으려 한다고 해서 막아지는 것도 아니다. 최근 미국의 경우가 이를 잘 보여주고 있다. 아무리 억만금의 자금을 투입해서

자산가격 하락을 막으려 한들 밑 빠진 독에 돈 붓기에 불과할 뿐이다. 자산시장 스스로가 조정할 수 있도록 하는 조정기간이 필요한 것이다. 즉 시간이 필요한 것이다. 그것만이 막대한 재정낭비를 막는 최상책이다.

<도표 6> 일본 정부의 '생활대책' 주요 내용

1. 생활대책의 기본 관점

(1) 우선은 '경기대책', 중기적으로는 '재정재건', 중장기적으로는 '개혁에 의한 경제성장'이라는 3단계의 경제재정정책으로 일본경제의 재건에 노력

(2) 최우선과제로 '금융시장 안정확보'를 위한 만전의 조치를 취함

(3) (국민의 생활안심, 금융/경제 안정강화, 지방의 저력발휘) 3가지 중점분야로 설정하고 그 중에서 '국민'을 최우선으로 둠

(4) 일회성 수요창출대책이 아닌 자율적인 '내수주도형 경제성장'으로 이행을 뒷받침

(5) 경제성장과 재정건전화의 양립을 위한 노력

2. 구체적 내용

(1) 국민생활안심

  1) 가계 긴급지원대책

    가) 생활지원 정액급부금(가칭) 실시

    나) 재계에 임금인상 요청

    다) 고용보험료 인하 노력

    라) 전기/가스요금의 2009년 1~3월기 인상폭 축소를 전력/가스 회사에 요청

마) 수입 보리의 정부매도가격 개정 등 긴급 재검토

2) 고용안정(safety-net) 강화대책

가) 비정규노동자의 고용안정대책 강화

나) 중소기업 등 고용유지 지원대책 강화

다) 지역의 고용기회 창출

3) 생활안심확보대책

가) 소비자청 창설 등 소비자정책의 근본적 강화

나) 개호종사자의 처우개선과 인재확보

다) 출산/육아 지원 확충

라) 장애자지원 확충

마) 의료/연금대책 추진

(2) 금융/경제 안정강화

4) 금융자본시장안정대책

가) 국제금융자본시장 안정화를 위해 적극적 노력

나) 일본 국내시장 안정을 위한 필요한 대책 실시

다) '금융기능 강화를 위한 특별조치에 관한 법률' 활용/개선

라) 생보사의 세이프티넷에 대한 정부보조 연장

마) 금융상품 회계처리기준 개편

바) 은행의 자기자본비율 규제의 일부 탄력화

사) 증권화상품의 투명성/신뢰성 향상 및 유통재개를 위한 노력

아) 금융기관의 유동성 대책

자) 금융증권세제

5) 중소/소규모기업 등 지원대책

가) '금융기능 강화를 위한 특별조치에 관한 법률' 활용/개선(중복)

나) '안심 실현을 위한 긴급종합대책'으로 자금융통대책 조기실시

다) 김급보증과 정부계 금융기관 등에 의한 대출을 21조엔 규모 추
  가실시

라) 상공중금(商工中金), 정책투자은행에 의한 금융위기 대응업무
  발동(중복)

마) 일본기업의 해외사업에 대한 대출 확대

바) 민간금융기관에 의한 금융중개기능 강화

사) 건설업 자금조달 원활화

아) 중소기업대책 세제, 인재확보/연구개발 지원

자) 중소기업의 신기술 상품화/조달을 위한 일괄지원

차) 하청법, 독점금지법 위반행위에 엄정한 대처

6) 성장력강화대책

가) 한시적으로 조기상각 가능한 에너지절약/신에너지설비 투자촉진
  을 위한 세제조치

나) 해외자회사 이익의 일본국내 환류

다) 에너지절약/신에너지 대책, 금속자원개발 추진 등

라) 원유시장 안정화를 위한 자원외교강화, 석유제품가격 등 시장동
  향 감시

마) 세계최첨단 연구개발, 이노베이션 촉진

바) 일본판 ESOP(종업원주식소유제도) 도입촉진을 위한 조건 정비

(3) 지방 저력 발휘

7) 지역활성화 대책

가) 고속도로요금 대폭인하

나) 지역기업재생, 상점가 활성화, ICT활용, PFI활용으로 지역경제
  활성화

다) 관광입국 추진

라) 지역건설업의 신규분야진출과 타산업과의 연계사업 등 지원

 마) 안전하고 안심할 수 있는 교통공간확보와 물류비용 저감 등에
  직결하는 교통네트워크 정비

바) 지역조성 추진

사) 농업의 장래를 담당하는 경영육성과 고용창출 등

아) 기술개발 가속과 농상공 연계, 일본산 농산물의 적극적 활용 등

자) 삼림/임업의 활성화

차) 먹거리에 대한 신뢰확보 등

카) 친절하고 알기 쉬운 농림수산행정 전개

8) 주택투자/방화강화대책

가) 주택론 감세(개인소득감세)의 연장/확충

나) 각종 토지세제 연장/확충

다) 용적율 완화

라) 우량 도시개발 프로젝트지원, 부동산의 증권화, 유동화 촉진

마) 개정건축기준법/개정건축사법 등의 원활한 운용/시행

바) 공공시설의 내진화 등 방화대책

9) 지방공공단체지원책

가) 도로특정재원을 일반재원화 할 경우 1조 엔을 지방실정에 맞
  춰 사용하는 방안 마련

나) 지방자치체(일반회계)에 장기/저리 자금을 융통할 수 있는 지

방공동 금융기구 창설을 검토

다) 지역활성화 등에 이바지하는 세세한 인프라정비를 추진하기 위하여 '지역활성화/생활대책임시교부금'(가칭)을 교부

라) 경기후퇴나 본 대책에 따라 지방세와 지방교부세의 재원이 되는 국세 5세 감소와 관련하여 지방공공단체에 대한 적절한 재정조치를 강구

<시사경제> 2008년 11월 13일, 11월 18일

건설경기 부양으로 본 범죄적 정책실패

　정권 출범 이후 이명박 정부와 여당인 한나라당은 경제가 위급한 상황으로 빠지고 있음에도 불구하고 가장 먼저 종부세 등 부동산세 감면을 추진했으며, 부동산 버블붕괴를 막기 위해 온갖 건설경기 부양책을 총동원했다. 그러나 결과는 더욱 상황이 악화되고 있을 뿐이다. 국내 부동산 시장의 버블 붕괴는 그 속도를 더하고 있다. 2007년부터 거래량 급감에 이어 2008년부터 미분양이 급증하면서 수도권과 지방 대도시를 중심으로 아파트 가격이 빠르게 하락하기 시작했다. 급기야 최근에는 국내 금융위기 고조와 경기침체 가속화가 겹치면서 일부 지역에서는 폭락 조짐을 보이기 시작하고 있다.

　이명박 대통령과 한나라당은 국내외 경제상황이 어떻게 돌아가는지 국가 성장잠재력이 어떻게 악화되고 있는지 그리고 어떻게 대처해야 되는지 전혀 감을 못 잡고 우왕좌왕하고 있다. 한나라당 정권은 1998년에 이어 또다시 한국경제를 위기로 몰아넣고 있다.

작금의 한국경제 위기와 부동산 투기버블 조장 정책과의 관계에 대해 한미일 3국의 실질GDP대비 건설투자지출 및 건설업 생산비중을 예로 들어 설명해보기로 하자. 이에 앞서 GDP 삼면등가(三面等價)의 법칙에 대해 간단히 설명해보기로 한다.

한 나라의 경제규모를 측정하는 대표적인 지표가 GDP(국내총생산)라는 것쯤은 다 알 것이다. 이 GDP를 측정하는 방법에는 크게 3가지가 있다. 생산, 지출, 분배가 바로 그것이다. 생산 면에서의 GDP는 건설업, 제조업, 금융보험업과 같이 각 산업별(또는 경제활동별) 공급 면에서의 GDP를 나타낸다. 이에 비해 지출 면에서의 GDP는 가계, 기업, 정부, 해외와 같은 경제주체들의 소비(수요) 면에서의 GDP를 나타낸다. 마지막으로 분배 면에서의 GDP는 생산 또는 지출 과정을 통하여 전체 GDP가 임금, 기업이익(이자, 배당), 정부세금으로 어떻게 배분되고 있는가를 나타내는 것이라고 할 수 있다.

예를 들어 '건설업' 생산(Industry GDP)은 공급 측면에서 건설업의 부가가치 크기를 나타낸다고 할 수 있다. 정확한 표현은 아니지만 건설업종의 수익성(이익창출 능력)을 의미한다고도 할 수 있다. 즉 건설업 전체 매출에서 인건비를 제외한 중간투입원가를 차감한 것이라고 할 수 있다.

이에 비해 건설투자 지출은 수요(소비) 측면에서 '건설산업(건설시장)' 전체의 부가가치를 나타낸다고 할 수 있다. 즉 상품 및 서비스 소비시장, 건설시장, 기업설비시장, 해외시장과 같이 시장수요 측면에서 건설산업 전체의 부가가치 크기를 나타낸다고 할 수 있다. 그런데 건설산업의 부가가치는 비단 건설업종뿐만이 아니라 가구업, 유리업, 화학업, 전기전자업 등 여러 업종들의 건설시장 관련 부가가치도 모두 포함한다. 즉 건설시장에서 먹고 사는 모든 업종의 건설수요관련 부가가치가 포함된다. 따라서 건설업 생산은 당연히 건설투자 지출에 포함되며 건설투자 지출이 건설업 생산보다 훨씬 크다고 할 수 있다.

이명박 정부와 한나라당 그리고 일부 건설업계 관련 연구기관이나 관변 학자들은 건설경기가 한국 GDP에서 차지하는 비중이 매우 높기 때문에 건설경기 부양이 매우 중요하다고 주장한다. 그러나 이는 하나만 알고 둘을 모르는 무지한 주장이라고 할 수 있다. 한국경제가 어떤 상황에 처해 있는지 전혀 감을 못 잡고 있으며 성장잠재력을 훼손하는 그야말로 무지한 주장이라고 하지 않을 수 없는 것이다. 아래의 <도표 1>에서 한미일 3국의 실질GDP대비 건설투자지출 비중 및 건설업 생산 비중 추이를 통하여 이들 주장의 허구성을 설명해보기로 하자.

먼저, 도표에서 2008년 실질GDP대비 건설투자지출 비중을 살펴보면 한국이 13.5%, 일본 6.2%, 미국 6%로 한국이 미국과 일본에 비해 2배 이상 압도적으로 높은 것으로 나타나고 있다. 한국이 미국과 일본에 비해 건설투자지출 비중이 2배 이상 높다는 것은 분명 한국경제가 건설산업에 대한 의존도가 상대적으로 매우 높다는 것을 의미한다. 그렇기 때문에 부동산 버블붕괴를 막아야 하며 대대적인 건설경기 부양이 필요하다고 주장할 지 모른다. 그러나 이것을 거꾸로 생각하면 이야기가 완전히 달라진다.

한국경제 GDP에서 건설산업이 차지하는 비중이 높다는 것은 거꾸로 한국경제가 지니고 있는 가용자원의 상당부분을 건설산업에 투입하고 있다는 말이 된다. 즉 한국경제 성장은 건설산업 성장에 의존하고 있는 것이다. 이에 비해 미국이나 일본은 상대적으로 많은 가용자원을 건설산업이 아닌 첨단산업 등이나 복리후생(정부지출)에 투자하고 있다. 이것이

<도표 1> 한미일 3국의 실질GDP대비 건설투자지출 및 건설업 생산 비중

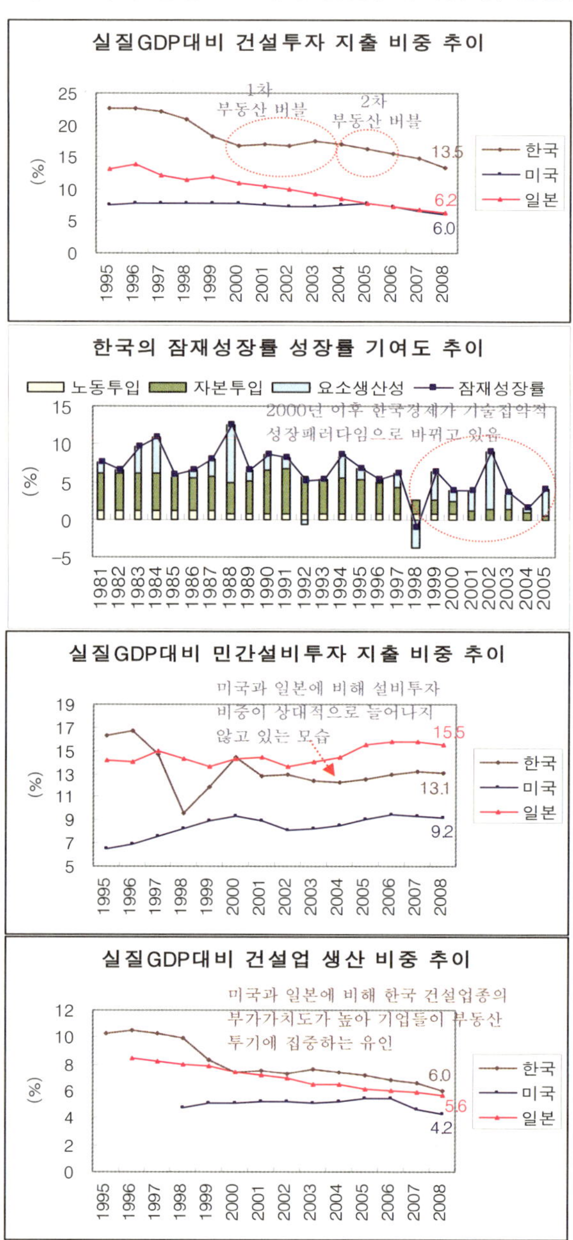

(주) 각종 자료로부터 KSERI 작성

무엇을 의미하는가? 시간이 가면 갈수록 한국경제는 비대한 부동산 건설투자로 인해 버블에 시달리게 되고 첨단산업 기술경쟁력과 복리후생은 악화되는 반면, 일본과 미국은 첨단산업 기술경쟁력과 복리후생이 계속 강화된다는 것을 의미한다. 즉 미국과 일본의 첨단산업의 자본축적과 기술인력 축적은 가속화되는 반면 한국은 그 반대로 갈수록 성장잠재력과 무관한 부동산투기와 건설 노동자만이 늘어난다는 것을 의미하는 것이다.

한 나라 경제에서 건설산업이 어느 정도 비중을 차지해야 하는가에 대해서는 딱히 정해진 바는 없다. 그러나 분명한 것은 경제가 성장할수록 다음 세대 성장동력 확보를 위한 차세대 산업투자 비중과 복리후생 비중이 늘고 건설산업 비중은 상대적으로 줄어드는 것이 일반적이라고 할 수 있다. 위 도표에서 미국의 경우 90년대 중반 이후 대략 7% 중반 수준을 유지하고 있다. 건설산업 비중이 7% 중반 수준에서도 서브프라임론 사태에서 볼 수 있는 바와 같이 엄청난 부동산 버블 붕괴를 일으킨 것이다. 부동산버블 붕괴를 경험한 일본 역시 90년대 중반 13%대에서 계속 줄어들어 2008년에는 6.2%로 미국과 거의 비슷한 수준을 나타내고 있다.

이에 비해 한국의 경우를 보면, 90년대 중반 200만호 주택건설 사업의 영향으로 건설산업이 전체 GDP의 1/5을 넘어 22%를 상회하는 엄청난 수준을 보였다. 그러나 200만호 건설사업이 끝나고 90년대 말 IMF 사태를 겪으면서 17% 전후 수준으로 급감하는 모습을 보였다. 그러나 건설산업 비중 감소는 2001년 아파트 투기가 본격화되면서 멈추고 말았다. IMF사태를 겪으면서 뼈저리게 통감한 차세대 첨단산업 육성과 인재양성을 위해 모든 자원을 총동원하여 투입해도 모자랄 판에 부동산투기 버블을 조장하는 90년대 전반 200만호 주택건설사업 때의 건설경기 부양책으로 다시 돌아가버린 것이다. 그로 인해 지난 IMF사태 이후 한국

경제의 실질적인 성장잠재력은 전혀 개선되지 못했던 것이다.

한국보다 경제력과 성장잠재력이 한두 단계 앞선 미국과 일본의 경우를 준거 기준으로 삼을 경우 한국의 건설산업 비중은 2003년에는 10% 밑으로 떨어졌어야 했다. 지금쯤은 적어도 7~8% 수준에 이르렀어야 했다. 반면 한국경제는 나머지 가용자원을 차세대 성장동력과 인재양성을 위해 모두 투입했어야 했다. 그랬더라면 부동산 버블도 없었을 것이며 지금과 같은 금융위기나 경제위기는 피할 수 있었을 것이다.

위 도표의 한국 잠재성장률 추이에서 볼 수 있는 것처럼 한국경제는 이미 IMF사태를 전후로 자본집약적 성장패러다임에서 기술집약적 성장패러다임으로 성장동력이 바뀌고 있다. 이런 상황임에도 불구하고 노무현 정부와 이명박 정부는 부동산투기 버블 조장을 통한 외형적 경제성장에 매달려왔다. 부동산투기로 버블이 지속되는 동안에는 외형적인 경제성장을 유지할 수 있었다. 그러나 버블이 붕괴되자 90년대 말의 IMF사태에 이어 또다시 지금의 경제위기를 맞이하게 된 것이다.

건설투자 과잉으로 인한 한국경제의 상대적인 성장잠재력 저하는 한미일 3국의 실질GDP대비 민간설비투자 비중 추이로부터도 확인할 수 있다. 일본은 장기불황이 끝난 2002년 이후부터 설비투자 비중이 늘어나 15.5%에 달하고 있다. GDP규모 면에서 한국의 4~5배에 달하는 일본경제가 한국보다 상대적 비중 면에서나 절대적 규모 면에서 더 많은 설비투자를 해왔다는 사실은 일본의 성장잠재력이 한국에 비해 훨씬 강화되었다는 것을 의미한다.

미국경제 역시 90년대 중반부터 민간설비투자 비중이 지속적으로 상승했다. 2001년과 2002년에 IT버블 붕괴로 주춤하는 모습을 보였으나 2003년부터 다시 상승세를 보이고 있다. 비록 2008년 현재 미국의 실질

GDP대비 설비투자 비중이 9.2%로 한국의 13.1%에 비해 낮지만 미국경제 규모가 한국경제에 비해 10배가 넘는다는 점을 감안하면 절대 투자 규모 면에서 한국과는 비교할 수 없을 정도로 압도적으로 많다고 할 수 있다. 이런 설비투자 자본 및 인재 축적의 차이는 지금 당장에는 두드러지지 않지만 시간이 지나면 성장잠재력의 차이로 표면화되어 나타나게 된다.

마지막으로, 실질GDP대비 건설업 생산 비중을 살펴보면 2008년 현재 한미일 3국 모두 6% 전후로 거의 비슷한 수준을 나타내고 있다. 다만 미국은 2007년부터 서브프라임론 사태로 건설업의 수익성이 크게 악화되어 실질GDP대비 건설업 생산 비중이 낮아지고 있다. 한국은 90년대 중반 200만호 주택건설사업 시기에는 건설업 생산 비중이 10%를 넘었으나 90년대 말 IMF사태를 거치면서 8% 아래로 급락했다. 그러나 2001년부터 부동산투기 버블이 발생함에 따라 건설업 생산비중이 더 이상 떨어지지 않았다. 이는 2001년부터 시장에 의한 건설업 구조조정이 멈춰버린 것을 의미한다. 2005년부터 2차 부동산투기 버블로 공급과잉 압력이 표면화됨에 따라 건설업 생산비중은 다시 하락세를 보이기 시작하여 2008년 6%까지 줄어들고 있다. 미국의 경우를 참고로 해보면 한국과 일본의 건설업 생산비중은 5% 수준까지 떨어질 가능성이 높다.

이명박 정부와 한나라당은 관변 학자나 연구소를 동원하여 건설산업 비중 또는 건설산업의 경제성장 기여도를 운운하며 황당한 건설경기 부양책을 남발하고 있다. 국내외 경제구조가 어떻게 변하고 있는지 자식세대를 위한 성장잠재력 확충을 위해 무엇을 어떻게 해야 하는지 전혀 모른 채 말이다.

그러나 한국경제는 더 이상 건설경기 부양으로 경제성장을 지탱해갈 수 없다는 것이 분명해졌다. 이명박 정부와 한나라당이 아무리 건설경기 부양책들을 남발해 부동산 버블을 되살리려 한다 한들 이미 한국경제는 경제구조나 성장패러다임 면에서 부동산이나 건설경기로 성장할 수 있는 단계를 지나 버렸다. 많은 사람들이 부동산가격 하락에 대해 좌불안석이다. 그러나 위에서 살펴본 바와 같이 부동산 버블 붕괴는 한국경제 구조 변화로 볼 때 이미 필연이다. 이를 억지로 막으려 한다고 해서 막아지는 것도 아니며 또 그렇게 하면 할수록 결과적으로 모두 더욱 깊은 수렁에 빠지게 될 것이다.

<특집> 2008년 11월 25일

세계경제 후퇴와
국내 은행의 파생상품 문제

　미국에 이어 유로화권과 일본 경제도 본격적인 경기불황 국면에 진입하고 있는 것으로 나타나고 있다.

　아래의 <도표 1>에 나타난 바와 같이 유럽연합(EU) 통계국은 유로화 15개국의 2008년 7~9월기 실질GDP 성장률이 전기대비 -0.2%(연율환산 -0.8%)로 4~6월기의 -0.2% 성장에 이어 2기 연속으로 마이너스 성장을 기록했다고 발표했다. 유로화 경제권이 2기 연속 마이너스 성장을 기록한 것은 1999년 유로화 출범 이후 처음 있는 일이다. 전년동기대비로는 0.7%의 성장률을 보였다. 2기 연속으로 성장률이 마이너스를 기록함으로써 유로화 경제권은 본격적인 경기후퇴(recession)에 돌입하고 있는 셈이 된다.

　유로화권 주요국별 성장률을 보면, GDP 면에서 유로화 경제권의 30%를 차지하고 있는 독일이 전기대비 4~6월기의 -0.4% 마이너스 성장에 이어 7~9월기에도 -0.5%를 기록하여 2기 연속 마이너스 성장을 기록했

<도표1> 유로화권 및 일본의 실질GDP 성장률 추이

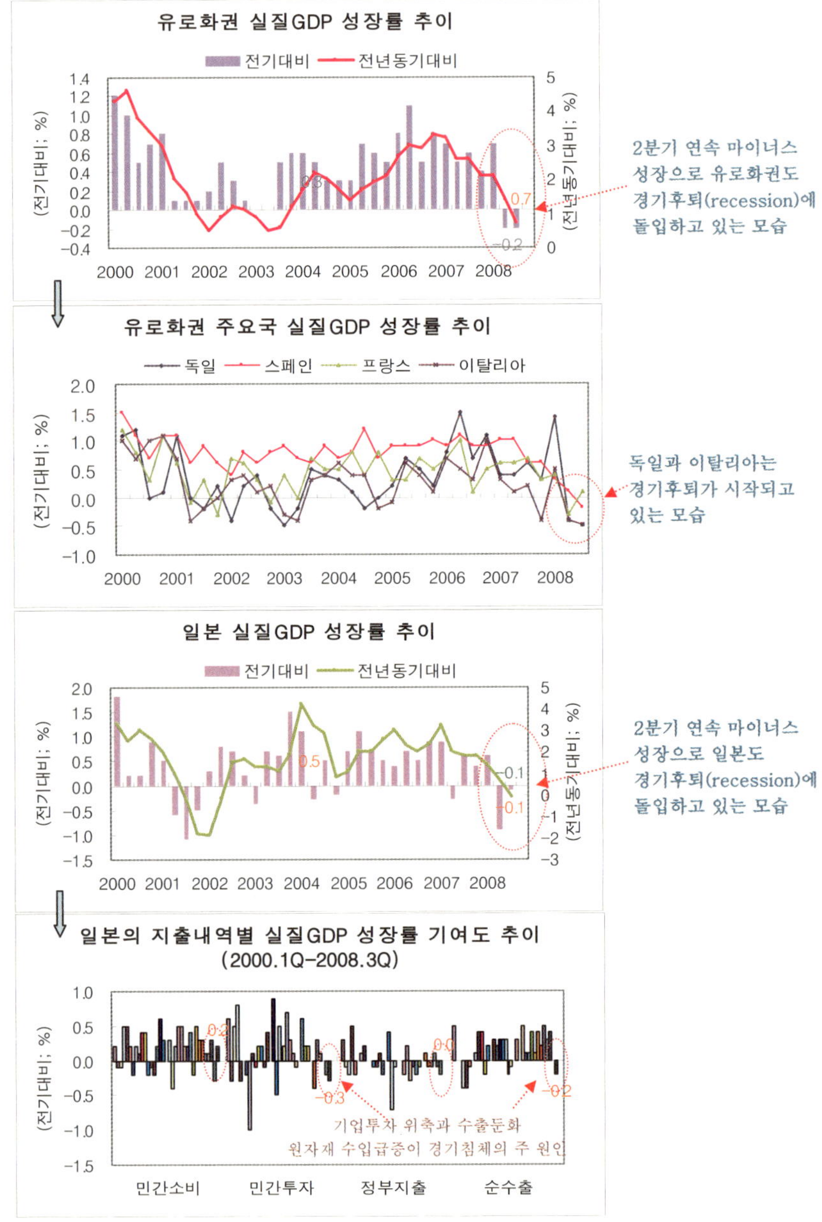

(주) 각종 자료로부터 KSERI 작성

다. 이로써 독일은 사실상 경기후퇴 상태에 빠진 것으로 나타났다.

또, 유로화 경제권 GDP의 21%를 차지하고 있는 프랑스의 성장율은 4~6월기의 -0.3%에서 7~9월기에는 0.1%로 나타났다. 유로화 경제권 GDP의 16.5%를 차지하고 있는 이탈리아는 4~6월기의 -0.4%에서 7~9월기에도 -0.5%의 마이너스 성장을 기록하여 역시 경기후퇴에 진입한 것으로 나타났다. 유로화 경제권의 10.4%를 차지하고 있는 스페인 역시 7~9월기에 -0.2%로 마이너스 성장을 기록했다.

유로화권 뿐만 아니라 비유로화권 국가인 영국도 7~9월기 실질GDP 성장률이 -0.5%(연율 환산 -2.0%)로 큰 폭의 마이너스 성장을 기록했다.

일본 내각부도 2008년 7~9월기 일본의 실질GDP 성장률이 전기대비 -0.1%(연율 환산 -0.4%)로 4~6월기의 -0.9%(연율 환산 -3.6%)에 이어 2기 연속으로 마이너스 성장을 기록했다고 발표했다. 전년동기대비로도 -0.1%를 기록하여 마이너스 성장을 기록했다. 민간소비는 4~6월기의 -0.3% 기여도에서 7~9월기에는 0.2%로 다소 회복되는 모습을 보였으나 기업 설비투자의 성장률 기여도가 -0.3%로 4~6월기의 -0.2%에 이어 크게 감소하였으며, 순수출(=수출-수입) 기여도도 미국의 금융위기와 경기침체에 따른 영향으로 수출둔화와 원자재 및 농산물 등의 수입이 급증하여 -0.2%로 나타났다.

그런가 하면 최근 전미기업경제인협회(NABE)는 금융기관을 포함한 기업소속 이코노미스트 50명을 대상으로 실시한 설문조사 결과를 발표했다. 이 조사결과, 2008년 4분기 미국의 실질 경제성장률은 전기대비 연환산 -2.6%로 전망했으며 2009년 1분기에도 -1.3%로 나타나 2009년 1분기까지 미국경제의 경기후퇴가 계속될 것으로 전망했다. 미국 경제는 2009년 7~9월기에 전기대비 연환산 -0.3%의 마이너스 성장을 기록했다.

이처럼 세계경제가 경기후퇴에 진입함에 따라 유럽중앙은행(ECB)의 트리쉐(Jean-Claude Trichet) 총재는 유가급락으로 물가상승률이 진정세를 보이고 있는 반면 경기침체가 심화되고 있다고 지적하면서 추가금리 인하 가능성을 강력히 시사했다. 또 금융위기 확산을 방지하기 위해 대서양 양쪽 국가들이 방어선을 구축할 필요가 있다고 말했다. 중앙은행들의 대량 유동성 공급은 1차 방어선에 불과하며 보다 근본적으로 신용불안을 해소하기 위해서는 공적자금 투입과 은행간 거래에 대한 정부보증 등 적극적인 정부개입이 불가결하다고 주장했다. 동시에 금융위기가 크게 확산된 것은 금융기관 시장관계자들이 단기적인 이익에만 몰두하였기 때문이라고 비판하면서 금융기관 감독강화와 시장투명성을 높여 금융감독당국이 위험이 어디에 있는지를 알 수 있도록 해야 한다고 강조했다.

일본 정부도 지난 7월에 2008년 경제성장률을 1.3%로 전망했지만 최근 민간전문가들에 의하면 -0.5%를 기록할 것으로 전망했다. 또 일본 정부는 12월 초에 2009년도 경제전망을 할 예정으로 있는데, 요사노 가오루(与謝野馨) 경제산업성 장관은 최근 한 기자회견에서 2009년도 일본경제에 대해 플러스 성장을 자신할 수 없다고 말했다. 세계경제 감속과 일본경제의 설비투자와 수출 위축 등 국내외 경제여건을 감안할 때 2009년에도 플러스 성장을 할 수 있는 요인들을 찾기 힘들다고 말했다.

이처럼 세계 주요국들의 경기침체가 빠르게 진행되고 있는 가운데 미국 금융시장의 신용경색은 여전히 해소되지 않고 있다. 미 연방준비은행(FRB)의 기준금리 인하와 미 재무성의 공적자금 투입으로 금융기관들의 자본을 보강하고 있음에도 불구하고 자금난에 빠진 기업들이 속출하고 있다. 이처럼 은행을 비롯한 금융기관들의 대출기피가 심화되고 있는 이유는 거액의 부실채권을 떠안고 있는 금융기관들 서로에 대한 상호불신이 여전히 크기 때문이다. 일본의 한 민간연구기관이 발표한 바에 따르면 미국 금융기관 등이 안고 있는 부실자산 규모는 5~6조 달러에 달할 것으로 나타났다.

이를 반영하기라도 하듯이 미국 시티그룹은 5만 명의 인력을 감원하기로 결정했다고 발표했다. 9월 현재 35.2만 명에서 30만 명 수준으로 인력을 줄이기로 한 것이다. 또 미국의 생명보험사인 하트포드 파이낸셜(Hartford Financial Services Group)은 최근 미 재무성에 자본보강 공적자금 신청을 한다고 발표했다. 부동산가격 및 주가하락 등으로 인해 보유자산 가치 감소로 2008년 7~9월기에 26억 달러의 순손실이 발생했다. 이를 위해 10월에 독일 대형보험사인 알리안츠로부터 25억 달러의 출자를 받았으며, 공적자금 신청을 위해 플로리다의 저축은행을 1천만 달러에 매입하고 저축은행지주회사 허가를 신청했다. 카드회사인 아메리칸 익스프레스(American Express)는 35억 달러의 공적자금 지원을 받기 위해 FRB로부터 11월 10일 은행지주회사 면허 승인을 받았다고 발표했다.

한국에서도 은행권 부실에 대한 우려의 목소리가 높아지고 있다. 최근 일부에서는 과다 부동산대출 문제뿐만 아니라 시중은행들의 대규모 파생상품거래와 관련한 부실 가능성에 대해 의구심을 제기하고 있다. 이를 간단히 살펴보기로 하자.

아래의 <도표 2>에서 국내은행들의 장부외(off-balance) 계약가격 기준 파생상품거래 잔고를 살펴보면, 2008년 6월말 현재 시중은행이 1,916조

<도표2> 국내은행의 파생상품거래 계약가격 추이

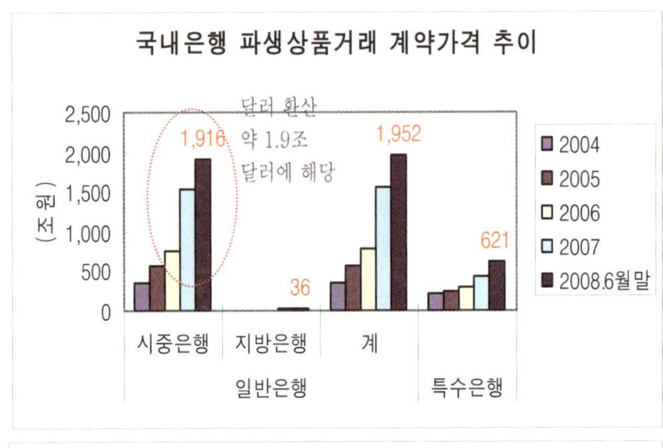

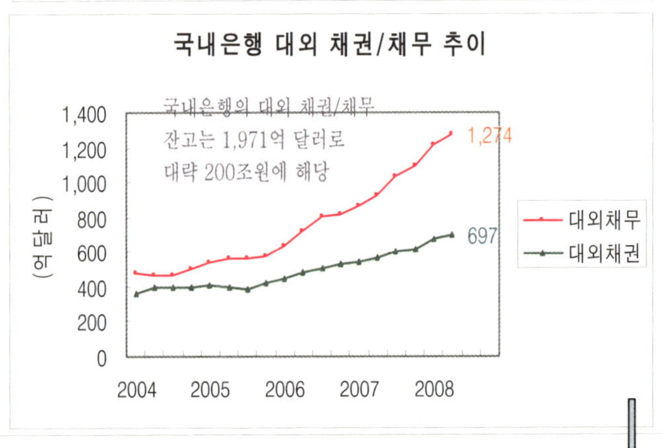

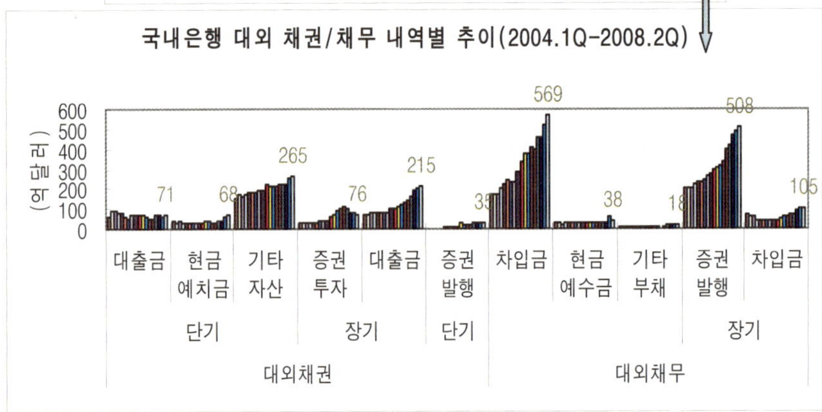

(주) 각종 자료로부터 KSERI 작성

원의 거래잔고를 보유하고 있는 것으로 나타나고 있다. 2008년 1~6월의 원/달러 평균환율 1,000원을 기준으로 1,916조원을 달러로 환산해보면 시중은행들은 2008년 6월말 현재 1.9조 달러를 넘는 파생상품 잔고를 보유하고 있는 셈이 된다. 바로 이것이 일부에서 제기하고 있는 은행권 파생상품 부실 우려의 배경이 되고 있는 것으로 보인다.

시중은행들이 파생상품을 거래하는 가장 큰 이유는 금리변동 위험과 환율변동 위험을 헤지하기 위해서라고 할 수 있다. 즉 이자율선도계약 (forward contract)이나 이자율선물계약(futures contract) 또는 이자율 스왑 등을 통해 이자율 변동위험을 헤지하고 통화선물이나 통화스왑 등을 통해 환율변동 위험을 헤지하기 위해서라고 할 수 있다. 특히 외화차입 또는 외화대출 거래와 관련해서는 거의 대부분 동시에 파생상품 반대 거래를 통해 스퀘어 포지션(square position)을 취하는 것이 일반적이다. 예컨대, 시중은행이 단기달러 차입을 하면서 만기 상환시에 달러 환율변동 위험과 이자율변동 위험을 헤지하기 위해 달러 선물매입이나 원달러 통화스왑 거래 또는 이자율스왑 거래를 통하여 환율변동 위험이나 이자율 변동위험을 헤지 해두는 것이 보통이다.

이로부터 시중은행들의 파생상품 거래 규모가 적정한지의 여부를 가늠하기 위해서는 시중은행들의 외화대출 및 외화차입 잔고를 살펴보는 것이 한 방법이 된다고 할 수 있다. 위 <도표 2>에서 국내은행 전체의 2008년 6월말 현재 대외채권은 697억 달러이며 대외채무는 1,274억 달러로 총 1,971억 달러의 대외 채권/채무 잔고를 보유하고 있는 것으로 나타나고 있다. 이는 앞서 국내 시중은행의 파생상품 거래 잔고 1.9조 달러의 1/10에 불과한 수준이다. 지나치다 싶을 정도로 시중은행들의 파생상품 거래가 엄청나다는 것을 알 수 있다. 문제가 된 키코(KIKO) 거래

도 시중은행들의 파생상품 거래 규모에 비하면 새 발의 피도 안 된다고
할 수 있다.

국내 기업과 가계에 대한 대출에 대해서 이자율선물이나 이자율스왑
거래를 하여 헤지를 한 경우를 생각할 수도 있다. 그러나 실제로는 원화
대출에 대해서는 선물이나 스왑거래를 통해 헤지 하기보다는 대출 약정
을 통해 원천적으로 위험을 회피하고 있는 것이 일반적이다. 즉 원화대
출에 대해서는 거의 파생상품 거래로 헤지를 하지 않는다는 것이다. 그
러나 원화대출에 대해서도 이자율선물이나 이자율스왑 거래를 했을 가능
성도 있다고 치자. 그 경우 2008년 6월말 현재 국내 시중은행의 원화대
출 잔고는 총 570조원으로 나타나고 있다. 이로부터 원화대출 전액에 대
해 파생상품 반대거래를 했다고 치더라도 국내 시중은행의 파생상품 계
약금액 잔고는 여전히 1,346조원(=1,916조원-570조원)으로 엄청난 양
에 달하고 있다. 여기에 앞서 살펴본 대외 채권/채무 잔고 197조원을 감
안하더라도 1,149조원에 달한다.

국내 시중은행들의 파생상품 거래에 관한 세부내역이 제대로 공개되어
있지 않기 때문에 현재로서는 부실 가능성이 정확히 얼마인지 가늠하기
어렵다. 그러나 이상으로부터 아무리 보아도 국내 시중은행의 파생상품
계약금액이 지나치게 과다함을 알 수 있다. 국내 시중은행들이 왜 이렇
게 금융 실거래 규모에 비해 지나치게 과다한 파생상품 거래를 하였는지
의문이라 하지 않을 수 없다. 일부에서는 CDS 거래 등을 의심하고 있으
나 예컨대 국민은행의 경우 국내기업 회사채 대상의 CDS 매도거래가
4,400억 원 정도에 지나지 않는 것으로 나타나고 있다.

특히 위 <도표 2>에서 시중은행의 파생상품 잔고 추이를 살펴보면
2007년부터 급증하고 있는 것으로 나타나고 있다. 이는 시중은행들의

파생상품 거래 면에서 2007년부터 과거와는 다른 큰 변화가 있었음을 강력히 시사하고 있다. 그것이 무엇인지는 시간이 지나면 드러날 것이다. 다만 2007년 상반기까지 원화가 강세를 지속할 것이라는 예상과 고유가 등으로 금리가 계속 상승할 것이라는 견해가 지배적이었던 반면, 2008년부터 원화가 약세로 급반전 되고 기준금리도 크게 낮아져 상황이 급반전 되었다. 이런 상황의 급변에 대해서 과연 시중은행들이 제대로 예측을 하고 있었는지는 의문이다. 만일 예측하지 못한 상황 변화였다면 시중은행들이 파생상품 거래에서 손실을 입었을 가능성을 배제하기 어렵다. 파생상품 계약금액 규모가 막대하다는 점을 감안하면 한치라도 삐끗하는 날에는 대규모 손실을 피할 수 없을 것이다.

결론을 맺자. 미국을 비롯하여 유로화권과 일본 그리고 영국 등 선진 주요국 경제가 빠르게 경기후퇴 국면으로 진입하고 있다. 특히 미국의 경제상황은 일대 금융혼란에 이어 실물경제 면에서도 예측을 불허할 정도로 심각한 상황이 전개되기 시작하고 있다. 세계 주요국 정책당국들과 대다수 전문가 및 전문기관들이 2009년 세계경제에 대해 매우 비관적인 전망을 내놓고 있다. 한국경제 역시 체감적으로는 급전직하의 수직하강 양상을 보이고 있다.

최근 일부에서 시중은행들의 파생상품 부실에 대해 우려의 목소리가 나오고 있다. 한국 시중은행들의 파생상품 거래는 무슨 이유에서인지 2007년부터 천문학적 수치를 기록하면서 급증했다. 2008년 6월말 현재 총 계약금액 잔고는 1,916조원에 달하고 있다. 이는 2006년 말의 762조원에 비해 1년 반 만에 무려 1,154조원이나 늘어난 것이다. 시중은행들의 대외 채권/채무 잔고에 비해 10배에 달하는 엄청난 액수이다.

시간이 지나면 어차피 드러나겠지만 불필요한 시장의 우려를 조기에 진화시키기 위해서라도 정책당국이 시중은행들의 파생상품 거래 현황을 공개하는 것이 필요할 것이다.

<특집> 2008년 11월 18일

국내 은행들의
외화 표시 파생상품 거래 실태

　미국발 서브프라임론 사태로 시작된 글로벌 금융위기와 경기침체로 부동산과 주식 가격이 폭락함에 따라 일본 금융기관들의 투자자산 평가손실도 확대되고 있다. 일본 닛케이지수는 2007년 7월 18,000포인트를 기록했으나 최근에는 8,000포인트 대로 절반 이하로 폭락세를 보였으며, 엔화도 미 달러에 대해 같은 기간 동안 120엔 대에서 95엔 대로 강세를 지속하고 있다. 그로 인해 일본 금융기관들은 평가손실에 따른 자기자본비율 저하를 막기 위해 일제히 증자에 나서고 있다.

　일본의 3대 은행그룹이 주가하락에 따른 자기자본비율 하락을 방지하기 위해 일제히 증자에 나섰다. 미즈호파이낸셜그룹은 2008년 11월 중순에 3,000억 엔 규모의 우선주 발행 증자를 실시할 것이라고 발표했다. 미츠비시UFJ그룹도 10월 말에 우선주 3,900억 엔과 보통주 6,000억 엔 합계 1조엔 규모의 증자를 실시할 것이라고 발표했다. 우선주는 발행 완료했으며 보통주는 2008년 말까지 국내와 해외에서 각각 3,000

억 엔씩 발행 완료하기로 했다. 미츠이스미토모은행도 우선주 4,000억 엔을 발행하기로 했다.

파산한 리만브라더스 아시아/유럽 사업부문을 2,000억 엔에 인수한 노무라홀딩스는 2008년 9월 중간결산에서 1,494억 엔의 적자를 기록함에 따라 4,100억 엔 규모의 증자를 실시하기로 발표했다. 만기전 상환가능한 무담보 후순위채를 3,000억 엔 한도로 발행하고, 제3자 할당 방식의 워런트 후순위채 1,100억 엔을 발행하기로 한 것이다. 주가폭락으로 보통주 발행은 1주당 배당익이 낮아지게 되므로 피하기로 했다. 이로써 노무라홀딩스는 2007년 4~6월기에 후순위채와 후순위대출 6,000억 엔을 조달한 데 이어 연속으로 자본보강을 하게 된 셈이다.

일본계 대형 9개 생보사들도 2008년 상반기에 주가 폭락과 엔화 강세로 일본 국내주식 및 해외주식 투자가치가 하락함에 따라 3,200억 엔의 평가손실을 계상했다. 9개 생보사들의 보유자산 평가액은 올 3월에 비해 9월말에 1조2,000억 엔이나 줄어들었다. 또 외자계 생보사를 포함한 17개 주요 생보사 전체로는 서브프라임론 관련 증권화상품 투자손실 등을 포함하여 평가손실이 8,300억 엔에 달하고 있다.

보험사별로는 일본 최대 생보사인 일본생명이 866억 엔, 제일생명이 712억 엔의 평가손실을 계상했으며, 미츠이생명은 551억 엔, 아사히생명은 1,123억 엔의 평가손실로 경상적자를 기록했다. 그런가 하면 AIG 산하 일본 법인인 알리코저팬(Alico Japan)은 AIG주식 평가손실 등으로 3,061억 엔의 대규모 평가손실을 계상해 1,410억 엔의 적자를 기록했다. 이에 따라 미츠이생명은 500억 엔을, 아사히생명은 350억 엔을, 미국계 매스미추얼생명도 120억 엔을 증자한다고 발표했으며, AIG의 일본 법인인 알리코재팬과 AIG에디슨생명, AIG스타생명은 매각을 추진하고 있다.

이처럼 글로벌 금융위기와 경기침체, 그리고 부동산 및 주가 폭락의 영향으로부터 한국 금융기관도 자유로울 수는 없다. 이미 한국의 은행, 증권, 보험, 자산운용사 등 금융기관들도 부동산 및 주가 폭락으로 대규모 평가손실을 기록하고 있는 것으로 보인다. 이에 따라 기획재정부는 국채발행을 통해 공적자금을 조성하여 은행들의 자본보강을 지원하겠다고 밝혔다. 재정부가 국채발행을 하고 이를 한국은행이 매입하는 방식으로 공적자금을 조성한 뒤 은행들의 후순위채를 매입해주는 방식으로 은행의 자본보강을 지원하겠다는 것이다. 정부관계자는 자신들의 생사조차 불투명해진 시중은행들이 자기자본 확충에 매달려 기업 대출에 나서지 않고 있기 때문이라고 말했다.

한국 금융기관들의 주식투자 평가손실 규모를 추정해보기 위해 아래의 <도표 1>에서 투자자별 주식보유 시가총액 추이 및 평가손실을 살펴보기로 하자.

한국 코스피지수는 2007년 말 1,850포인트 대에서 2008년 11월 말 1,000포인트 대로 45% 가량 폭락했다. 이를 기준으로 각 투자자들이 2007년 말의 주식보유 수준을 2008년 11월 말까지 그대로 보유했다는 가정하에 각 투자자별 2008년 11월 말 현재의 주식보유 시가총액을 추정해보면 이 기간 동안 각 투자자들의 주식보유 평가손실을 추정해볼 수 있다.

이 방식에 의해 각 투자자별 주식보유 평가손실을 살펴보면, 외국인이 150조 원으로 가장 많고, 개인 122조 원, 법인 101조 원, 기관 97조 원, 정부 14조 원으로 나타나고 있다. 이중 증권사, 보험사, 자산운용사, 사모펀드, 은행, 저축은행, 연기금 등이 포함된 기관투자자의 경우를 살펴보면, 2007년 말 기관투자자의 주식보유 시가총액은 210조 원에 달했으나 2008년 11월 말에는 114조 원으로 97조 원에 달하는 평가손실이 발생한 것으로 나타나고 있다. 이로부터 은행을 비롯한 한국 금융기관들도 일본 금융기관과 마찬가지로 적지 않은 평가손실로 인해 자본부족 압박에 시달리고 있는 것으로 추정된다.

<도표1> 한국의 투자자별 주식보유 추이 및 평가손실 추정

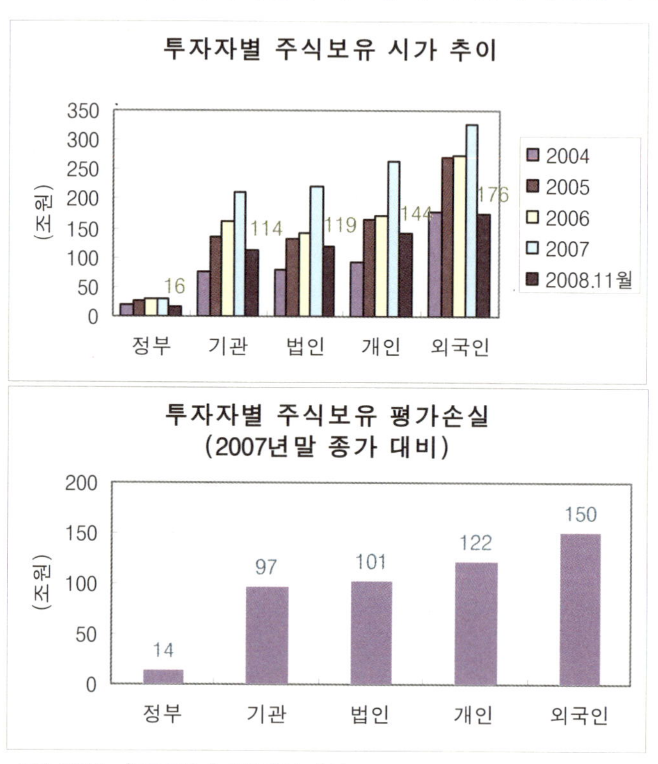

(주) KRX 자료로부터 KSERI 작성.

그러나 문제는 여기서 그치지 않는 것으로 보인다. 보다 심각한 것은 한국 은행들의 외화표시 파생상품거래 손실이 2008년 9월부터 폭증하기 시작한 것이다. 한국 시중은행들의 파생상품 거래잔고가 1,900조 원이 넘는 천문학적인 수치에 달한다는 문제점에 대해서는 앞의 글에서 지적한 바 있다. 그리고 금융당국은 국내 은행들의 파생상품 거래에 대한 의혹이 증폭되어 혼란에 빠지는 것을 막기 위해 은행들의 파생상품 거래 실태를 밝혀야 한다고 강조한 바 있다.

다시 한번 국내 은행들의 파생상품 거래 실태와 문제의 심각성에 대해 살펴보기로 하자. 국내 시중은행과 특수은행, 지방은행을 포함한 은행권 전체의 파생상품 거래잔고(계약가격 기준)는 2007년부터 갑자기 급증하기 시작하여 2008년 6월말 현재 무려 2,656조 원에 달하고 있다. 달러로 환산하면 대략 2.6조 달러에 달하는 규모이다. 이 중 시중은행이 1,916조 원으로 거의 대부분을 차지하고 있으며, 특수은행도 603조 원에 달하고 있고 지방은행은 36조 원, 기타 100조 원에 그치고 있다.

구체적으로 아래의 <도표 2>에서 각 은행별 파생상품 거래잔고를 살펴보기로 하자. 먼저, 외국계 시중은행인 SC제일은행이 534조 원으로 가장 많고 시티은행도 313조 원에 달해 이들 두 은행의 파생상품 거래잔고만 847조 원에 달하고 있다. 총자산 대비 파상상품 거래잔고 비중 면에서는 제일은행은 총자산의 7.06배에 달하고 있으며 SC제일은행은 5.11배에 달하고 있어 완전히 정상적인 상태를 벗어나 있다. 이들 모두 2007년부터 거래가 급증한 것으로 나타나고 있다.

이어서 국내 시중은행 역시 2007년부터 파생상품 거래가 급증하고 있는데, 2008년 6월말 현재 신한은행이 397조 원으로 가장 많고 우리은행 240조 원, 국민은행 184조 원, 하나은행 145조 원, 외환은행 104조 원의 순으로 나타나고 있다. 다음에 특수은행의 경우, 산업은행이 365조 원으로 가장 많고 농협 132조 원, 기업은행 106조 원으로 나타나고 있다. 총자산 대비 파생상품 비중 면에서는 산업은행이 2.43배로 가장 높

<도표 2> 국내 은행의 파생금융상품 거래 잔고 및 거래 수지 추이

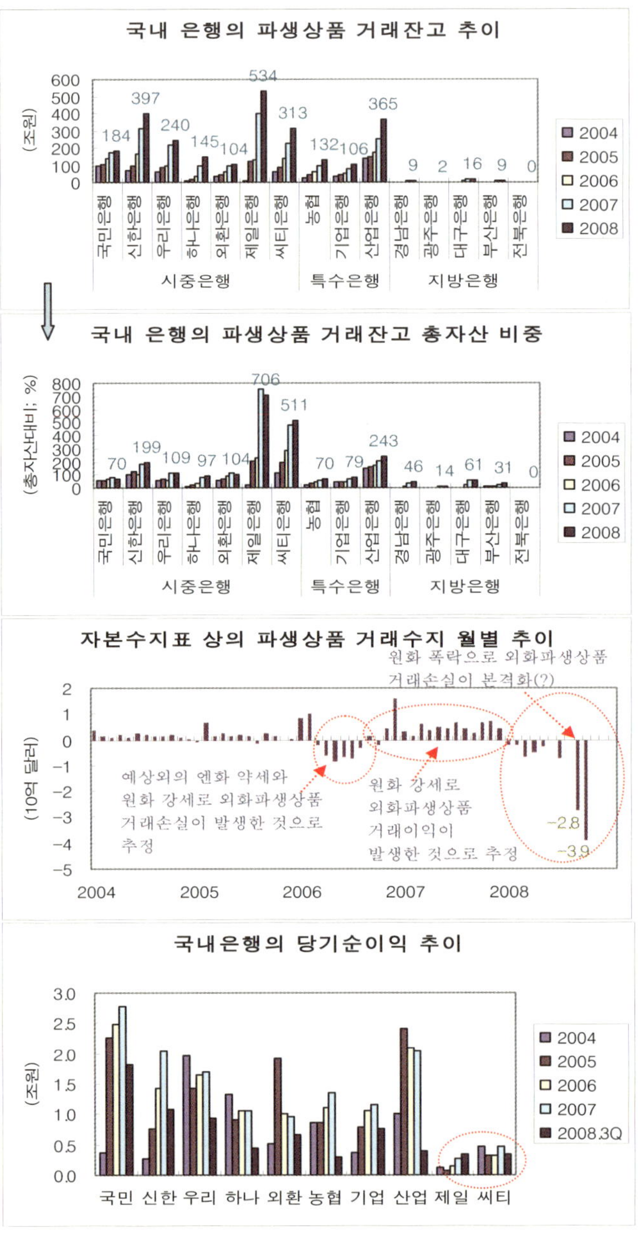

(주) 각종 자료로부터 KSERI 작성.

고 신한은행은 1.99배, 우리은행 1.09배, 외환은행 1.04배, 하나은행 0.97배, 국민은행 0.7배 등으로 나타나고 있다. 모두 도저히 정상적이라고 할 수 없을 정도로 파생상품 거래비중이 엄청나게 높다.

문제는 이들 국내은행들의 파생상품 거래가 모두 장부외 거래로 세부내역을 알 수 없다는 점이다. 그런데 국내은행들의 파생상품 거래의 대부분은 외화관련 거래로 추정할 수 있다. 왜냐하면 은행들이 국내 주가선물이나 주가옵션과 같은 투기거래를 하지는 않기 때문이다. 이런 점에 주목하여 자본수지표 상의 파생상품거래 수지 동향을 살펴보면, 국내은행들의 파생상품 거래로 인한 손실 여부를 추적할 수 있다. 참고로, 자본수지표는 국제수지표 상의 계정과목으로 국내외 금융거래와 관련한 외화(달러) 유출입 현황을 나타내며, 실물/서비스 거래와 관련된 외화 유출입을 나타내는 것은 경상수지표이다.

상기 <도표 2>에서 자본수지표 상의 파생상품 거래수지 추이를 살펴보면, 파생상품 거래는 2007년부터 증가하기 시작하다가 2008년 9월부터 급증하는 모습을 보이고 있다. 이는 원화 환율 폭등에 따른 환투기 파생상품 거래 급증을 반영한 결과로도 볼 수 있지만 그러나 이는 설득력이 떨어진다. 그보다는 오히려 국내 은행들의 막대한 파생상품 만기일 도래에 따른 청산거래를 반영하는 것으로 보인다.

그 근거로 파생상품 거래수지 추이 변화를 들 수 있다. 2005년까지는 원화 강세 속에 파생상품 거래수지가 (+)를 보여 왔다. 그러나 2006년에는 예상치 못한 엔화 약세와 원화 강세로 인해 파생상품 거래수지가 적자를 보인다. 즉 국내 은행들이 외화표시 파생상품 거래에서 손실을 본 것이다. 그러나 2007년부터 원화 강세가 예상대로 전개되면서 지속적인 파생상품 거래 흑자를 기록한다. 이에 부동산담보 대출 정체에 직면한 국내 은행들이 새로운 수익원 창출을 위해 2007년 하반기부터 파생상품 거래를 본격적으로 확대하기 시작한 것으로 추정된다.

당시 정책당국은 자본시장통합법을 시행하면서 국내 금융산업을 21세기 새로운 성장동력으로 육성하며 자산운용업 중심의 글로벌 투자은행을 키운다는 미명하에 방카슈랑스 시행, 해외투자 완화, 해외펀드 투자 확대 등 앞뒤 생각 없이 온갖 규제를 마구잡이로 완화했다. 국내 금융기관들의 일천하기 짝이 없는 국제금융 경험과 빈약하기 그지없는 역량을 전혀 고려하지 않은 채 말이다. 자통법 시행으로 위기감을 느낀 국내 은행들도 글로벌 투자은행화네, 글로벌 사업전개네 운운하며 말도 안 되는 황당한 논리를 내세워 국제 금융시장에 마구 뛰어들었던 것으로 보인다. 특히 2007년부터 계속 이익을 내고 있던 파생금융상품을 가장 손쉬운 돈벌이 수단으로 착각하기 시작한 것이 아닌가 생각된다.

그러나 글로벌 금융위기가 예고되고 있었음에도 불구하고 2008년 이명박 정부가 출범하면서 아무도 예상치 못했던 고환율 정책을 추진하고 외국인 투자자들의 국내시장 이탈이 가속화하면서 원화 환율이 폭등하기 시작했다. 갑자기 상황이 급반전되기 시작한 것이다. 2008년에 접어들면서 파생상품 수지가 적자로 반전되기 시작한 것이다.

이처럼 파생상품 거래수지가 적자를 보였음에도 불구하고 2008년에도 국내은행들의 파생상품 거래가 계속 늘어난 것은 글로벌 금융위기를 일확천금을 얻을 수 있는 기회로 착각했든지 아니면 손실을 만회하기 위해 더욱 더 큰 규모의 도박을 감행했을 가능성이 높다. 그러나 그에 대한 대가는 2008년 9월부터 나타나기 시작하고 있다. 9월에 파생상품 거래수지가 28억 달러의 적자를 기록하기 시작했으며, 10월에는 39억 달러로 적자가 더욱 확대되고 있다. 이런 추세는 11월과 그 이후에도 계속될 가능성이 매우 높을 것으로 추측된다.

결과적으로는 위의 추론이 맞든 안 맞든 자본수지표 상에서 파생금융 상품 거래 수지 적자가 대규모로 발생하고 있다는 것은 은행이든 기업이든 개인이든 누군가가 파생상품 거래를 통해 대규모 손실을 보고 있으며 그로 인해 달러가 빠져 나가고 있다는 것을 의미한다. 이처럼 파생금융 상품 거래 손실 형태로 거액의 달러가 연속으로 빠져 나가는 것을 감당할 수 있는 곳은 국내 은행 외에는 없다. 이는 시간이 지나면 더욱 확실해질 것이다.

파생상품 거래수지 적자의 확대는 어떤 형태로든 은행의 대규모 손실로 이어진다고 할 수 있다. 파생상품 거래 자체는 장부외 거래이기 때문에 당장에는 은행 재무제표 상에 반영되지 않지만 미국 금융기관 파산의 경우에서 볼 수 있는 것처럼 조금만 시간이 지나면 대규모 손실 여부가 드러나게 될 것이다.

상기 <도표 2>에서 국내은행들의 당기순이익 추이를 살펴보면, 파생상품 거래가 압도적으로 많은 SC제일은행과 시티은행의 2008년 3분기까지의 당기순이익은 전년동기 대비로 크게 늘어난 것으로 나타나고 있다. 반면 국내 시중은행들과 특수은행들의 당기순이익은 전년동기대비 감소세를 보이고 있다. 이는 예금금리와 대출금리 간의 차이인 예대금리 차가 줄어든 것과 보유자산의 평가손실 확대에 기인하는 것으로 보인다. 그러나 거액의 파생상품 거래잔고를 보유한 산업은행과 신한은행, 우리은행, 하나은행, 농협, 국민은행 등의 이익이 모두 급감하고 있다는 점도 가볍게 보아 넘길 수 없는 사실이다. 올 연말 또는 내년 봄쯤에는 대부분 은행들의 파생상품 거래관련 손실 여부가 드러나게 될 것이다.

결론을 말하자. 금융감독당국이 발표한 통계에 의하면 2008년 6월말 현재 국내은행들의 파생상품 거래잔고는 2,600조 원을 넘는 천문학적인 수치로 나타나고 있다. 만일 이 통계가 사실이라면 금융당국은 국내 은행들의 파생상품 거래내역의 실상을 공개해야 한다. 국내 은행들의 천문학적인 파생상품 거래잔고로 인한 손실이 2008년부터 자본수지표 상의 파생상품 거래수지 적자로 표출되기 시작하고 있다. 특히 9월부터 파생상품 거래수지 적자가 급증하고 있다.

금융감독당국이 발표한 통계를 전제로 우선 외자계 시중은행인 SC제일은행과 시티은행에 대해 각별한 주의가 필요한 것으로 보인다. 그래서 산업은행도 민영화 운운 하고 있는지도 모른다. 2008년 말이나 2009년 봄까지는 국내은행들의 파생상품 거래 실태가 드러날 것이다. 아무리 장부외 거래라 한들 천문학적인 파생상품 거래잔고에서 발생하는 거액의 적자를 감출 수는 없을 것이기 때문이다.

<특집> 2008년 12월 2일

끝나지 않은 세계 금융위기

오바마 정부의 경기부양책과 장기불황

해가 바뀌면서 2009년 경제전망에 대한 불안과 기대가 엇갈리고 있다. 2009년 1월 20일 취임하는 오바마 정부가 추진하는 대규모 경기부양책에 대한 기대감이 높아지는 한편, 대다수 해외 경제전문가들은 미국경제가 장기불황에 빠질 공산이 높은 것으로 보고 있다.

미국 오바마 차기대통령은 1월 5일 민주, 공화 양당의 의회지도자들과 경기대책에 대해 회담을 시작했다. 미국경제는 상처받고 병들어 있으며 상황이 악화되고 있다고 말하면서 대담하며 신속하게 행동하지 않으면 안 된다고 강조했다. 그리고 1월 말 내지는 2월 초에는 모든 경기부양대책의 입법절차가 완료되어야 한다고 말했다. 구체적인 규모는 밝히지 않고 있지만 2010년까지 향후 2년간에 걸쳐 300만 명 고용창출과 성장잠재력을 높이기 위해 3,000억 달러의 감세 등 총 6,750억~7,750억 달러의 경기부양 대책안을 의회에 제시한 것으로 알려지고 있다.

오바마 정부의 경기부양대책은 서머스(Lawrence Summers) 국가경제

회의 의장 예정자가 주도하고 있으며 감세대책과 재정확대 사업의 두 가지가 검토되고 있는 것으로 알려지고 있다. 먼저 감세 대책의 경우, 일정 소득수준 이하의 중산층을 대상으로 하며 개인은 500달러, 부부는 1,000달러의 근로소득세를 감면해주는 안이 검토되고 있다. 기업에 대해서는 2008년과 2009년에 발생하는 영업손실을 향후 5년간 상각할 수 있도록 해주는 방안을 검토하고 있다. 소상공 자영업자에 대해서도 비용처리 한도액을 현행의 12.5만 달러에서 2009년과 2010년에 25만 달러로 두 배로 늘린다는 것이다.

또 경기부양대책의 주요 내용을 살펴보면, 고용창출을 위한 낡은 도로와 다리, 학교, 도서관, 연구시설 등 사회간접자본 시설의 개보수, 생산성 향상을 위한 의료보험제도의 IT화 및 IT네트워크 기반시설 투자, 21세기 친환경 경제시대의 주도권을 잡기 위해 재생가능에너지 생산량을 두 배로 늘리고 친환경 자동차개발과 공공건물의 에너지효율적 건물을 개축하는 등의 환경투자의 세 가지로 이루어져 있다.

이에 앞서 2008년 12월 30일 미 연방준비제도이사회(FRB)는 2009년 1월 초부터 페니매이와 프레디맥 등이 발행한 주택모기지담보부증권(MBS)을 매입한다고 발표했다. 이는 FRB가 2008년 11월 말에 최대 8,000억 달러의 유동성을 공급하겠다는 대책의 일환으로 실시되는 것이다. 매입 규모는 최대 5,000억 달러까지로 2009년 6월까지 매입을 완료한다는 것이다. 금융기관 등이 보유한 MBS증권 매입을 통해 금융시장에 대규모 유동성을 공급해주고 주택모기지 금리인하를 유도하여 주택시장 활성화를 꾀하기 위한 것이라고 한다. 이를 위해 FRB는 달러를 찍어내어 매입자금을 확보한다.

미 재무성도 1월 2일 금융시장 혼란을 야기할 수 있는 부실금융기관에 대해 미정부가 해당 금융기관의 부실자산을 대신 매입해주는 '선별적 구제제도(Targeted Investment Program)'를 실시한다고 발표했다. 2008년 11월 말에 시티그룹이 파산위기에 처하자 미 재무성과 연방예금보험공사는 3,060억 달러 부실자산을 대신 떠안아 주었으며, 동시에 200억 달러의 자본을 긴급 투입했다. 이로써 시티그룹은 파산을 면할 수 있었다. 선별적 구제제도는 시티그룹에 했던 구제방식을 다른 금융기관에도 실시하겠다는 것이다. 구제대상 금융기관은 미 재무성이 FRB와의 협의를 거쳐 그때그때 상황을 보아가며 선별적으로 정한다. 주로 금융시장 및 경제활동에 중대한 영향을 미칠 수 있는 대형은행 등이 주 대상이 될 것이라고 한다. 미정부가 대형은행은 파산시키지 않겠다는 점을 피력한 것으로 보인다.

이처럼 미국 금융시장은 2008년 9월 리만브라더스 파산을 시작으로 시티그룹 파산위험에 이르기까지 연이은 신용공황의 위험을 한고비 넘기기는 했지만 FRB와 미 재무성이 극단적인 조치를 끊임없이 강구해야 할 정도로 여전히 불안이 계속되고 있다. 금융시장의 신용불안은 장단기 금리차로 추정해볼 수 있다.

일반적으로 신용불안이 높아질수록 단기금리는 크게 떨어지는 반면 장기금리는 떨어지지 않는 모습을 보이게 된다. 그로 인해 장단기 금리차(장단기 위험프리미엄)가 확대된다. 흔히 장기금리 지표로는 10년물 국채의 만기수익률을 사용하며 단기금리 지표로는 1개월물 또는 3개월물 국채의 만기수익률을 사용한다. 실제로 아래의 <도표 1>에서 1개월물 미국채 만기수익률은 2007년 하반기 서브프라임론 사태를 기점으로 FF 금리와 연동하여 가파르게 떨어지는 모습을 보이고 있는데, 10년물 미국채 만기수익률은 2008년 11월까지 크게 떨어지지 않고 있다. 그 결과 장단기 금리차도 2008년부터 확대되기 시작하여 2008년 10월에는 4%에 달하기도 했다.

뿐만 아니라 금융위기가 실물경제 불황으로 본격적으로 파급되면서 2009년에는 미국경제를 비롯한 유럽연합과 일본 등 3극 선진 경제권이 동시에 마이너스 성장에 빠질 가능성이 높아지고 있다. 이미 이들 3극 경제권의 2008년 4분기 성장률은 거의 확실히 큰 폭의 마이너스를 기록할 것으로 보인다. 3극 경제권이 동시에 마이너스 성장을 기록하게 되면 2차 대전 후 처음 있는 일이 된다.

이미 미국의 경우에는 급격한 내수침체와 유가급락으로 인해 물가하락의 디플레이션[6] 위험에 직면하고 있다. 아래 <도표 1>에서 보면 2008년 11월의 소비자물가 상승률은 급격한 내수부진과 유가급락 영향으로 전년동월대비 1%까지 낮아지고 있다. 그로 인해 금융시장의 장기 인플레이션 기대치(인플레이션위험 프리미엄)도 이미 0.1%까지 떨어지고 있다. 즉 금융시장은 향후 인플레이션위험이 거의 없는 것으로 보고 있는 것이다. 이를 좀더 강하게 해석하면 금융시장은 미국경제가 디플레이션 압력에 직면해 있다고 보고 있다는 것이다.

10년 만기 미국채에는 두 종류가 있는데 보통의 일반 국채와 인플레이션 위험을 헤지한 인플레이션 헤지 국채가 그것이다. 일반적으로 10년

---

[6] 디플레라는 용어는 일본과 한국에서는 물가하락을 의미하기도 하고 마이너스 성장의 경기불황을 의미하는 용어로 혼용되기도 한다. 이는 일본의 영향이라고 할 수 있다. 영어로 물가하락을 의미하는 deflation과 경기불황을 의미하는 depression은 일본에서는 '디프레'라는 약어 발음으로 서로 비슷하기 때문이 아닌가 추측된다. 따라서 일본과 한국에서 디플레라는 용어를 볼 때에는 물가하락을 의미하는 것인지 아니면 마이너스 성장의 경기불황을 의미하는 것인지를 정확히 구분할 필요가 있다. 물론 경기불황의 경우에는 대부분 물가하락도 동시에 진행되는 것이 보통이기는 하다.

<도표 1> 미국의 장기 내재인플레이션 기대와 장단기 위험프리미엄 추이

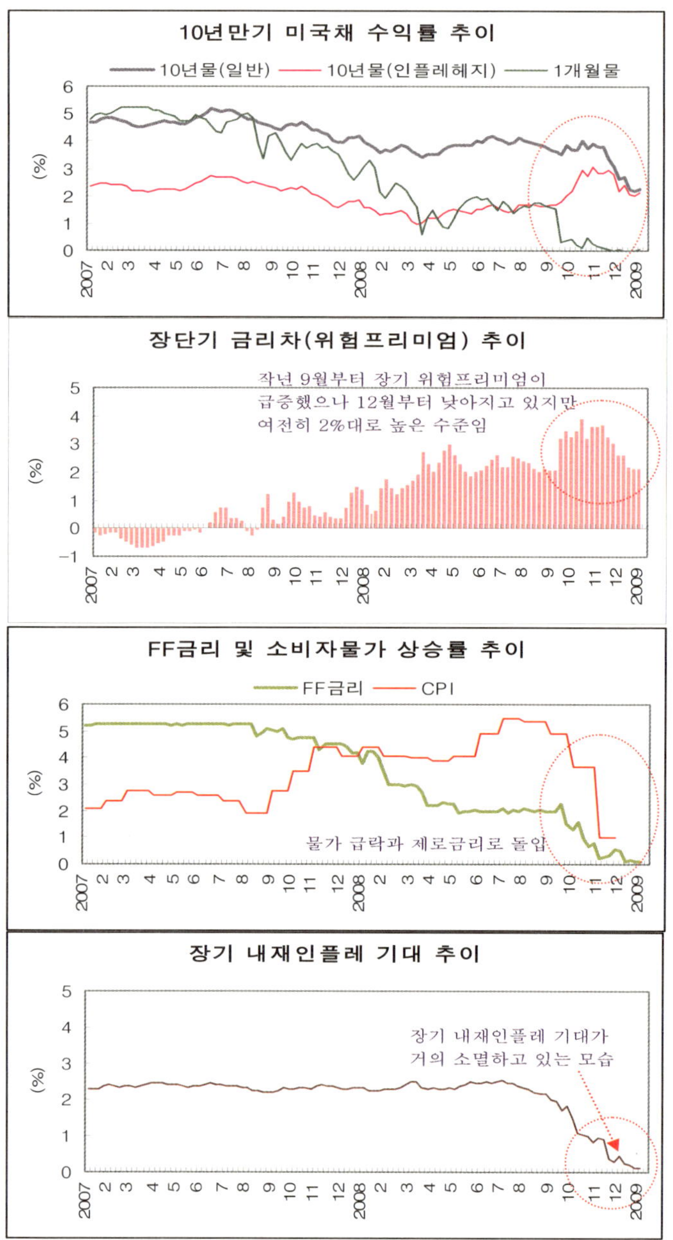

(주) 각종 자료로부터 KSERI 작성

만기 미국채의 명목이자율은 아래의 식에서 볼 수 있는 바와 같이 실질이자율에 인플레이션 기대치가 더해진 값이라고 할 수 있다. 따라서 10년 만기 미국채 수익률로부터 인플레이션 헤지된 10년 만기 미국채 수익률을 차감하면 위 <도표 1>에서 볼 수 있는 바와 같이 미국채 만기수익률에 내재된 장기 인플레이션 기대치(implied inflation expectation)를 도출할 수 있게 된다.

일반 미국채 명목이자율 = 실질이자율 + 인플레이션 기대치
인플레이션 헤지 미국채 이자율 = 실질이자율
인플레이션 기대치 = 일반 미국채 명목이자율– 인플레이션 헤지
미국채 이자율

이상으로부터 보면 2009년에 접어들어서도 미국의 금융위기가 여전히 지속되고 있고 경기불황도 본격화되기 시작하고 있다. 그런 가운데 1월 20일 출범하게 되는 오바마 정부의 대대적인 경기부양책에 대한 기대감도 높아지고 있다. 그러나 이미 여러 차례 지적한 바와 같이 오바마 정부가 대규모 경기부양책을 시행한다고 해도 곧바로 미국경제가 정상으로 회복되기는 어렵다. 이미 FRB도 미국경제의 불황이 2010년까지 지속될 가능성이 높다고 보고 있는 사실이 이를 뒷받침해준다. 뿐만 아니라 해외 경제전문가들도 오바마 정부의 대규모 경기부양책에도 불구하고 오히려 미국경제 불황이 장기화될 가능성이 높아지고 있다고 진단하고 있다.

일본의 저명한 경제전문가인 사이토 세이치로(斎藤精一郎) 교수는 일본언론 기고문에서 지금의 미국발 글로벌 금융위기로 시작된 세계경제 동시불황은 광범위하며 깊고 장기간(wide, deep, long) 지속될 것으로

진단하고 있다. 그는 오바마 정부의 대규모 경기부양책에도 불구하고 미국경제 불황이 향후 3~5년까지 확대될 가능성이 높은 것으로 전망했다. 최소 3년 정도 소요될 것이라는 이전의 전망치보다 좀더 장기화될 것으로 예상한 것이다.

2007년 5월에 IMF는 중국을 비롯한 BRICs 등 신흥경제국이 새로운 성장동력으로 급성장함에 따라 세계경제는 미국경제의 영향에서 빠르게 벗어나고 있다는 탈동조화(디커플링론)를 주장했다. 사이토 교수는 이번 미국발 금융위기와 경기불황이 전세계로 확산된 사실을 들어 이 디커플링론은 전혀 설득력이 없는 주장이었다고 비판했다. 여전히 미국경제는 세계경제의 20% 이상을 차지하는 대국이며, 이런 경제대국이 문제가 생기면 세계경제 전체에 영향을 미치지 않을 수 없다는 것이다.

그는 이처럼 여전히 미국경제와 세계경제 간의 동조화 연관이 강력한 상태인 만큼 미국의 금융위기와 경기불황이 해소되지 않는 한 글로벌 금융위기와 불황도 해소되지 않을 것이라고 주장한다. 그런 점에서 오바마 정부의 경기부양책은 미국경제뿐만 아니라 세계경제에 있어서도 매우 중요하다는 것이다. 그러나 그는 오바마 정부가 SOC투자, IT네트워크 투자, 환경투자를 중심으로 하는 경기부양책을 통해 미국경제의 성장잠재력을 높이려는 전략성에 대해서는 높이 평가한다.

그러나 경기회복 효과에 대해서는 부정적이다. 왜냐하면 미국의 금융위기와 경기불황은 근원을 따져보면 부동산과 주식 등 자산가격 상승과 과다부채에 의한 미국 가계의 과소비에 기인하고 있기 때문이라는 것이다. 부동산과 주식 가격이 폭락하고 과다부채의 압박이 늘어난 상태에서 오바마 정부가 8,000억 달러 가까운 경기부양책을 시행한다고 해도 미국가계가 당장에 예전의 과소비 상태로 회복하는 것은 거의 불가능하다는 것이다. 지금 미국 가계부문의 극심한 소비위축으로 미국경제는 광범위하며 깊고 장기간에 걸친 경기불황 위험에 직면해 있다는 것이다. 그 결과 미국 기업들도 급격한 불황에 직면하고 있다는 것이다. 이런 상태에서 FRB가 아무리 '헬리콥터 머니'(달러 찍어내기에 의한 대차대조표 확대정책)를 뿌려댄다 한들, 또 오바마 정부가 대규모 경기부양책을 시행한다 한들 기업들이 당장에 투자할 곳이 별로 없다는 것이다. 바로 이런 이유 때문에 오바마 정부의 대규모 경기부양책에도 불구하고 미국경제 불황은 3~5년간 지속될 가능성이 높다고 보고 있다.

그런가 하면 경제전문가인 쿠(Richard C.Koo)씨 역시 오바마 정부의 대규모 경기부양책에도 불구하고 미국경제가 회복되기 위해서는 최소 12년 정도 소요될 것이라고 전망했다. 그 근거로 지난 2000년부터 미국 가계의 주택가격 버블에 의한 과소비와 과소저축을 들었다. 그는 미국 가계의 주요 저축자산 중의 하나는 주택이라고 말한다. 주택가격이 상승하면 저축액이 늘어난 것으로 생각하기 때문에 주택가격이 상승하면 상승할수록 국민소득 계정상의 가계 저축률은 계속 낮아졌다는 것이다. 실제로 미국가계의 저축률은 90년대 후반에는 4% 수준이었으나 2000년 ~2005년 기간에는 2% 전후 수준으로 떨어졌고 2006년~2007년에는 1% 미만으로 떨어졌다.

그는 부동산 버블 붕괴로 미국 주택가격이 버블 정점 가격에 비해 최소한 30~40% 가량 하락할 것이라고 말한다. 이것은 미국 가계 입장에서 보면 저축액이 그만큼 날아가버린 것을 의미한다. 그러나 미국의 주택가격이 회복된다는 것은 지금으로서는 꿈 같은 이야기라고 말한다. 미국가계가 건전한 소비를 유지하기 위해서는 90년대 후반의 4% 저축률을 유지해야 한다는 가정을 전제로 그는 지난 2000년부터 주택가격 버블로 인해 미국가계가 국민계정상의 저축을 게을리 해온 규모가 대략 1.5조 달러에 달한다고 추정한다. 주택가격 회복은 거의 난망한 상태이기 때문에 미국 가계가 건전한 소비를 회복하기 위해서는 이 부족분을 메워야만 한다는 것이다.

그의 시산에 의하면 미국 가계가 이 1.5조 달러의 저축 부족분을 메우기 위해서 걸리는 시간은 대략 11.7년이 소요된다. 2008년 3분기 미국 가계의 저축액 1,308억 달러로 1.5조 달러를 나누면 11.7년이 나온다는 것이다. 만일 오바마 정부가 가계의 저축률을 4%로 높이기 위해서는 매년 4,000억 달러의 경기부양책을 12년간 실시해야 한다. 즉 12년간 미국정부의 재정적자 규모는 총 4.8조 달러가 늘어나게 되고, 이는 미국도 GDP대비 국가채무 비율이 현재의 70%에서 103%까지 커지게 된다는 것이다. 일본도 90년대 버블 붕괴 후 대규모 경기부양책 반복으로 국가 채무비율이 급증하여 지금은 150% 수준에 달하고 있다. 결국 오바마 정부가 미국경제를 조기 회복시키기 위해 대규모 재정확대책을 실시하게 되면 일본과 비슷한 처지에 놓이게 될 것이라고 말하고 있다.

이미 미 재무성은 2008년 회계연도(07년 10월~08년 9월)의 실질 재정적자 규모가 1조 91억 달러에 달했다고 발표했다. 또 오바마 차기 대통령은 2009 회계연도(08년 10월~09년 9월) 미국의 재정적자 규모가 1조 달러에 달할 것으로 예상한다고 밝혔다.

결론을 말하자. 1월 20일 출범하는 오바마 정부는 2년간 8,000억 달러 규모의 경기부양책을 시행할 예정으로 있다. 또 FRB는 1월 초부터 달러를 찍어내어 페니매이와 프레디맥 등이 발행한 주택모기지담보부증권(MBS)을 금융기관들로부터 최대 5,000억 달러까지 사들이기로 했다.

미 재무성도 부실 대형 은행에 대해 대마불사 정책을 시행할 것임을 공표했다.

이미 미국을 비롯한 유럽연합과 일본 등 선진국 경제는 물가하락과 장기불황의 디플레이션 상황에 직면해 있다. 이미 2008년 4분기에는 모두 마이너스 성장률을 기록한 것으로 보인다. 장기 미국채 시장에서도 내재 인플레이션 기대치가 제로에 근접하고 있다.

비록 고용창출과 미국경제 성장잠재력을 높이기 위한 전략적 재정사업이라고 할 수는 있지만 오바마 정부의 대규모 경기부양책이 미국경제의 장기불황 위험을 금방 해소해주지는 못할 것으로 보인다. 일본의 두 경제전문가는 작금의 미국경제 불황이 당초보다 장기간 지속될 것으로 분석하고 있다.

연초에 미국에서는 연기금이 주식을 매입한 것으로 알려지고 있다. 그로 인해 오바마 정부에 대한 기대감과 함께 다우지수가 9,000포인트를 오르락 내리락 하는 모습을 보이고 있다. 오바마 정부는 앞으로도 경기부양책과 금융시장 안정 대책을 계속 쏟아낼 것으로 보인다. 그때마다 일시적으로 반짝하는 효과는 있을지 모르지만 미국경제는 좀처럼 장기불황의 늪에서 벗어나기는 힘들 것으로 보인다. 왜냐하면 미국경제의 위기는 구조적 왜곡에 기인하기 때문이다. 경제의 구조적 왜곡은 하루아침에 치유될 수 있는 것이 아니라는 것이 해외 전문가들의 견해이다.

<특집> 2009년 1월 7일

미국의 실업 급증과 본격화하는 경기불황

　미국경제의 금융위기와 실물경제 불황이 여전히 계속되고 있다. 미 노동성은 2008년 12월의 실업률이 7.2%로 급증했다고 발표했다. 취업자 수는 전월대비 80.6만 명 감소했으며 실업자 수는 전월대비 63.2만 명 증가했다.

　아래 <도표 1>에 나타난 바와 같이 미국의 실업률은 2008년 하반기부터 거의 수직 상승하는 모습을 보이고 있다. 2008년 4월 5%이던 실업률이 같은 해 12월에는 7.2%로 급증한 것이다. 취업자 수는 2008년 1월의 1억 4,632만 명으로 최고치를 기록하였으나 12월에는 1억 4,334만 명으로 300만 명 가까이 줄었다. 반면 실업자 수는 2006년 12월 669만 명에서 2008년 12월 1,111만 명으로 440만 명 이상 증가했다. 이처럼 취업자수 감소보다 실업자수 증가가 140만 명이나 더 많은 것은 기존 취업시장에서 일자리를 잃는 사람뿐만 아니라 고등학교 및 대학졸업자 등 신규 취업시장에 진출하는 청년실업이 급증하고 있다는 것을 시사하고 있다. 오바마 정부가 2010년까지 대규모 경기부양책을 통해 일자리창출 300만 개를 내세우고 있는 것도 바로 이런 점을 고려한 것으로 보인다.

<도표 1> 미국의 고용동향 추이

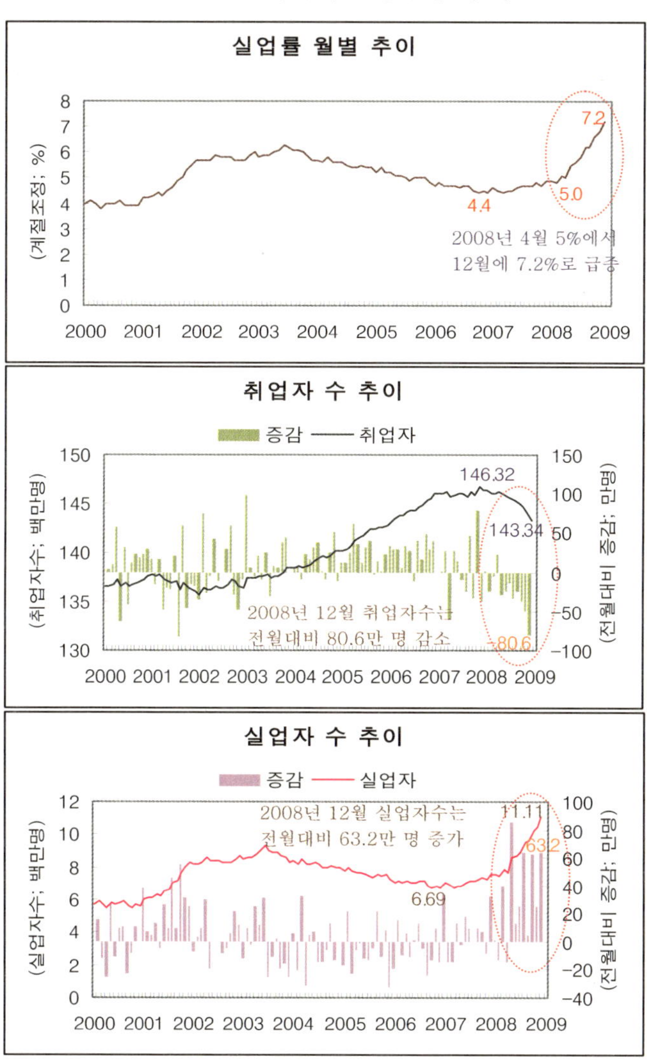

(주) 미 노동성 자료로부터 KSERI 작성

131

미국 연방준비이사회(FRB)는 2009년 미국의 실업률이 경기부양책 등에 힘입어 8%를 넘지 않을 것으로 전망하고 있다. 아래의 <도표 2>에서 볼 수 있는 것처럼 지난 1970년 이후 미국의 실업률이 8%를 넘은 때는 1,2차 오일쇼크 때뿐이다. 1차 오일쇼크 때에는 실업률이 최고 9%에 달했으며 2차 오일쇼크 때인 1982년에는 실업률이 최고 10.8%에 달했다. 또 90년대 초 버블붕괴와 걸프전쟁 때에는 실업률이 최고 7.6%에 그쳤다. 그런가 하면 2001년 IT버블과 9.11테러 때에도 실업률이 최고 6.1%에 그쳤다. 이런 점을 들어 FRB는 이번 금융위기와 경기불황으로 인한 미국의 실업률이 8%를 넘지 않을 것으로 전망하고 있는 것 같다.

그러나 최근의 금융위기와 경기불황은 100년에 한번 일어날까 말까 하는 것으로 전세계 동시적으로 발생하고 있는 것이다. 또 전세계 동시 위기라는 점에서 보면 1973년과 1980년의 1,2차 오일쇼크 때와 비슷하다고 할 수 있다. 당시 오일쇼크는 전혀 예상치 못한 상황에서 전세계 경제에 예외 없이 원가견인형(cost-push) 인플레이션를 야기했기 때문이다. 뿐만 아니라 실업이 증가하기 시작하여 다시 하락세로 반전되어 실업률이 정상 수준으로 복귀하는데 대략 4,5년 정도 시간이 소요되고 있는 것으로 나타나고 있다. 이에 비해 이번의 금융위기와 경기불황은 이제 시작단계에 접어들고 있다.

이런 점들을 감안하면 미국의 실업률이 FRB의 전망치인 8%까지 상승하는 것은 최소한이며 그 이상으로 높아질 가능성을 배제할 수 없다고 할 수 있다. 만일 미국의 실업률이 8%까지 상승한다고 할 경우 미국의 실업자 수는 지금보다 130만 명 이상 더 늘어나 1,235만 명에 달하게 된다. 실업률이 9%까지 올라갈 경우에는 실업자 수가 지금보다 280만 명 늘어난 1,390만 명에 달하게 되며 실업률이 10%에 달할 경우에는 지금

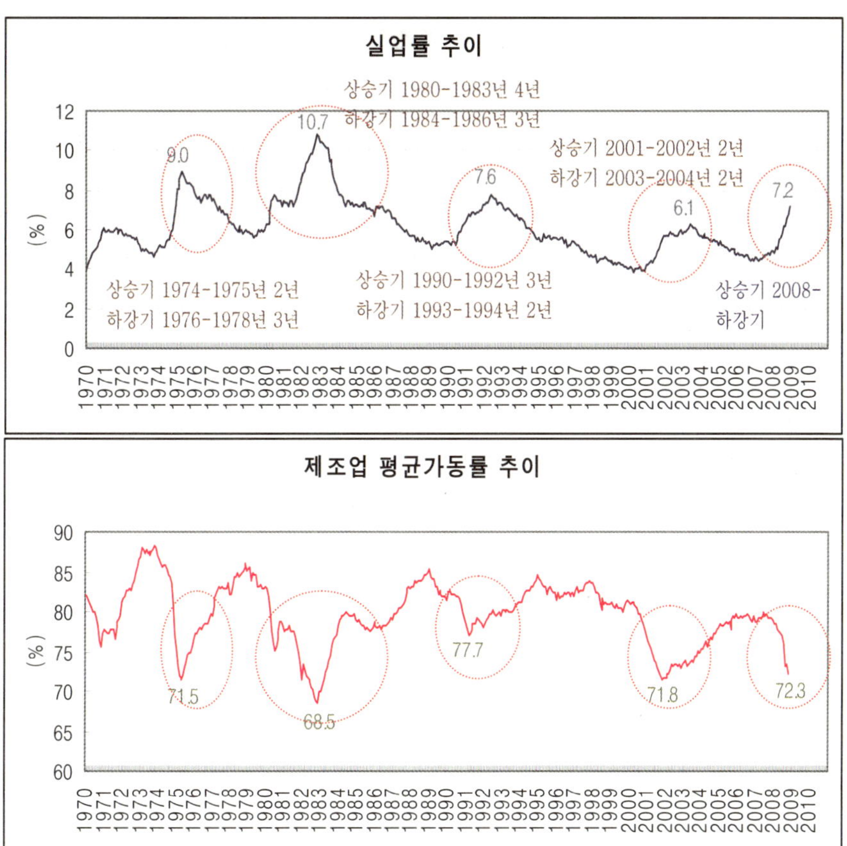

<도표 2> 미국의 실업률 및 제조업 평균가동률 추이

(주) FRB 자료로부터 KSERI 작성

보다 430만 명 늘어난 1,540만 명에 이르게 된다.

그런데 미국의 실업률이 당장에 더 높아질 수 있는 근거의 하나로 미국 제조업 평균가동률을 들 수 있다. 2008년 11월 현재 미국 제조업 평균가동률은 아직 72%를 넘고 있는 상태로 2001년 IT버블 붕괴와 9.11 테러 시기의 71%보다도 높은 수준이다. 그러나 IT버블은 붕괴했지만 대신에 부동산 투기버블이 시작되던 2001년과 지금의 상황을 비교하는 것은 무리라고 할 수 있다. 오히려 지금의 상황과 비슷한 1,2차 오일 쇼크 때와 비교해보면 당시 제조업 가동률은 60%대까지 떨어졌다. 그러나 1,2차 오일쇼크 때에는 미국가계의 과소비나 과다부채 또는 쌍둥이적자와 같은 구조적 문제가 그리 심각하지 않은 시기였다고 할 수 있다. 이런 점들을 감안하면 지금의 미국경제 위기는 최소한 1,2차 오일쇼크 때보다도 더 심각한 것이라고 할 수 있다. 그런 점에서 미국 제조업 평균 가동률은 조만간 70% 밑으로 떨어질 것이 거의 확실해 보인다. 적어도 65%까지 떨어질 가능성이 높다.

이런 점에서 오바마 정부의 300만개 일자리 창출은 2009년에 예상되는 실업 급증에 일정 수준 제동을 걸 수는 있을 것으로 보이지만, 이것이 곧바로 경기회복으로 이어질 것으로 기대하기는 어렵다. 즉 오바마 정부의 300만개 일자리 창출 경기부양책으로 경기를 회생시키기에는 역부족일 가능성이 높다는 것이다.

주지하는 바와 같이 2006년부터 시작된 미국 주택시장의 버블 붕괴는 2007년에 이르러 서브프라임론 사태로 발전되었고, 2008년 3월 베어스턴스 사태를 계기로 글로벌 금융위기로 확산되기 시작하였다. 그리고 금융위기는 다시 실물경제 침체로 이어져 2007년 연말부터 미국경제는 사실상 경기후퇴(recession) 국면에 진입하였다. 그 후 2008년 3월의 베어스턴스 사태와 5월의 연방주택금융공사 사태, 그리고 9월 리만브라더스 파산에 이르러서는 글로벌 신용공황 상태까지 갔다. 그 과정에서 부동산과 주식 가격은 폭락했고 금융기관은 과다부실로 대출여력이 없으며 미국 가계는 과다부채로 소비여력이 없는 상태다.

금융위기와 부동산과 주식 등 자산가격의 폭락은 자동차와 고가 가전

제품을 비롯한 내구재소비 위축으로 곧바로 이어져 빅3 파산위기에서 볼 수 있는 것처럼 미국 실물경제의 불황으로 이어지고 있다. 이처럼 자산가격 폭락과 내수 급감은 전 산업에 걸쳐 대규모 인원감축 등 구조조정으로 이어지고 있다. 말하자면 미국경제는 2006년부터 시작된 부동산 버블 붕괴를 기점으로 금융위기-주가폭락-내수불황-대량해고-대량실업의 순으로 이어지고 있는 것이다.

실업이 급증하기 시작했다는 것은 미국경제가 본격적인 불황에 진입하고 있다는 것을 의미한다. 실제로 2008년 4분기부터 거의 전 산업에 걸쳐 미국의 취업자 수[7] 감소와 실업자 수 급증이 발생하고 있다. 아래 <도표 3>에서 미국의 산업별 취업자 수 증감 추이를 살펴보면, 주택시장 버블 붕괴가 시작된 2007년부터 거의 대부분의 업종에 걸쳐 취업자 수 감소가 발생하기 시작했으며, 특히 2008년에는 취업자 수가 폭발적으로 감소하고 있다.

산업별로는 2008년 건설업이 63만 명 감소했으며, 제조업 역시 내수경기 침체로 79만 명이나 감소했다. 또 도소매업은 69만 명, 전문직사업서비스업 68만 명, 인력파견업 58만 명, 일용직서비스업 49만 명이 감소했다. 반면 취업이 증가한 업종은 교육의료서비스업 +54만 명과 공공행정 +18만 명뿐이다.

또 분기별 취업자 수 증감 추이를 살펴보면 2008년 1분기부터 취업자 수가 감소하는 모습을 보이다가 2008년 4분기에 폭발적으로 급감하는

---

[7] 2008년 12월말 현재 민간 부문에서 가장 고용이 많은 업종은 도소매업 2,000만 명으로 전체 취업자 수의 14.9%를 차지하고 있으며 이어서 교육의료 1,910만 명에 13.6%, 전문직사업서비스 1,750만 명에 12.4%, 제조업 1,300만 명에 9.2%의 순으로 나타나고 있다. 또 건설업은 680만 명에 4.9%이며 금융업은 810만 명에 5.8%로 나타나고 있다.

<도표 3> 미국의 산업별 취업자 수 변화 추이

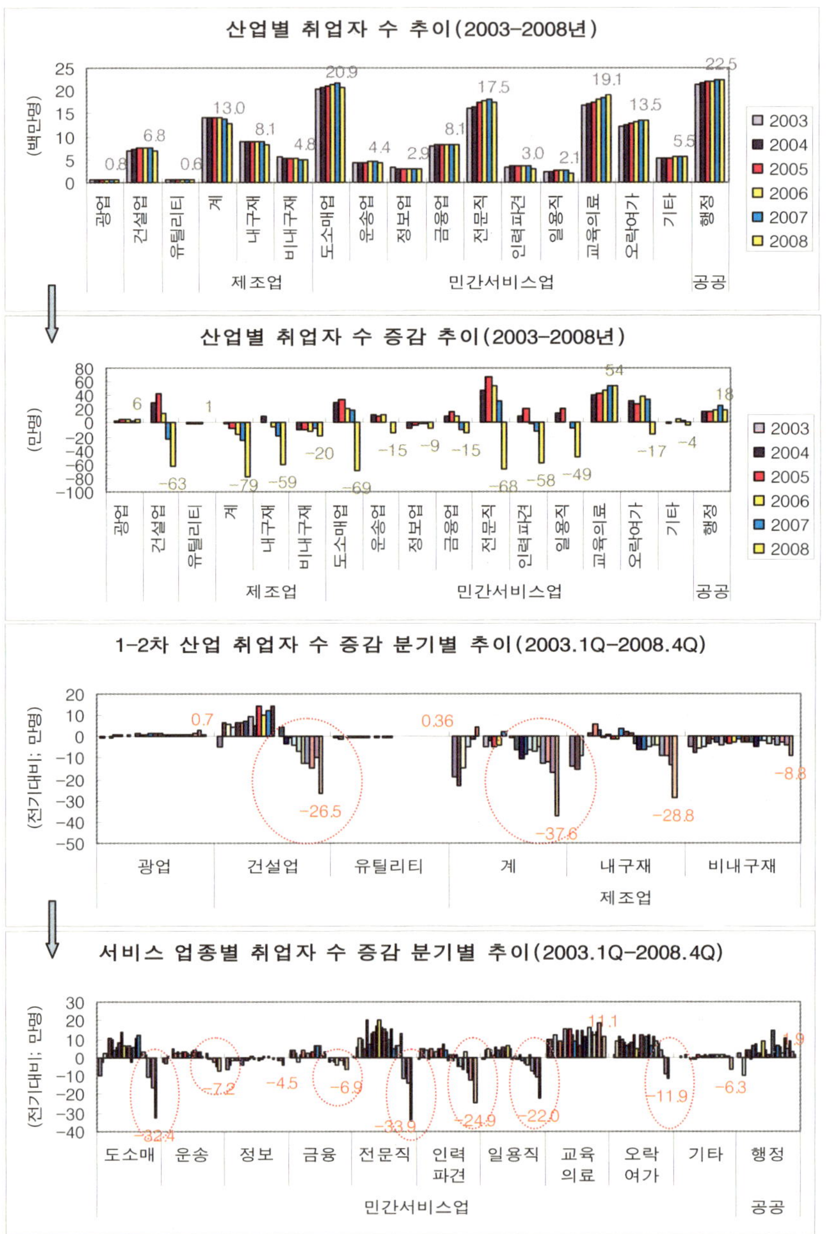

(주) 미 노동성 자료로부터 KSERI 작성

양상을 나타내고 있다. 오바마 정부의 경기부양책에도 불구하고 2009년 상반기 중에 미국의 실업률이 8%에 달할 가능성이 높다. 실업자 수가 130만 명 이상 더 늘어난다는 것이다.

그 이유는 지난 2000년 이후 미국경제 성장을 주도해온 것은 부동산 버블과 그에 바탕을 둔 금융산업의 고성장 그리고 주가 급등에 의한 가계의 과다소비와 과소저축, 기업의 과잉투자였기 때문이다. 이런 허수적 성장 동력이 모두 무너졌다. 지금 당장 부동산과 주가를 예전의 버블 수준으로 회복시키지 않는 한 조기 경기회복은 불가능하다. 왜냐하면 이를 당장에 대체할 수 있는 새로운 성장동력을 찾기는 매우 어렵기 때문이다. 아무리 오바마 정부가 사회간접자본 확충을 한다고 한들 건설업의 고용 비중은 5%에도 미치지 못한다. 또 전국 의료체계의 IT화 등 정보네트워크 확대를 강화한다고 해도 이미 2001년의 IT버블 붕괴에서 볼 수 있는 것처럼 IT화가 새로운 미국경제의 성장동력이 될 만큼 참신하고 강력하지 못하다. 또한 차세대 친환경기술 선점을 위한 투자를 강화한다 한들 신재생에너지나 연료전지 등 차세대 에너지원이 새로운 성장동력이 되기 위해서는 앞으로도 많은 시간이 필요하다.

결론을 말하자. 미국의 실업이 본격적으로 급증하기 시작하고 있다. 실업의 급증은 미국경제가 불황에 본격적으로 진입하기 시작했음을 의미한다. 오바마 정부는 2010년까지 300만개 일자리 창출을 목표로 7,750억 달러에 달하는 대규모 경기부양책을 추진한다. 그러나 이런 경기부양책 추진에도 불구하고 미국의 실업률은 2009년 안에 8%를 넘을 것으로 보이며 2009년 안에 경기회복을 기대하기도 어려울 것으로 보인다. 왜냐하면 지금의 미국경제 위기는 구조적 요인에 기인하고 있으며 버블 성장에 대신할 새로운 성장동력도 쉽게 찾기 어렵기 때문이다.

　최근 시티그룹은 2008년 10~12월기에도 순손실을 기록할 것이라고 발표했다. 금융시장에서는 40억~60억 달러의 순손실을 낼 것으로 예상하고 있는데, 그렇게 되면 5분기 연속으로 순손실을 기록하는 셈이 된다. 이에 시티그룹은 자회사인 스미스바니 증권부문을 은행지주회사로 전환한 모건스탠리에 매각하기로 했다고 발표했다. 시티그룹이 49%, 모건스탠리가 51%의 지분을 갖게 되며, 새 회사는 총자산 1조 7,000억 달러의 최대 증권회사가 될 전망이다. 이처럼 미국의 금융위기는 아직도 계속되고 있는 상황이다. FRB 버냉키 의장도 외부 강연에서 미국 금융시장 신용경색이 해소되기 위해서는 금융기관들에 대해 추가적인 구제금융이 필요하다고 말해 이를 인정했다.

　1월 하순에 2008년 4분기 미국 경제성장률이 발표될 예정이다. 미국 소매판매가 전년동기대비 8% 가량 감소한 점을 감안하면 연율로 환산하여 -2% 이상 마이너스 성장을 기록할 가능성이 높은 것으로 보인다. 또 2008년 10~12월기 미국기업들의 결산 발표도 예정되어 있는데 대부분 실적악화가 예상되고 있다는 점을 감안하면 다우지수는 또 한차례 8,000포인트를 위협당할 가능성이 높다고 하겠다.

<특집> 2009년 1월 14일

미국 금융위기와
종합구제금융대책의 효과

  2008년 9월 셋째 주는 리만브라더스 파산을 시작으로 AIG 긴급구제금융, 모건스탠리 매각설, 미국정부의 연이은 금융시장 안정대책과 국제적 공조 등 미국을 비롯한 국제금융시장이 2차 대전 이후 최대 위기에 직면한 한 주였다. 너무나도 많은 일들이 단시간 내에 일어났기 때문에 상황이 어떻게 돌아가고 있는지 감을 잡기가 어려울 정도이다. 이런 경우에는 사태 추이에 관한 정리된 일지를 살펴보는 것이 전체 흐름을 이해하는데 효과적이다. 이에 아래의 <도표 1>에서 한 주 동안 미국을 중심으로 세계 금융시장의 주요 움직임을 알기 쉽게 정리했다.

<도표 1> 미국발 금융위기의 진행 경과

<u>9월 15일</u>

- 리만브라더스 파산 신청을 발표함

- 폴슨 미 재무장관은 백악관에서 리만브라더스에 대한 공적 구제를

한번도 고려한 적이 없다고 발언하면서 미국 은행에 대해서는 안전하며 건전하다고 강조함. 또 주택시장은 2008년 말 안으로 안정될 가능성은 거의 없다고 말함

- FRB는 골드만삭스와 모건스탠리체이스 등 금융기관에 대해 미국 최대 보험사인 AIG에 700~750억 달러의 긴급대출을 지원해줄 것을 요청

- 부시 대통령은 리만브라더스 파산과 관련하여 혼란을 줄이고 실물경제에 대한 악영향을 최소화하기 위해 노력 중이라고 발표

- 유럽중앙은행(ECB) 300억 유로의 긴급자금을 공급

- 영국 잉글랜드은행도 50억 파운드 긴급자금 공급 발표

- 신용평가기관인 S&P사는 AIG의 신용등급을 3단계 낮춘 A-로 하향 조정한다고 발표. 무디스와 피치사도 이미 A로 하향 조정했음

- 독일 연방은행인 분데스방크는 리만브라더스 파산과 관련하여 시장안정을 위한 조치를 발표

- 영국 잉글랜드은행은 금융시장 동향을 주시하고 있으며 시장안정을 위해 필요한 조치를 취할 것이라고 성명을 발표

- 리만브라더스의 사무라이본드(엔화 표시 외채) 발행잔고가 1,950억 엔으로 역대 최대 규모의 부실이 예상됨

- 리만브라더스 일본법인은 일본정부에 법정관리를 신청함. 부채총액 3조4,000억 엔으로 역대 2번째 파산규모. 보유국채 2조2,000억 엔, 부동산융자 계열사 2개사도 법정관리를 신청

- 일본 금융기관은 리만브라더스에 대해 16.7억 달러를 대출했으며, 이중무담보 융자액이 23억 달러에 달한 것으로 나타남. 거액 대출자 상위 30위 중 일본 금융기관이 9개로 나타남

- 미국 워싱턴포스트와 영국의 파이낸셜타임즈는 리만브라더스를 파산시킨 미국정부의 결정이 용기 있는 결정으로 올바른 판단이었다고 평가하면서 골드만삭스와 모건스탠리도 위험한 상태라고 보도함
- 다우지수 전일대비 504포인트 폭락. 엔/달러 환율은 전일의 110.49엔에서 105.6엔으로 급등했으며, 유로화 환율 역시 전일의 1.2888달러에서 1.4175달러로 급등함

9월 16일

- 구제금융을 계속 거부해온 미국정부가 AIG에 대해 긴급구제금융을 실시함. 폴슨재무장관은 미국 금융시장은 어려운 시기를 맞이하고 있으며 금융시장 안정을 위해 최선을 다할 것이라고 발표함
- <u>FRB는 미국 최대 보험사인 AIG에 대해 최대 850억 달러의 대출한도를 제공한다고 발표</u>. 대출기간은 2년이고 이자는 3월물 LIBOR +8.5%(당일 현재 총 11.31%)로 하며, 79.9%의 지분을 받게 되고 보통주 및 우선주 주주들에 대해 배당지불을 거부할 권리를 지닌다고 발표함.
- 부시 대통령은 폴슨 재무장관 및 FRB 버낸키 의장 등의 노력을 평가한다고 발표.
- 이를 계기로 단기금융시장에서 FF금리가 한때 4%까지 급등함에 따라 FRB는 뉴욕연방은행을 통해 700억 달러의 긴급자금 공급을 발표
- 은행간 금리인 LIBOR 달러 금리도 한때 3.11%에서 6.44%로 급등함에 따라 유럽중앙은행(ECB)도 700억 유로의 긴급자금 공급을 발표
- 영국 잉글랜드은행도 200억 파운드 긴급자금 공급을 발표

- FRB 기준금리인 FF금리를 현행의 2%로 동결
- 영국 바클레이즈은행은 파산한 리만브라더스의 북미지역 투자은행업
  무를 17.5억 달러에 매수한다고 발표함. 투자은행의 자산과 부채를
  2.5억 달러에 매수하고 뉴욕본사 건물 등 부동산을 15억 달러에 매
  입하며, 종업원 1만 명도 수용한다고 발표함
- 다우지수 전일대비 141포인트 상승. 엔달러 환율은 105.11엔, 유로
  화 환율은 1.4155달러로 마감함

9월 17일

- 미 재무성 보도관은 여전히 부실금융기관 사안별로 대응원칙에 변함
  이 없다고 말함
- 미 FRB는 증권사 등에 1주일 동안 597억 달러를 공급했으며, 은행
  권에 대한 재할인율 대출도 334억 달러로 1주일 전에 비해 100억
  달러 증가함.
- 미국 2위 증권사인 모건스탠리가 대형은행인 와코비어를 포함한 여
  러 은행과 합병을 검토하고 있다고 보도됨
- 미국 증권거래위원회(SEC)는 18일부터 전체 상장주식에 대해 공매
  도 금지를 실시한다고 발표. SEC는 2008년 7월 패니메이와 프레디
  맥 사태 때에도 19개 글로벌 금융기관의 주식에 대해 공매도를 금지
  하는 조치를 실시했음
- 영국 잉글랜드은행은 10월로 종료되는 은행권에 대한 한시적 자금
  지원책을 3개월 연장한다고 발표. 2008년 4월에 영국 주택담보증권
  거래가 실종됨에 따라 영국 시중은행들의 자금난이 심화되어 6개월
  간의 한시적 조치로 500억 파운드의 지원한도를 도입한 것임. 시중
  은행들이 주택담보증권을 담보로 제공하면 잉글랜드은행은 최장 3년

동안 국채를 빌려주는 방식임.

- 영국 언론은 브라운 총리의 중재로 5위의 주택금융은행인 로이드사
  가 파산 위험에 처한 4위의 HBOS를 120억 파운드에 구제합병하기
  로 합의했다고 발표함. 합병 후 양사의 주택금융시장 점유율은 30%
  에 달하는 거대은행으로 탄생하게 되나, 영국도 부동산시장 거품 붕
  괴로 금융권의 혼란이 심화되고 있음

- 일본은행은 단기유동성 1.5조 엔을 공개시장조작을 통해 시장에 공
  급함. 리만브라더스 파산 이후 3일 연속으로 총 7조 엔에 달하는 단
  기유동성을 공급함

- 다우지수는 AIG 구제금융 지원에도 불구하고 모건스탠리 파문으로
  다시 미국 글로벌 금융기관에 대한 신용불안이 확산됨에 따라 전일
  대비 449포인트 폭락함. 엔달러 환율은 104.71엔, 유로화 환율은
  1.4215달러로 마감함

9월 18일

- 미 FRB AIG에 1차로 280억 달러의 긴급대출을 실시함

- FRB는 오전에 뉴욕연방은행을 통해 공개시장조작을 통해 1,050억
  달러의 단기자금을 대량 공급함

- 유럽중앙은행은 250억 유로의 단기자금을 시장에 공급함

- <u>주요 6개국 중앙은행은 1,800억 달러의 달러자금을 자국시장에 공
  급하기로 긴급대책을 발표함</u>

- 일본은행은 FRB와 600억 달러의 통화스왑을 체결하여 외국계 은행
  을 비롯한 금융기관에 직접 대출하기로 함

- 부시 대통령은 오전 긴급연설을 통해 금융시장이 어려운 상황에 직
  면해 있으며, 금융시장 강화와 안정, 투자자 신용개선을 위해 필요한

조치를 취할 것이라고 발표. AIG의 구제금융에 대해서는 파산하면 극심한 혼란이 발생했을 것이라고 말하고, 패니매이와 프레디맥 구제에 대해서도 금융시장 안정을 위해 불가피했다고 강조함

- 미국 정부는 금융기관 안정을 위한 종합대책 마련 방안 준비 중이라고 발표함. 폴슨 재무장관은 금융기관으로부터 부실채권매입을 위한 기구(RTC) 설립을 검토하고 있다고 발표

- 이 보도로 다우지수는 전일대비 410포인트 폭등함. 엔달러 환율은 104.85엔, 유로화 환율은 1.4382달러로 마감함

9월 19일

- 미증권거래위원회(SEC)는 모든 금융기관 주식에 대한 공매도(short selling)를 전면 금지한다고 발표함

- 미 재무성은 파산한 리만브라더스 채권을 포함하는 MMF가 원금 1달러에 대해 0.97달러로 원금보다 낮게 떨어짐에 따라 손실이 예상되는 MMF에 대해 최대 500억 달러까지 지원하기로 발표함

- 일본 재무성장관은 미국, 유로권, 영국, 일본 등 주요국 6개 중앙은행들의 달러자금 공급 공조가 달러방위를 위한 국제적 협력체제가 확립되어 있음을 시장에 과시하기 위한 것이라고 발언

- 다우지수 전일대비 368포인트 연속 급등. 엔달러 환율은 107.18달러, 유로화 환율은 1.4384달러로 마감함

9월 20일

- 미국, 유로화권, 영국, 일본 등 6개 주요국 중앙은행은 외화표시 자산을 담보로 한 자금공급 확대 검토를 발표함.

- 미국 재무성은 금융기관 전체의 부실자산 매입을 위해 최대 7,000억 달러의 공적자금 투입을 주 내용으로 하는 종합구제금융대책을

발표함

- 영국, 독일, 러시아, 중국 등이 공매도 금지 및 공적자금 투입에 의
한 주식매입 대책을 발표

이상의 흐름을 간단히 요약해보면 미국정부의 금융위기 대처에 있어서 상황판단 착오와 혼란을 엿볼 수 있다. 9월 15일 리만브라더스 파산을 시작으로 다우지수가 504포인트나 폭락하고 달러가치가 급락하고 단기 금리가 급등하는 혼란을 보였다. 혼란이 가중되면서 9월 16일 AIG가 자금난으로 파산위기에 처함에 따라 FRB가 850억 달러의 긴급구제금융을 실시하였다. 이로 인해 다우지수는 141포인트 일시적으로 상승하는 모습을 보였다. 그러나 여전히 미국정부는 금융기관 사안별로 개별(case by case) 대응방침을 고수했다.

이처럼 미국정부의 안이한 대처가 계속되고 있는 가운데 9월 17일 모건스탠리가 와코비어와 인수합병을 검토하고 있다는 보도가 나옴에 따라 다시 다우지수는 449포인트 폭락함으로써 금융공황이 발생하는 것이 아닌가 하는 위기감이 고조되기 시작했다. 이에 9월 18일 미국 정부는 전체 금융기관을 대상으로 한 종합구제금융대책을 마련 중이라고 발표하기에 이르렀다. 이에 다우지수는 이틀 연속 폭등세를 지속하는 모습을 보였다. 그리고 9월 20일에 미 재무성은 미국 금융기관 전체를 대상으로 7,000억 달러 규모의 공적자금 투입에 의한 종합구제금융대책을 발표하게 된다.

한편 9월 18일부터 해외 금융시장에서 미국계 금융기관들의 달러 매입 급증으로 달러 부족사태가 발생하여 달러가 일시적으로 반등하는 모습을 보이기 시작하였는데, 이는 미국 금융기관들의 해외투자자금 회수

에 따른 것으로 보인다. 이에 선진 6개국 중앙은행은 1,800억 달러에 달하는 달러자금을 공급하는 국제 공조대책을 발표하게 된다.

이상이 2008년 9월 셋째 주, 한 주 동안의 흐름이라고 할 수 있다. 그러나 상황은 아직 유동적이라고 할 수 있다. 앞서 언급한 바와 같이 미국 정부는 금융위기 확대를 방지하기 위해 금융기관별로 선별 구제를 해오던 방침을 변경하여 9월 18일부터 금융기관 전체를 대상으로 하는 포괄적인 종합구제금융대책을 강구하는 쪽으로 방향선회를 했다. 리만브라더스 파산과 AIG 및 모건스탠리의 파산위험으로 금융위기가 걷잡을 수 없이 확산될 우려가 높았기 때문이다.

9월 20일 미국 정부가 미국 금융시장 안정을 위해 발표한 종합구제금융대책은 크게 3가지 내용으로 이루어져 있다. 먼저 금융기관들의 부실자산을 매입하는 자산관리공사를 설립하여 최대 7,000억 달러 규모의 공적자금을 투입하고, 저축성이 높은 MMF의 보호를 위해 정부기금을 최대 500억 달러까지 투입하며, 금융기관 주식의 공매를 전면 금지하는 것이 그것이다.

이중 7,000억 달러의 공적자금 투입이 가장 핵심이라고 할 수 있다. 이를 위해 미 재무성은 최대 7,000억 달러의 공적자금으로 미국 금융기관들의 유동성이 급격히 떨어진 모기지 관련 부실자산을 매입하는 법안을 의회에 제시했다. 이 법안의 내용에 따르면 부실자산 매입기간은 2년으로 하되 주택대출 및 관련 증권화상품이 매입대상이 된다. 7,000억 달러는 매입 부실자산의 장부가격이 아니라 실제 매입가격 기준으로 투입된다. 또 이 법의 시행에 관한 모든 전권은 미 재무성장관에게 부여된다. 또 유동성이 크게 떨어진 모기지 관련 부실자산을 낮은 가격에 매입하여 나중에 높은 가격으로 되팔아 이익을 남기는 방식으로 납세자의 이익을 최대한 보호하는데 중점을 두고 있다고 강조하고 있다.

미 재무성이 발표한 7,000억 달러 규모의 공적자금 투입법안의 세부 내용을 살펴보면 다음과 같다.

<도표 2> 미국 정부의 종합구제금융대책

1. 모기지 관련 부실자산의 매입

미 재무성 장관은 모기지 관련 부실자산의 매입과 이 법 시행에 필요한 모든 조치를 취할 권한을 갖는다.

2. 고려 사항

미 재무성 장관은 금융시장 및 은행시스템 안정 및 혼란 방지를 최우선으로 하여 이 법을 시행하며, 납세자 보호를 고려한다.

3. 의회 보고

이 법안 시행 후 최초 3개월 이내에 미 의회에 보고해야 하며, 그 이후에는 매 6개월마다 보고하도록 한다.

4. 모기지 관련 부실자산에 대한 권리 및 관리, 매각

미 재무성 장관은 매입한 모기지 관련 부실자산에 대한 모든 권리를 행사하며, 매입한 모기지 관련 부실자산의 관리 및 매각에 대한 모든 권한을 행사한다. 또, 이 법의 종료 전에 매입한 모기지 관련 부실자산의 보유 및 매입에 관해 일몰(sunset) 규정을 적용 받지 아니한다.

5. 최대 매입가능 모기지 관련 부실자산

미 재무성 장관은 최대 7,000억 달러까지 모기지 관련 부실자산을 매입할 수 있다.

6. 감사

이 법 시행과 관련하여 미 재무성 장관이 행한 모든 의사결정은 어떤 감사나 법적 소추의 대상이 될 수 없다.

7. 효력의 만료

이 법은 시행일로부터 2년 후에 그 효력이 정지된다.

8. 국채발행 한도 증액

이 법 시행을 위해 국채발행 한도를 2009회계연도에 11조3,150억 달러까지 증액한다.

미국 정부는 가능한 한 9월 안으로 법안 통과를 목표로 하고 있다. 이와 관련하여 부시 대통령은 기자회견에서 금융시스템 붕괴 위험이 심각한 만큼 투입해야 할 공적자금 규모도 클 수 밖에 없다고 말하면서 아무 것도 하지 않은 채 그냥 앉아 있는 것보다는 공적자금을 투입하는 것이 위험이 훨씬 적다고 강조했다.

민주, 공화 양당의 분위기로는 금융위기 극복을 위해 부시 정부가 제출한 법안을 최대한 빨리 승인할 것으로 보인다. 다만 차입자에 대한 지원과 공적자금 손실위험 억제, 금융기관 경영자의 보수제한 등을 요구하는 목소리도 나오고 있어 법안의 일부가 수정될 가능성도 있다. 그런가 하면 상원 은행위원회의 공화당 쉘비(Richard Shelby) 의원은 이번 부실자산 매입이 마지막 조치가 될 것인지에 대해서는 의문이라고 말했다.

쉘비 상원의원은 폴슨 재무장관이나 버냉키 FRB의장 모두 이번 조치가 마지막이 될지에 대해서는 말하지 않았다고 주장하면서 이 두 사람이 하고 있는 것은 위기에서 또 다른 위기로 건너 뛰고 있을 뿐이라고 비판했다. 보다 포괄적이고 확실한 대책을 아직 보지 못했다고 주장했다. 그는 이번 조치에 대해 반대할 생각임을 밝혔다. 공화당 소속 일부 의원들도 폴슨 재무장관과 버냉키 FRB의장에게 서한을 보내 글로벌 금융기관에 대한 정부의 추가 구제금융을 자제해야 한다고 주장했다. 심지어 일부 의원은 이제는 부시 정부의 구제금융 광(狂)들로부터 납세자를 구제해야 할 때라고 주장하기도 했다.

이제 미국 정부가 발표한 금융기관 전체의 비유동성 부실자산 매입을 위한 7,000억 달러 종합구제금융대책의 효과에 대해 살펴보기로 하자.

종합구제금융대책이 발표되자 다우지수는 연이어 급등세를 나타냈다. 일단미국정부가 보다 현실적인 접근을 하기 시작했다는 점에서 긍정적인 반응을 보인 것이라고 할 수 있다. 어쨌든 미국경제 전체로 최소한 7,000억 달러의 부실이 줄어들 것이기 때문이다.

그러나 미국내 금융기관들의 유동성이 급격히 떨어진 부실자산을 7,000억 달러의 공적자금을 투입하여 매입한다고 해서 문제가 금방 해결될 것으로 생각하는 것은 성급한 생각이다. 7,000억 달러로 과연 문제를 해결할 수 있을 것인가도 의문이기는 하지만 공적자금 투입에는 결코 만만치 않은 난관들이 숨어 있기 때문이다. 문제가 생각만큼 간단치가 않다. 오히려 자칫하면 7,000억 달러 종합구제금융대책이 실패로 끝날 가능성도 배제할 수 없다. 경우에 따라서는 종합구제금융대책이 상황을 악화시킬 위험을 내포하고 있다는 것이다.

종합구제금융대책이 실패할 수 있는 세가지 이유가 있다. 세가지 이유를 설명하기에 앞서 먼저 이번 종합구제금융대책 시행 전의 파산위험에 처해 있는 미국 글로벌 금융기관들의 부실 구조를 아래의 <도표 1>에 나타난 바와 같이 대차대조표를 통해 간단히 모델화해보기로 하자.

설명의 편의를 위해 이 도표에서는 파산 위험에 처해 있는 글로벌 금융기관들의 대차대조표의 자산항목의 합계를 100, 부채 합계를 90, 자기자본을 10이라고 가정했다. 먼저, 글로벌 금융기관들의 자산 항목을 보면 건전자산이 40에 불과한 반면, 비유동성 부실자산은 총 60으로 미국

<도표 1> 공적자금 투입 전 글로벌 금융기관들의 대차대조표

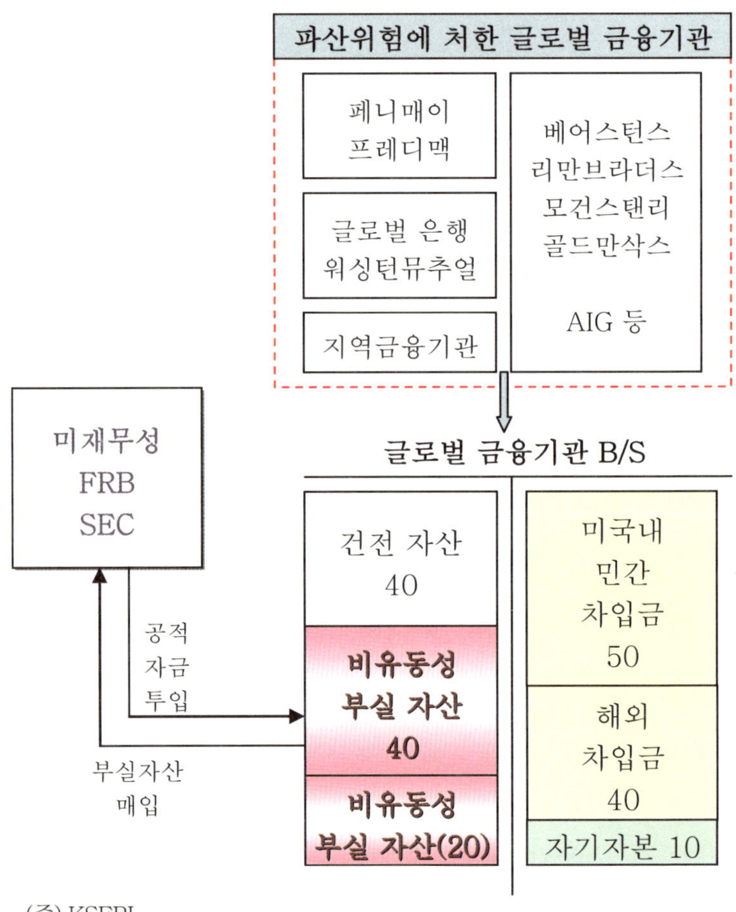

(주) KSERI

글로벌 금융기관들의 심각한 부실을 반영하고 있다. 이에 반해, 부채 항목은 미국내 민간 투자자 또는 금융기관으로부터 차입한 차입금이 50이며 해외로부터 차입한 차입금이 40으로 나타나 미국 금융기관들이 글로벌 금융기관임을 반영하고 있다. 또 2007년 8월 서브프라임론 사태 이후 계속된 투자손실 계상으로 자기자본이 부족한 상태에 빠져 있으며, 증자가 원활히 이루어지지 않은 점을 반영하여 자기자본은 10으로 나타냈다. 장부상 가격으로는 글로벌 금융기관은 대차가 일치하고 있지만 시장가격 면에서는 부실자산이 60이나 되어 부실자산의 실제 시장가격 여하에 따라 심각한 자본잠식 내지는 채무초과 상태에 있다고 할 수 있다.

이번에 발표된 종합구제금융대책은 바로 글로벌 금융기관들의 부실자산 60을 매입해 재무상태를 건전하게 함으로써 금융시장 위기를 일소하는 것을 목적으로 하고 있다. 즉 과다한 부실자산을 떠안고 있는 미국의 글로벌 금융기관들이 기업이나 가계에게 대출 등의 금융신용을 제대로 제공하지 못하여 금융위기가 실물경제 위기로 확산될 위험을 차단하기 위한 것이라고 할 수 있다.

그러나 과연 미국 재무성이 생각한 시나리오대로 공적자금 투입으로 글로벌 금융기관들의 부실자산이 정리되고 재무상태가 건전해지며 금융위기가 금방 해소될 것인가?

종합구제금융대책이 실패할 수 있는 첫 번째 이유를 설명해보기로 하자. 이를 위해 아래의 <도표 2>에서 공적자금 투입 후 미국 글로벌 금융기관들의 대차대조표가 어떻게 변하는지를 살펴보기로 한다.

눈치가 빠른 사람은 이 도표를 보자마자 금방 문제를 알아차렸을 것이다. 가령 미 재무성이 자산관리공사(RTC)를 설립하여 글로벌 금융기관

의 부실자산 60을 역경매(reverse auctions) 방식으로 40에 매입한다고
해보자. 그 경우 부실자산 60은 미 재무성 소유로 바뀌게 된다. 반면, 글
로벌 금융기관은 부실자산 60을 매각하고 40의 현금을 받게 된다. 그러
나 글로벌 금융기관은 장부가격 60의 자산을 40에 팔았으니 20의 부실
자산 매각손실이 발생하게 된다. 즉 자산매각 손실 또는 투자손실을 계
상하지 않으면 안 되는 것이다.

　부실자산 매각손실 20을 처리하기 위해서는 이를 감당할 자기자본이
있어야 하는데 자기자본은 10밖에 없는 상태이다. 즉 자본잠식 상태에
빠지게 되는 것이다. 이것은 공적자금 투입에 의한 부실자산 매각으로
인해 글로벌 금융기관들의 감춰져 있던 자본잠식 상태가 표면으로 드러

<도표 2> 공적자금 투입 후 글로벌 금융기관들의 대차대조표

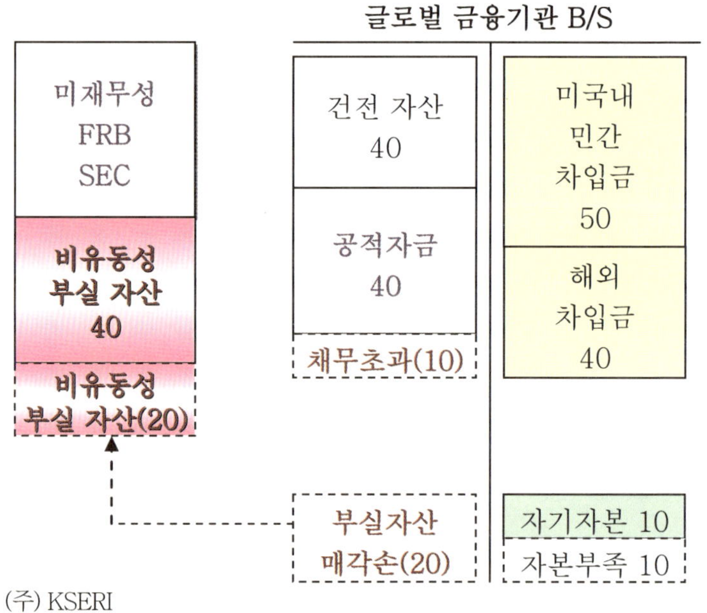

(주) KSERI

152

나는 것을 의미한다. 또 이것은 이들 글로벌 금융기관들의 주가 폭락을 의미하기도 한다. 말하자면 위기를 막기 위해 투입한 공적자금이 자본부족과 주가폭락이라는 또 다른 위기를 초래하는 것이다.

이 자본부족 문제를 해결하기 위해서는 글로벌 금융기관들은 공적자금 지원 외에 추가로 증자 등 자본보강을 하지 않으면 안되게 된다. 그런데 과연 이들 글로벌 금융기관에 대해 선뜻 거액의 자본출자를 해줄 투자자가 있는지는 의문이다. 해외 투자자가 미국 글로벌 금융기관에 출자를 하기 위해서는 먼저 기존 주주들의 지분을 소각하지 않으면 안 된다. 그렇지 않으면 투자할 사람이 없다.

문제는 매각 손실과 자본부족에서 그치지 않는다. 종합구제금융대책이 실패할 수 있는 두 번째 이유가 있다. 위의 <도표 2>에서 글로벌 금융기관은 부실자산 매각 대금 40과 기존의 건전자산 40을 합하여 총 80의 유동성 자산을 확보하게 된다. 그러나 차입금은 여전히 90으로 변함이 없다. 즉 채무가 10만큼 자산을 초과하고 있는 것이다. 어떤 식으로 공적자금을 투입한다고 해도 미국 정부가 부실자산을 최소한 50 이상의 가격으로 매입해주지 않는 한 글로벌 금융기관은 채무초과 상태에서 벗어나지 못한다.

부시 정부는 국민의 세금으로 글로벌 금융기관을 구제한다는 여론의 빗발치는 비난을 완화하기 위해 이번 종합구제금융대책에서 납세자 보호를 내세워 가능한 한 낮은 가격에 부실자산을 매입하겠다고 했다. 폴슨 미 재무장관은 납세자 보호를 위해 역경매 방식으로 공적자금을 투입하겠다고 말했다. 역경매 방식이란 공적자금 지원을 받고자 하는 글로벌 금융기관들이 자신들이 보유한 비유동성 부실자산을 가장 낮은 가격에 매각하는 기관부터 공적자금을 투입해주는 방식을 말한다.

그러나 이 방식은 글로벌 금융기관들의 암묵적인 도덕적 해이를 유발할 것이라는 비판을 면하기 어렵다. 왜냐하면 글로벌 금융기관들 입장에서는 미국정부가 어차피 파산방지를 목적으로 지원해주는 것인 만큼 가능한 한 부실자산 매각가격을 장부가격에 가까운 가격으로 써내려 할 것이기 때문이다. 2년간에 걸쳐 7,000억 달러를 투입하겠다고 한 것인 만큼 1차 경매에서는 대부분의 글로벌 금융기관들이 낙찰 실패를 각오하고 가능한 한 최소한의 부실자산을 장부가격에 가까운 가격으로 입찰에 응할 가능성이 높다. 그리고 1차 경매에서 높게 낙찰된 가격을 기준으로 2차 경매부터 거액의 부실자산을 매각하려 할 가능성이 높다.

그러나 글로벌 금융기관들이 어떤 방식으로 부실자산을 매각하든 장부가격 이하로 매각하는 것은 틀림이 없다. 뿐만 아니라 글로벌 금융기관들의 부실자산 상당수는 회수 불능한 부실자산이라고 할 수 있다. 단순히 금융시장의 심리적 위축으로 인해 유동성이 크게 떨어져 현금화가 어려울 뿐 자산가치를 보존하고 있는 부실자산은 그리 많지 않다. 글로벌 금융기관들의 부실자산의 상당수는 서브프라임론과 잠재적 부실위험이 높은 Alt-A 관련 자산들이기 때문이다. 이들 부실자산들은 모두 미국 주택가격에 연동되어 있다. 주택가격이 하락하면 할수록 이들 부실자산의 가치는 더욱 떨어지게 된다.

이들 부실자산의 실제 시장가격은 후술하는 바와 같이 대략 장부가격의 50% 전후 수준이라고 할 수 있다. 이 경우 위 <도표 2>에서 글로벌 금융기관들의 부실자산 60의 매입가격은 30이하가 되는 셈이 된다. 이로부터 미국정부가 글로벌 금융기관의 손실의 대부분을 떠안아 주지 않는 한, 단지 공적자금 투입 액수의 크기만으로 금융위기를 해결할 수는 없다고 할 수 있다. 7,000억 달러 투입하든 1조 달러 투입하든 공적자금 투입규모가 문제해결의 핵심이 아니라는 것이다. 글로벌 금융기관들의 부실자산 매입가격을 얼마로 해주느냐가 문제해결의 열쇠인 것이다. 즉 공적자금을 어떻게 투입할 것인가 하는 투입방법이 문제라는 것이다.

결국에는 미국 정부가 글로벌 금융기관들의 손실 대부분을 떠안을 수밖에 없다고 할 수 있다. 즉 부실자산을 가능한 한 장부가격에 가깝게 매입해주는 것만이 금융위기를 조기에 수습할 수 있는 지름길이라는 것이다. 그러나 그렇게 되면 미 국민들과 언론 그리고 정치권의 엄청난 비난 여론에 직면할 수밖에 없게 된다. 바로 이런 점을 염려하여 이번 종합구제금융대책 시행과 관련하여 미 재무성 장관이 행한 모든 의사결정은 어떤 감사나 법적 심판의 대상이 될 수 없다고 복선을 깔아 둔 것이다.

결국 문제는 다시 미국 글로벌 금융기관의 총 투자손실이 얼마일 것인가를 정확하게 추정하는 문제로 환원되게 된다. 미국 글로벌 금융기관의 총 투자손실은 미국 주택시장의 가격 여하에 달려 있다. 주택가격이 하락하면 할수록 미국 글로벌 금융기관들의 투자손실은 확대된다. 바로 이런 점에서 주택가격 하락세가 멈추지 않는 한 7,000억 달러든 1조 달러든 공적자금 투입을 아무리 한다 한들 문제가 해결된다고 보장할 수 없는 것이다.

미국 글로벌 금융기관들의 주택대출 관련 투자손실 규모를 대강 추정할 수는 있다. 2008년 6월말 현재 미국 전체 금융기관의 주택모기지 대출이 12조 달러를 넘고 있다. 또 주택가격은 버블정점 가격을 기준으로 20% 가량 하락했다. 따라서 20% 주택가격 하락에 따른 담보가치 하락은 2.4조 달러에 달하고 있다. 현 시점에서 30%까지 하락할 것이라는 전망이 우세하다는 점을 감안하면 3.6조 달러의 담보가치가 하락한 셈이 된다. 서브프라임론과 같이 금리 급등 외에도 모기지대출 차입자들은 금융기관으로부터 이만큼 담보 증액을 추가로 요구 받고 있다는 말이기도 한 것이다. 추가 담보제공 능력이 없는 사람들은 높은 이자를 부담하는 식으로 조정할 수 밖에 없다. 서브프라임론과 부실 문제를 별도로 하더라도 말이다.

미국 정부가 발표한 자료에 의하면 최근까지 이미 500만 호 이상의 주택이 차압 되거나 연체 상태에 있는 것으로 나타나고 있다. 이것만을 감안하더라도 대략 1.1조 달러 이상 부실화된 상태라고 할 수 있다. 이를 기준으로 하면 담보가치 하락분 2.4조 달러의 46% 가량이 부실화되고 있다고 추정할 수 있다. 이로부터 담보가치가 3.6조 달러까지 하락할 경우 부실자산 규모는 그 절반인 1.8조 달러에 이를 것으로 예상할 수 있다. 이렇게 볼 때 이번 7,000억 달러 공적자금 투입으로는 미국 전체 금융기관들의 부실자산을 처리하고 금융위기를 극복하기에 아직 상당히 부족하다고 할 수 있다.

마지막으로 종합구제금융대책을 실패로 몰아갈 수도 있는 세 번째 이유가 남아 있다. 리만브라더스나 AIG, 모건스탠리가 단기유동성 부족으로 파산되거나 파산위험에 내몰리게 된 것은 이들 기관에 투자한 투자자들이 파산을 우려하여 투자손실을 줄이기 위해 계속 환매나 채권상환 요구를 하고 있기 때문이다. 그런 가운데 미국정부가 글로벌 금융기관에 공적자금을 투입하겠다고 발표했다. 이는 자기 돈을 회수하고 싶어하는 이들 투자자 입장에서는 대단히 반가운 소식이 아닐 수 없다.

미국 금융시장과 주택시장이 단기에 회복되기는 어렵다는 것은 이미 누구나 다 알고 있으며, 인정하고 있는 사실이다. 심지어는 폴슨 재무장관이나 버냉키 FRB의장도 인정하고 있다. 그런 마당에 미국 정부가 7,000억 달러라는 거액의 공적자금을 투입해주겠다고 하니 투자자 입장에서는 이들 글로벌 금융기관에 빌려주어 묶여버린 자금을 쉽게 되돌려 받을 수 있는 절호의 기회로 생각할 것이다. 휴지조각이 되지 않을까 노심초사했던 것을 미국 정부가 제값에 사줄 가능성이 높으니 말이다. 되사 줄 여력이 생길 때 빨리 팔아 치우는 것이 상책인 것이다. 페니매이와 프레디맥에 대한 사실상의 국유화 조치와 관련하여 최근 미 재무성 관리가 전례 없이 일본 민간 대형 금융기관들에 대해 개별적으로 환매 자제요청을 했던 사실만 보아도 투자자들이 얼마나 투자한 돈을 회수하고 싶어하는지를 쉽게 짐작할 수 있다.

이것은 이번 종합구제금융대책이 결과적으로 미국 글로벌 금융기관의 구제가 아니라 환매나 상환을 애타게 기다리는 글로벌 금융기관 투자자들의 구제가 될 가능성이 매우 높다는 것을 의미한다. 미국내 투자자나 외국 중앙은행 및 정부계 펀드 또는 외국 민간금융기관 등의 입장에서는 7,000억 달러의 공적자금이 투입되게 되면 금융시장이 안정되기보다는 오히려 그 반대로 본격적으로 미국 글로벌 금융기관에 대해 환매 내지는 차입금 상환 요구가 집중적으로 몰릴 가능성이 높다는 것이다. 그 결과 글로벌 금융기관들은 속 빈 강정이 될 가능성이 높다.

환매 요구가 집중될 경우 미국 글로벌 금융기관들의 대차대조표가 어떻게 될 것인지 아래의 <도표 3>을 이용하여 설명해보기로 하자.

글로벌 금융기관들은 부실자산 60을 미국정부에 40에 매각하여 현금 40을 확보하게 된다. 이를 기다린 투자자들은 곧바로 이들 글로벌 금융기관들에게 채권상품 환매나 차입금 상환을 요구한다. 이 경우, 글로벌 금융기관들은 부실자산 매각대금 40을 그대로 차입금 상환 형태로 투자자들에게 상환하지 않을 수 없게 된다. 그렇게 되면 이들 글로벌 금융기관들은 부실자산 매각손실에 따른 자본부족 10과 채무초과 10에 더하여 건전자산 40만이 남게 된다. 즉 자산규모가 대폭 축소되어 더 이상 글로

<도표 3> 공적자금 투입과 환매 요구 후 글로벌 금융기관들의 대차대조표

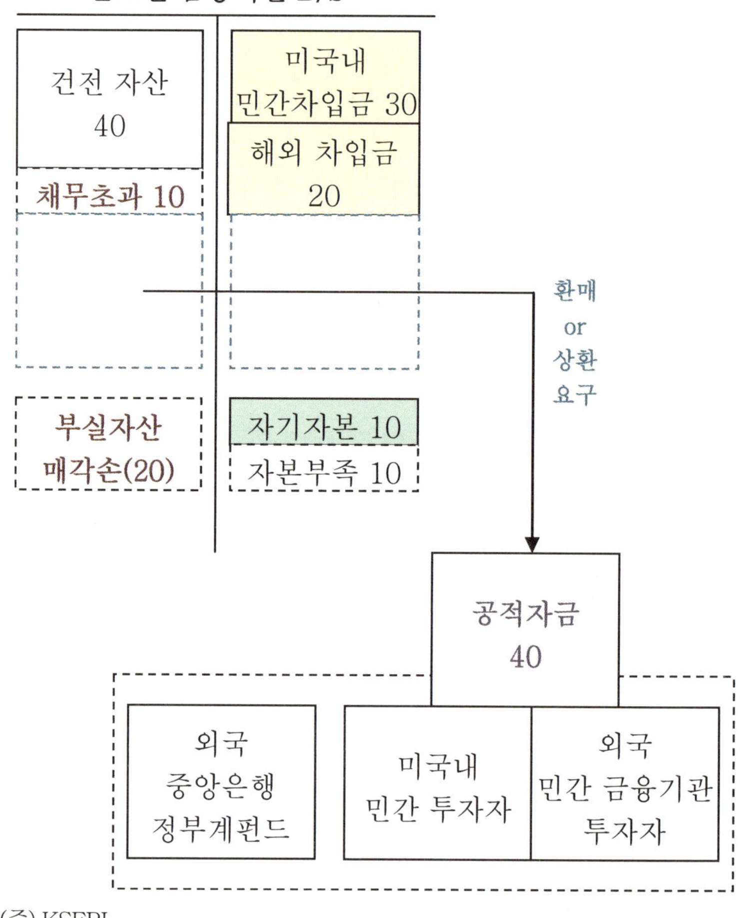

(주) KSERI

벌 금융기관이 아니게 될 수도 있다. 한 마디로 폭삭 쪼그라들 수 있다는 것이다.

이것은 미국의 가계와 기업에 대해 원활한 금융신용 제공을 통해 금융시장 위기를 극복하겠다는 이번 종합구제금융대책의 목적과는 거리가 먼 것이라고 할 수 있다. 부실자산 매각대금 40을 이용하여 가계와 기업에게 대출을 해주어 글로벌 금융기관의 수익력을 회복하고 금융시장 안정을 기하려고 한 것인데 부실자산 매각대금 40이 글로벌 금융기관에 들어오자마자 그대로 차입금 상환으로 나가버리기 때문이다. 이로부터 이번 종합구제금융대책이 구제금융이라는 정책적 목적을 달성하기 위해서는 글로벌 금융기관에 대한 채권 환매나 차입금 상환 요구 쇄도가 없어야 한다는 전제조건이 필요하다는 것을 의미한다.

미국 정부는 유로화권이나 일본, 영국 등 각국의 중앙은행이나 정부계 펀드에 대해서 환매 자제를 요청하고 있다. 특히 일본, 중국, 한국, 대만 등 달러 외환보유가 많은 아시아 국가들의 협조가 관건이라고 할 수 있는데, 이중 중국은 불확실하다고 할 수 있다. 이들 각국 중앙은행과 정부계 펀드는 울며 겨자먹기 식으로 손실을 각오하더라도 글로벌 금융시장 안정을 위해 국제공조 차원에서 환매를 자제할 수 밖에 없을 수 있다. 그러나 미국내 투자자나 외국의 민간금융기관 등에 대해서는 이야기가 달라진다. 이들 민간 투자자들에게 환매 자제 요청을 호소할 수는 있어도 강요할 수도 막을 수도 없기 때문이다. 따라서 민간 투자자들의 환매나 상환 쇄도가 일어난다면 부실자산 매각대금 40은 그대로 미국내 민간투자자와 외국의 민간 투자기관으로 흘러 나가고 만다.

결론을 말하자. 이번 미국정부가 발표한 종합구제금융대책은 생각만큼 쉽게 금융위기를 해소해 줄 것으로 보이지는 않는다. 종합구제금융대책이 효과를 내기 위해서는 해결해야 할 많은 문제들이 놓여 있기 때문이다.

물밑에 감추어져 있던 미국 글로벌 금융기관들의 부실자산 매각손실과 그로 인한 자본부족 그리고 채무초과 등이 수면위로 떠오를 것으로 보인다. 그 경우 대규모 자본보강을 하지 못하게 되면 또다시 주가폭락을 피할 수 없다. 그런가 하면 부실자산을 장부가격에 근접한 가격으로 매입해주지 않는 한 채무초과 상태에 빠질 위험이 높다. 마지막으로 투입된 공적자금이 그대로 투자자들의 채권 상환으로 빠져나가 버리고 글로벌 금융기관은 속 빈 강정이 될 가능성이 매우 높다.

종합구제금융대책이 효과를 내기 위해서는 페니매이와 프레디맥의 경우나AIG처럼 결국 대규모 공적자금 투입을 통해 글로벌 금융기관을 사실상 국유화하는 길밖에 없다. FRB가 골드만삭스와 모건스탠리와 같은 증권사에게 은행지주회사 면허를 승인한 것도 그런 맥락으로도 볼 수 있다. FRB의 직접 관리하에 두기 위해서이다. 이것은 골드만삭스와 모건스탠리도 사실상 파산상태에 직면해 있으며 사실상의 국유화 전단계 조치에 해당한다고 보아도 무방할 것이다. 부실자산 처분에 따른 기존 주식의 소각과 대규모 자본보강 그리고 환매쇄도에 대응할 수 있는 충분한 유동성 공급만이 금융위기를 수습할 수 있는 해결책이라고 할 수 있다.

달러화 가치의 대폭적인 하향조정도 필수적이다. 금융위기를 조속히 수습하기 위해서는 달러화의 대폭적인 하향조정이 필요한 것이다. 달러화는 유로화나 엔화, 위안화 등에 대해 20% 이상 대폭적인 조정이 이루어질 필요가 있다. 지난 주 시사경제 대담에서도 설명한 바와 같이 이번 금융위기는 구조적인 쌍둥이 적자에 의한 달러유동성 공급과잉에 기인하고 있기 때문이다. 달러가치의 하락은 달러유동성 과잉을 해소하는 강력한 수단이며 미국의 교역 불균형을 해소하는 지름길이다. 원하든 원하지 않든 달러가치 하락은 필연적일 수밖에 없다.

<경제시평> 2008년 9월 22일, 9월 29일

미국의 부실금융기관 자본투입과 주가 폭등

세계 금융시장의 패닉을 진정시키는데 무엇이 필요한지 답을 보여 주었다. 뉴욕증시의 다우지수는 2008년 10월 13일 전주 말 대비 936포인트 상승한 9,387포인트로 마감하면서 사상 최대의 상승폭을 기록했다. 그 전주에 1,800포인트 이상 하락한 것을 단 한번에 절반 가량 회복한 것이다. 미국과 유럽 등 각국 정부가 예금 및 은행간 거래에 대한 보증과 부실금융기관에 대해 대규모 공적자금 투입으로 지분을 매입하기로 결정하였기 때문이다. 이로써 앞서 단행한 정책금리 인하 국제공조는 헛발질이었음이 확실히 입증된 셈이다.

10월 초 미국 연방예금보험공사가 2009년 말까지 예금보호 상한을 10만 달러에서 25만 달러로 상향 조정한데 이어, 10월 13일 미 재무성은 JP모건체이스, 시티그룹, 메릴린치 등 미국 글로벌 금융기관의 CEO들을 긴급 소집하여 회의를 한 후 10월 14일 종합구제금융법안의 7,000억 달러 가운데 2,500억 달러를 투입하는 대책안을 발표할 것이라고 미국 언론들이 일제히 보도했다. 이번 대책안은 그 동안 미국 정부가 꺼려오던 부실금융기관 지분을 대대적으로 매입하고, 기업들의 자금난 해소를 위해 무이자 당좌예금에 대해서도 전액 정부가 보증해주게 되며, 연방예금보험공사는 은행과 저축은행들이 발행한 무담보 선순위 채권에 대한 지급보증도 해주는 것으로 알려지고 있다.

7,000억 달러 규모의 종합구제금융법안은 금융기관의 부실자산 매입을 목적으로 한 것이었으나, G7 공동성명 발표 후 지분매입에 투입하기로 방향을 바꾼 것이다. 공적자금 2,500억 달러 가운데 1,250억 달러를 9개 글로벌 금융기관의 지분매입에 투입하며 나머지 1,250억 달러는 저축은행 등 지역금융기관 지분매입에 투입할 것으로 알려졌다. 9개 글로벌 금융기관은 시티그룹과 JP모건체이스를 비롯하여 골드만삭스, 웰즈파고, 뱅크오브아메리카, 메릴린치, 모건스탠리, 스테이트스트리트, 뉴욕멜론은행으로 알려졌다.

외신에 의하면 미 재무성은 시티그룹과 JP모건체이스에 각각 250억 달러, 뱅크오브아메리카와 메릴린치에 각각 125억 달러, 웰즈파고에 200억 달러 이상, 골드만삭스와 모건스탠리에 각각 100억 달러, 스테이트스트리트와 뉴욕멜론은행에 각각 30억 달러의 공적자금을 투입하여 지분매입을 하게 될 것으로 보도되고 있다. 또 금융기관들이 신용도 저하와 자금 이탈을 우려하여 공적자금 지분투자 신청을 기피하는 것을 막기 위해 미 재무성은 이들 글로벌 금융기관들의 우선주를 강제 매입하는 방식을 취할 것으로 보인다.

이와 관련하여 미 재무성은 7,000억 달러의 구제금융을 실시하기 위해 7개의 팀으로 이루어진 작업반을 신속하게 편성하고 있다고 발표했다. 모기지 관련 증권매입 프로그램팀, 지역은행의 구제를 위한 대출채권

매입 프로그램팀, 은행간 거래 및 예금보호 등을 위한 보증 프로그램팀, 지분매입 프로그램팀, 부실채권 매입과정에서 차압 당하는 차입자들을 위한 주택소유권 보호 프로그램팀, 외부전문가 채용 및 작업반 총무팀, 법령준수팀이 그것이다. 이들 작업반의 목적은 금융시장 안정을 회복하는 것이며 이를 위해 공적자금 투입 과정에서 국내외 각국의 공조체제를 확고히 하고 가능한 한 모든 수단을 동원할 것이라고 말했다.

미국과 유로화권 및 일본 등 5개국 중앙은행은 G7이 합의한 '공동행동계획' 제1탄으로 10월 13일 단기금융시장을 통해 사실상 무제한으로 달러자금을 공급한다고 발표했다. 금융기관이 담보로 제공하는 국채 금액 범위 내에서 필요한 만큼 달러를 대출해주기로 했다. 각국 소재 외국계 은행은 자국내 금융시장에서 거의 달러자금을 조달할 수 없는 상황에 빠져 있다. 이에 각국 중앙은행이 대신 달러를 대출해줌으로써 외국계 은행의 달러부족을 해소해주고 기업과 가계에도 달러자금을 원활히 공급해줄 수 있도록 하기 위해서이다.

G7 공동행동계획에 따라 영국정부도 10월 13일 370억 파운드의 공적자금을 RBS, HBOS, 로이즈TSB에 투입하여 자기자본을 보강한다고 발표했다. 바클레이즈은행은 이번 지원 대상에서 제외되었으나 자체적으로 기존 주주들로부터 65억 파운드의 증자를 실시한다고 발표했다. 이번 공적자금 투입으로 RBS와 HBOS에 대한 영국정부의 지분비율은 50% 가량으로 높아져 사실상 국유화 상태에 달하고 있다. 영국정부는 이들 은행의 이사회에 대표를 파견하기로 했다. 브라운 영국총리는 어디까지나 일시적인 조치로 시장이 정상화되면 다시 민간은행으로 되돌아갈 것이라고 강조했다.

독일 메르켈 총리 역시 10월 13일 기자회견에서 은행간 거래의 정부 보증을 포함한 총 5,000억 유로의 공적자금을 투입해 부실은행 구제에 나선다고 발표했다. 그리고 14일에 연방의회의 심의를 거쳐 법안의 조기 통과를 추진하기로 했다. 은행의 자금난 해소를 위해 정부보증 형태로 4,000억 유로를 지원하며 1,000억 유로는 자본보강에 지원할 것으로 알려졌다. 독일 정부는 은행 예금에 대해 전액 보호한다고 이미 발표한 바 있다. 프랑스 정부도 3,600억 유로의 공적자금을 투입해 금융기관 구제에 나선다고 발표해 영국과 보조를 맞추었다. 유럽 각국이 금융시장 안정을 위해 공조체제를 본격화하기 시작한 것이라고 할 수 있다.

유로화권 15개국 정부가 은행간 거래에 대해 정부보증을 실시하기로 함에 따라 미국도 이를 도입할 가능성이 높아지고 있다. 유로화권 15개국 정상이 은행간 거래에 대한 정부보증을 담은 '공동행동계획'을 채택하자 미국이 같은 조치를 취하지 않을 경우 미국 금융시장으로부터 유로화권으로 자금유출이 일어날 가능성이 높아지고 있기 때문이다. 은행간 거래에 대한 정부보증은 10월 10일의 G7 재무장관회의에서 영국이 주장한 것으로 미국이 신중한 태도를 보임에 따라 G7의 '공동행동계획'에는 포함되지 않았다.

일단 미국과 유로화권 국가들이 대규모 공적자금 투입으로 부실금융기관에 대한 자본보강을 실시한다고 발표함에 따라 일단 금융시장의 혼란은 수습되는 모습을 보이고 있다. 그러나 여전히 세계 금융시장의 혼란을 수습하기 위해서는 앞으로도 넘어야 할 산이 많이 남아 있어, 단기적 주가 급등락에 일희일비할 상황이 아니라고 할 수 있다. 금융시장 혼란이 공적자금 투입으로 과연 조기에 수습될 지의 여부는 앞으로 좀더 지켜보아야 한다. 뿐만 아니라 부동산과 주가 급락으로 인해 미국 가계부문의 자산손실은 매우 큰 상태로 단기에 회복되기는 어렵다. 그로 인해 (-) 자산효과(wealth effect)로 인한 소비침체를 피하기 어렵다고 할 수 있다.

노벨경제학상 수상이 결정된 폴 크루그먼 프린스턴대학 교수는 그는 자신이 살아있는 동안에 세계공황과 유사한 사태에 직면할 것이라고는 꿈에도 생각지 못했다고 말해 이번 사태가 세계공황에 버금가는 위기라는 인식을 표명했다. 10월 13일 기자회견에서 크루그먼 교수는 최근의 신용공황 확산을 막기 위해서는 은행에 대한 자본투입과 금융거래에 대한 정부보증 확대가 중요하다고 말했다. 미국정부가 발표할 대책으로 전주보다는 어느 정도 금융시장이 안정되는 모습을 보이고 있지만 미국 실물경제는 이미 경기후퇴에 돌입했으며 장기불황 가능성이 높아지고 있다고 우려를 표명했다. 다만 미국과 각국 정부의 국제공조 대책으로 미국을 비롯한 세계경제가 금융위기로 파탄이 나지는 않을 것이라고 말해 최악의 상황을 벗어나고 있다는 인식을 표명했다.

일본은행 시라카와(白川方明) 총재도 10월 13일 국제통화기금(IMF)과 세계은행 연차총회의 연설에서 미국과 유로화권 등 각국 정부의 대규모 공적자금 투입에도 불구하고 앞으로도 글로벌 금융시장의 불확실성은 여전히 크다고 지적했다. 또한 이번 글로벌 신용공황이 중국 등 신흥경제국에도 확산되어 커다란 타격을 주고 있으며 글로벌 금융위기에 이어 곧바로 다가오는 세계경제 불황에도 대비하지 않으면 안될 것이라고 강조했다.

특히 중국 등 신흥경제국은 경제성장 둔화와 높은 인플레이션 압력에 직면하고 있어 정책대응이 어려워지고 있다고 지적했다. 실제로 중국 상릭이 주가지수는 미국 다우지수를 비롯한 세계 각국 증시 폭등에도 불구하고 내수침체를 우려하여 2.7% 하락세를 보였다. 글로벌 신용공황으로 이들 신흥경제국에 대한 민간자금 유입이 크게 감소할 위험이 높아지고 있다고 우려를 표시했다. 이에 대비하기 위해 일본이 IMF에 자금을 제공할 용의가 있음을 밝히면서 IMF는 신흥경제국의 자금지원을 위한 신규대출제도를 조속히 수립할 필요가 있다고 강조했다.

이미 2008년 7~9월기 미국 기업들의 실적발표가 본격화되는 11월부터 미국 주식시장은 또다시 급락할 가능성이 높다. 미국기업들의 실적발표 내용에 따라 증시침체가 어느 정도 장기화될지도 가늠할 수 있을 것으로 보인다. 특히 자동차 업계의 불황은 사상 최악을 맞이하고 있다. GM과 크라이슬러 합병이 거론되고 있으나 미국 정부의 대규모 장기대출 자금지원에도 불구하고 생존하기 힘들 정도의 상황에 처하고 있다.

문제는 이뿐만이 아니다. 미국과 유로화권 각국 정부가 투입하는 공적자금은 우선주와 워런트 매입을 통해 자본을 보강하는 것으로 되어 있다. 이미 여러 차례 지적한 바와 같이 부실금융기관의 우선주를 매입하는 방식으로 자본을 보강하는 것은 사실상 보통주에 대한 대규모 감자를 의미하는 것이나 다름없다.

얼마 전 미국 모건스탠리에 자본출자를 발표한 미츠비시UFJ 금융그룹은 10월 12일 출자조건을 둘러싸고 미 재무성을 포함하여 재교섭 중에 있다고 발표했다. 미츠비시UFJ 측이 21% 가량의 지분출자 비율은 유지하되 당초에 발표한 보통주 출자를 취소하고 연 배당 10%의 우선주 출자와 워런트 매입으로 바꾸겠다고 했기 때문이다. 미국정부가 공적자금을 투입할 경우 미츠비시UFJ가 구입한 우선주의 가치가 훼손되지 않도록 일본정부와 함께 보증을 요구하고 있는 것으로 알려지고 있다. 미국

정부는 지난 9월 중순 페니매이와 프레디맥에 대한 구제금융에서 기발행 보통주의 권리 박탈은 말할 것도 없고 기발행 우선주에 대해서도 배당을 중지하는 조치를 취했다. 동시에 미국정부가 공적자금으로 매입하는 우선주에 대해 최우선 배당권을 부여했다.

미국과 유럽 등 세계 금융시장이 급박하게 돌아가고 있는 동안에 한국 금융시장도 격심한 동요를 보이고 있다. 대기업들의 팔을 비틀어 보유 달러를 내놓게 함으로써 원/달러 환율 폭등을 막으려 했다. 국민연금을 동원해 주가부양을 계속하고 있다. 그런가 하면 기업과 금융기관에 대해 환투기를 강력히 단속하겠다고 강조했다. 그러나 원/달러 환율의 폭등은 환투기에 의한 것이 아니라 전적으로 정책실패에 기인한 것이다. 환율과 금리 그리고 부동산정책 실패에 기인한 것이다. 환투기는 정책실패로 인한 외환시장 혼란을 틈타 준동하는 결과물이지 혼란의 원인이 아니다.

1999년 GLB법(Gramm-Leach-Bliley Act) 체제하의 규제완화 및 금융감독 체제가 붕괴되고 미국을 비롯한 선진국들이 보다 강력한 금융감독 체계 및 규제강화를 재구축하기에 여념이 없는 가운데 한국정부는 놀랍게도 금산분리를 완화하여 산업자본의 은행소유를 허용하겠다고 나섰다. 참으로 대단한 배짱이라고 하지 않을 수 없다. 이와 관련하여 우리 연구소 선대인 부소장이 연구소 포럼에 발표한 글을 통해 비판해보기로 하자.

선대인 부소장은 2008년 노벨경제학상을 받은 폴 크루그먼 교수의 견해를 빌어 이명박 정부가 과격한 '우파 혁명세력'이라고 비판한다. 폴 크루그먼 교수는 『대폭로(The Great Unraveling)』라는 저서에서 조지 부시 행정부를 '혁명 세력(A Revolutionary Power)'이라고 규정했다.

닉슨 행정부 시절 냉혈적인 국무장관이었던 헨리 키신저는 박사학위 논문 '되찾은 세계(A World Restored)'에서 1930년대의 전체주의 정권들에 대한 유화적 대응책의 실패를 비판했다. 이때 그는 프랑스의 로베스피에르와 나폴레옹 치하의 정치 세력들을 '혁명 세력'이라고 규정하고, 1930년대의 전체주의 세력에도도 같은 규정을 한다.

폴 크루그먼은 헨리 키신저의 이 박사학위 논문을 읽다가 부시 행정부 또한 기존 체제의 정통성을 부정하는 세력이라는 점에서 '혁명 세력'이라고 규정한 것이다. 이들 혁명 세력들은 오랫동안 확립된 미국의 정치 및 사회적 제도들이 존재해서는 안 되며, 우리들 모두가 당연시하는 규칙을 받아들이지 않는다고 주장한다. 그들은 정부의 역할과 사회복지 프로그램의 확충 등을 단순히 줄여야 한다고 생각하는 것이 아니라, 이것이 기본적인 (시장경제) 원칙에 위배된다고 생각한다. 미국 헌법의 근본 원칙 가운데 하나였던 정교 분리를 내팽개치고 '성경적 세계관'을 확산하는 것을 사명으로 삼았다. 정통성은 민주적 절차에서 나온다는 사상을 받아들이는지도 의심스럽다. 부시 대통령은 미국을 이끌도록 신의 부름을 받았다고 믿고 있다.

폴 크루그먼은 감세와 이라크 전쟁을 예로 들어, 이들 혁명세력이 어떻게 자신들의 뜻을 관철하는지 설명한다. 우선, 감세는 90년대부터 공화당의 핵심 의제였다. 이들 혁명 세력들은 단순히 감세를 원한 것이 아니라 기존의 미국 조세체계의 분쇄를 목표로 했다. 이들은 제한된 승리에 절대 만족할 수 없는 세력이라는 것이다. 그들은 처음에는 세수초과 환급을 명목으로 세금을 깎고, 세수 부족으로 전환됐을 때는 경기부양책으로 세금을 깎고, 경기부양 효과가 없음이 드러나자 장기적인 경제성장을 촉진한다는 명목으로 세금을 깎았다.

이명박 정부 역시 폴 크루그먼 교수가 말하는 부시 정부와 대동소이한 행태를 보이고 있다. 지금 같은 경제 상황에서 어떻게 대처할지 몰라 우왕좌왕하는 집단이지만 분명한 것은 그런 가운데에서도 자신들과 자신들의 지지세력에게 필요한 것은 어떤 경우에도 관철시키는 '불굴의 의지'를 가진 혁명적 집단이라는 사실이다.

결론을 말하자. 결국 미국정부가 부실금융기관의 자본보강을 위해 공적자금 투입에 나섰다. 그리고 예금보호와 금융기관 거래 등에 대한 보증을 제공할 것으로 보인다. 그로 인해 뉴욕증시를 비롯한 세계 주요국 증시는 사상 최대의 폭등세를 보였다. 이로써 금리인하 국제공조는 헛발질이었음이 입증되었다.

그러나 아직 갈 길이 멀다. 미국을 비롯한 세계 금융시장의 혼란이 수습되기까지는 넘어야 할 산들이 많이 남아 있다. 뿐만 아니라 이제부터 시작되는 실물경제 불황은 그 정도를 예측하기 어려울 정도이다. 7~9월기 미국 기업들의 실적이 발표되는 11월부터 실물경제 불황이 본격적으로 가시화될 것으로 보인다. 미국 다우지수는 8,000~10,000 포인트 수준에서 장기 정체를 보일 가능성이 높다고 할 수 있다.

이런 와중에서 놀랍게도 이명박 정부는 계속 잘못된 선택을 하고 있다.

<특집> 2008년 10월 14일

미국 정부의 자본투입과 효과

2008년 10월 14일 폴슨 미 재무장관과 연방준비은행(FRB) 버냉키 의장 그리고 연방예금보험공사(FDIC) 베어(Sheila C. Bair) 의장은 금융시장 안정을 위한 공동성명을 발표하고 다음과 같은 3가지 대처방안을 제시했다.

첫째, 미 재무성은 미국 소재 모든 금융기관들의 자발적인 참여를 전제로 우선주 매입을 통한 2,500억 달러 규모의 지분매입 프로그램을 실시한다.

둘째, 금융시스템 붕괴 위험을 방지하기 위해 연방보험공사는 연방예금보험공사에 가입된 모든 예금기관과 금융지주회사의 선순위채와 무이자성 당좌예금에 대해 지급보증을 제공한다.

셋째, 기업들의 원활한 자금조달을 지원하기 위해 연방준비은행은 기업들이 발행하는 3개월 만기 우량CP를 매입하는 CP매입기금(Commercial Paper Funding Facility)을 10월 27일부터 설치 운용하도록 한다.

이와 관련하여 시티그룹 등 9개 글로벌 금융기관들은 자발적으로 미 재무성의 자본보강 프로그램과 연방예금보험공사의 지급보증 프로그램에 참여하기로 결정했다고 발표했다.

당초 10월 3일에 성립한 종합구제금융법안은 7,000억 달러의 공적자금 투입을 통하여 금융기관들의 부실자산을 매입하는 것을 목적으로 한 것이었다. 그러나 앞의 글에서도 지적한 바와 같이 부실자산 매입과 관련하여 자본부족 등 여러 가지 문제점이 부각되고 그로 인해 시장불안이 가중되어 주가폭락이 계속되었다. 이에 미 재무성은 결국 방향을 선회하여 7,000억 달러 가운데 2,500억 달러를 우선적으로 금융기관들의 우선주와 워런트를 매입하는데 투입하기로 한 것이다. 2,500억 달러의 지분매입 공적자금 중 1,250억 달러는 9개 글로벌 금융기관에 우선적으로 투입하며 나머지 1,250억 달러는 지방은행 및 저축은행 등에 투입하기로 했다.

동시에 10월 14일 부시 대통령은 부실금융기관 종합구제금융법안에서 정한 공적자금 투입분 가운데 대통령의 판단으로 즉시 사용할 수 있는 1,000억 달러를 추가로 사용한다고 의회에 통보했다. 미 재무성이 2,500억 달러의 공적자금을 모두 지분매입에 투입하기로 함에 따라 여분의 공적자금을 마련하기 위해서다. 이로써 미 재무성은 7,000억 달러 중 재량으로 사용할 수 있는 3,500억 달러를 모두 사용한 셈이 되었으며, 나머지 3,500억 달러는 미 의회의 승인을 받아야만 집행할 수 있게 된다.

총 7,000억 달러 규모의 부실자산매입 프로그램(Troubled Asset Relief Program; TARP) 가운데 이번에 2,500억 달러를 투입하는 부실

금융기관 우선주 지분매입 프로그램에 관해 미 재무성이 발표한 구체적인 내용을 살펴보면 <도표 1>과 같다.

<도표 1> TARP의 지분매입(우선주 및 워런트) 프로그램

1. 최상위 우선주(Senior Preferred Stock) 발행 조건

발행 기관 : 2008년 11월 14일 현재 미국 내에서 미 국내법에 따라 영업하는 모든 은행 및 저축은행, 은행지주회사, 저축은행지주회사

최초 매입자 : 미 재무성

발행 규모 : 우선주 발행 하한선은 금융기관이 보유한 위험가중 자산 총액의 1%보다 작지 않아야 하며, 상한선은 250억 달러를 초과하지 않는 한도 내에서 또는 금융기관이 보유한 위험가중 자산의 3%를 넘지 않는 한도 내에서 발행한다.

발행 증권 : 주당 1,000달러의 최상위 우선주

권리 우선 순위 : 기존 보통주보다 우선하며 기발행 우선주에 대해서는 공평한 권리가 보장됨

자본 등급 : Tier I

만기 : 무기한

배당 : 발행일로부터 5년까지는 연 5%의 배당을 하며 그 이후에는 연 9%의 배당을 지급한다. 또 배당은 매 분기(2월, 5월, 8월, 11월)마다 분할 지급하도록 한다.

상환 : 최상위 우선주는 발행일로부터 3년이 경과한 시점부터 금융감독당국의 승인을 받아 전액 또는 분할 상환이 가능하다. 상환가격은 발행가에 미지급 배당을 더한 가격으로 한다.

배당 제한 : 최상위 우선주에 대한 배당이 모두 지급되기 전까지는

모든 기발행 우선주 및 보통주에 대해 배당을 지급할 수 없다. 또한 최상위 우선주 상환 전이나 배당 지급 전에 모든 기발행 우선주나 보통주를 재매입할 수 없다.

일반 배당 : 전액 상환 내지는 제3자에게 매각이 이루어지지 않는 한 최상위 우선주 발행 후 3년이 경과하기 전에 배당 증액을 할 경우에는 미 재무성의 사전 승인을 받아야 한다.

재매입 : 최상위 우선주 발행 후 3년이 경과하고 최상위 우선주 재매입 또는 제3자 재매각이 이루어지기 전에 기발행 지분을 재매입할 경우에는 미 재무성의 사전 승인을 받아야 한다.

의결권 : 최상위 우선주는 의결권이 없는 것으로 한다. 다만 최상위 우선주보다 권리가 우선하는 신규지분 발행이나 최상위 우선주 권리의 수정, 최상위 우선주의 권리를 침해할 수 있는 합병 등에 관해서는 집단 의결권을 행사할 수 있다. 또 연속 또는 합산으로 6분기 동안 배당이 지급되지 않을 경우 최상위 우선주는 2명의 임원을 선임할 권리를 지닌다. 4연속 배당이 지급될 경우 임원선임 권리는 소멸된다.

양도 : 최상위 우선주는 양도에 아무런 제한을 받지 않는다. 발행기관은 언제든지 최상위 우선주를 발행하거나 양도가 가능하도록 모든 절차를 마무리해두어야 한다.

임원 보상 : 미 재무성이 최상위 우선주를 보유하는 동안 해당 금융기관은 경영진에 대한 모든 형태의 보너스나 수당 등 특별보상을 중지해야 한다.

2. 워런트(Warrant) 발행조건

워런트 : 최상위 우선주 발행액의 15%에 해당하는 보통주를 매입할

수 있는 워런트를 부여 받는다. 워런트 최초 행사가격과 보통주 시장가격은 최상위 우선주 발행일의 보통주 시장가격(20영업일의 평균가격)을 기준으로 한다. 행사가격은 워런트 발행일로부터 매 6개월마다 최초 행사가격에서 15%씩을 낮추는 것으로 하되, 최초 행사가격에서 45%까지 낮추는 것을 한도로 한다.

만기 : 10년

행사 : 워런트 전액 또는 일부에 대해 언제든지 행사 가능

양도 : 미 재무성은 워런트 양도에 아무런 제약을 받지 않는다. 다만 금융기관이 최상위 우선주 금액의 100% 이상에 해당하는 추가자본을 조달하기 전이나 2009년 12월 31일 전까지는 미 재무성은 워런트의 1/2까지만을 양도하거나 행사할 수 있다.

의결권 : 미 재무성은 워런트 행사로 취득하는 보통주에 대해 의결권을 행사하지 않기로 동의한다.

권리 감소 : 금융기관이 2009년 12월 31일까지 최상위 우선주 금액의 100% 이상에 해당하는 추가자본을 조달할 경우, 미 재무성이 보유하는 워런트의 보통주 지분은 당초의 1/2로 줄이기로 한다.

동의 사항 : 워런트 행사시에 해당 금융기관의 보통주 보유량이 충분하지 않을 경우 금융기관은 즉시 필요한 양의 보통주를 확보할 수 있도록 기존 주주들과 필요한 조치를 취해두어야 한다.

대체 조항 : 금융기관이 상장 폐지될 경우 워런트는 선순위채권이나 기타 워런트 가치에 상응하는 우선순위 증권으로 대체된다.

위의 <도표 1>에서 미 재무성의 우선주 매입 조건을 보면, 최상위 우선주에 대한 배당이 최초 5년 동안 5%로 매우 낮게 책정되어 있는 점이

눈에 띈다. 지난 번 페니매이와 프레디맥 구제금융의 경우 우선주에 대한 배당은 10% 현금배당을 적용했다. 그런가 하면 AIG에 대한 연방준비은행의 구제금융 역시 LIBOR 금리에 8.5%를 더하여 11%를 넘는 금리를 책정했었다. 또 민간 거래의 경우, 미츠비시UFJ가 모건스탠리에 대해 출자하는 우선주에 대한 배당도 10%이며, 워렌버핏의 투자회사인 버크셔헤더웨이(Berkshire Hathaway)가 골드만삭스와 제너럴일렉트릭(GE)에 출자한 우선주 역시 10% 배당을 조건으로 하고 있다.

이처럼 최근 우선주에 대한 배당이 10% 수준임에도 불구하고 미 재무성이 5% 배당을 결정한 것은 매우 낮은 수준이라고 할 수 있다. 이는 최상위 우선주에 대한 배당을 낮게 책정하여 기발행 우선주와 보통주에도 배당의 여지를 남겨줌으로써 주가 안정을 기하려는 의도로 보인다. 만일 최상위 우선주에 대해 10% 배당을 적용하게 되면 기발행 우선주와 보통주 주가는 거의 휴지조각이 되기 때문이다. 뿐만 아니라 외부 투자자들로부터 지분투자를 받기 어렵게 된다. 예컨대 미츠비시UFJ나 워렌버핏과 같은 민간 투자자들이 부실 금융기관의 우선주를 배당 10%의 조건으로 매입하려고 하는데 배당권리 면에서 미 재무성이 발행한 최상위 우선주에 밀리게 된다면 투자하지 않으려 할 것이다.

대신 미 재무성은 배당을 5%로 낮게 책정한 것에 대한 대가로 워런트의 매입 조건을 매우 유리하게 설정하고 있다. 즉 최상위 우선주와 동시에 부여 받게 되는 워런트의 조건을 미 재무성에 보다 유리하게 설정함으로써 워런트 행사를 통한 시세차익 가능성을 높인 것이라고도 할 수 있다.

구체적으로 워런트 행사로 인한 시세차익 가능성을 설명해보기로 하자. 이를 위해 시티그룹의 최상위 우선주 발행액이 최대 상한선인 250억 달러라고 가정하여 설명해보기로 하자. 다만 아래의 설명은 워런트와 같은 옵션 파생상품에 대한 기본적인 이해를 전제로 한다. 옵션 파생상품에 대한 기초적인 지식이 없는 사람들은 이해가 안 되는 부분이 있더라도 신경 쓰지 말고 그대로 문맥을 따라 설명의 취지만을 이해해도 충분하다.

미 재무성은 시티그룹으로부터 최상위 우선주 250억 달러를 매입하고 동시에 250억 달러의 15%에 해당하는 37.5억 달러의 보통주를 미리 정해진 가격(행사가격)에 매입할 수 있는 권리인 워런트를 부여 받게 된다. 설명의 편의를 위해 10월 17일 종가 14.88달러를 워런트 행사가격으로 가정하면 대략 2,520만 주의 보통주를 시가에 매입할 수 있는 권리를 부여 받는 셈이 된다. 또 10월 17일의 종가 14.88달러에 발행주식 수 54.5억 주(2008년 6월말 현재)를 곱하여 시티그룹의 시가총액을 계산해 보면 약 810억 달러 가량으로 추산된다. 이로부터 미 재무성은 대략 4.6%의 보통주 지분을 취득할 수 있는 권리를 부여 받게 된다고도 할 수 있다.

그런데 워런트 행사가격은 매 6개월마다 10월 17일의 종가 14.88달러를 기준으로 15%씩 낮아지게 되며 최대 45%까지 낮아지게 된다. 즉 18개월 후에는 8.18달러까지 행사가격이 낮아지게 되는 셈이 된다. 이로부터 계산하면 만일 18개월 후에 워런트를 행사할 경우 미 재무성이 얻게 되는 시세차익은 16.875억 달러 가량이 된다. 물론 이것은 18개월 후 워런트를 행사하는 시점에서 시티그룹의 주가가 14.88달러를 그대로 유지한다는 전제를 바탕으로 하고 있다. 만일 18개월 후에 시티그룹의 주가가 14.88달러보다 낮아지면 시세차익은 그만큼 줄어들게 되며 14.88달러보다 높아지면 시세차익은 더 늘어나게 된다.

그리고 최상위 우선주를 발행한 금융기관은 3년 후부터 상환을 해야 하며 그 이전이라도 외부로부터 최상위 우선주 지원액 이상의 추가자본을 유치할 경우에는 상환이 가능하도록 했다. 그러나 미 재무성마저도 손실을 우려하여 보통주 지분매입을 하지 않고 우선주 매입을 할 정도라는 점을 감안하면 민간 투자자들 역시 부실금융기관의 보통주에 투자를 할 리 만무하다. 민간 투자자들로부터 자본투자를 받는 것 역시 모두 우선주 형태가 될 수밖에 없다. 그런 점에서 부실금융기관의 기발행 보통주는 거의 배당을 받을 수 없으며, 워런트 행사가 이루어질 경우 자동적으로 감자를 당하는 것이나 마찬가지라는 점에서 이미 사실상 휴지조각이 된 셈이나 마찬가지라고 할 수 있다. 이것은 부실 금융기관들의 보통주 주가가 앞으로도 계속 떨어질 것이라는 것을 의미한다.

바로 이런 점에서 워크아웃(국유화)과 구제금융 방식간의 차이가 있다. 워크아웃은 정부가 부실 금융기관을 모두 인수하여 보통주를 모두 한꺼번에 감자시킨다. 그리고 곧바로 신규 자본투입과 공적 관리에 의한 구조조정을 통해 금융기관 정상화를 추진한다. 말하자면 단기간에 그리고 한 칼에 구조조정을 하는 방식이라고 할 수 있다. 따라서 초기에 막대한 손실 발생과 공적자금 투입이 필요하게 된다. 금융시장에 미치는 충격과 혼란 또한 초기 단계에 최대에 달하게 된다. 그러나 금융시장의 정상화 내지는 회복 또한 빠르다고 할 수 있다.

이에 비해 구제금융 방식은 FRB가 단기 유동성을 공급해주고 미 재무성이 우선주를 매입해주는 것처럼 경영에는 직접적으로 개입하지 않는 간접적인 형태의 구제금융 지원을 해주는 방식이라고 할 수 있다. 금융기관 스스로가 장기간에 걸쳐 구조조정을 통해 자력으로 회생하도록 하는 방식인 셈이다. 따라서 초기 공적자금 투입은 워크아웃 방식에 비해 상대적으로 적지만 장기간에 걸쳐 손실발생이 지속된다는 단점이 있다고 할 수 있다. 경우에 따라서는 손실이 줄지 않고 확대될 경우 사태가 더욱 악화될 위험도 내포하고 있다.

결과론적으로 볼 때에는 워크아웃 방식이 더 나았을 것으로 생각되지만 현실론적으로는 구제금융 방식 외에는 불가능했다고 할 수 있다. 무엇보다도 수많은 부실 금융기관을 한꺼번에 워크아웃 할 수 있을 정도로 미국 정부의 재정적 여력이 없을 뿐만 아니라 글로벌화된 거대 금융기관들을 미국정부가 국유화하여 공적 관리를 할 수도 없었을 것이다. 워크아웃을 할 경우 발생하는 수많은 국내외적 분쟁이 모두 미국정부를 상대로 이루어지기 때문이다.

마지막으로, 미 재무성은 월가 금융기관들의 구제에 대한 미국민들의 극도로 악화된 여론을 감안하여 공적자금 지원을 받는 금융기관의 임원에 대해서는 특별보상 지급을 금지한다고 발표했다. 구체적으로 3,000억 달러 규모의 부실자산매입 프로그램과 우선주 지분매입 프로그램, 그리고 금융시스템 안정에 중요한 파산금융기관 지원프로그램의 3가지 구제금융지원 중 어느 하나라도 공적자금 지원을 받는 금융기관의 임원에 대해서는 CEO 및 CFO 그리고 고액 연봉 순 상위 3명의 임원에 대해 모든 형태의 보너스나 수당, 감세혜택 등 특별보상이 금지된다고 밝혔다.

위에서 설명한 것과 같이 미 재무성의 2,500억 달러 자본보강 프로그램과 연방예금보험공사의 지급보증이 발표됨에 따라 급속히 타오르던 신용공황의 불길은 잡히는 모습을 보이고 있다. 아래의 <도표 2>에서 2008년 2월부터 10월 17일까지의 미국 CP금리 추이를 살펴보면, 기업이 발행하는 자산담보부CP 1일물 금리는 최근 5%대까지 치솟았다가 2%대로 일단 진정되는 모습을 보이고 있다. 그러나 비교적 기간이 긴

90일물 CP 금리는 여전히 4%대로 높은 수준을 나타낸 채 긴장상태가 지속되고 있다. 금융기관이 발행하는 CP 역시 비슷한 행태를 보이고 있다. 이는 은행간 단기자금 거래가 여전히 정상적인 상태로 회복되지 못하고 있음을 보여준다.

런던은행간 거래금리(LIBOR) 역시 유로달러 1일물의 경우 1%대까지

<도표 2> 미국 CP 금리 추이

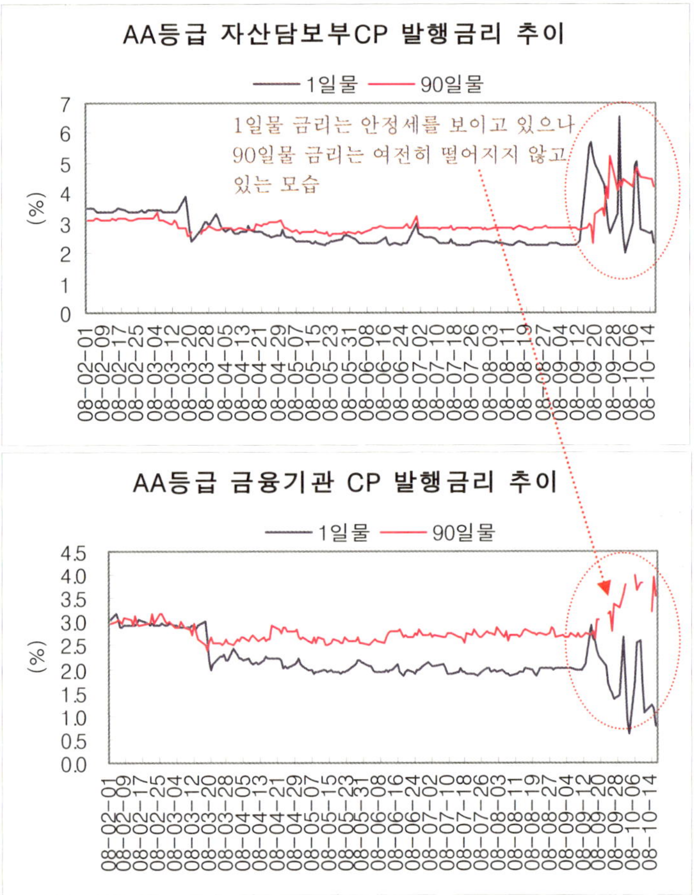

(주) 미 FRB 자료로부터 KSERI 작성

하락하고 있지만 3개월물은 4%대의 고공행진을 계속하고 있다. 지난 9월 15일 리만브라더스 파산 이후 1일물 CP금리 역시 급등락을 반복하는 파행적인 행태를 보이고 있어 아직 신용공황 확산 위험이 완전히 소멸되었다고 보기는 힘들다. 언제든지 다시 금융기관에 문제가 발생하면 재점화될 가능성이 높은 상태라고 할 수 있다.

그러나 어쨌든 미 재무성의 자본보강과 연방예금보험공사의 지급보증 발표를 계기로 일단 1일물 CP시장의 숨통이 트이기 시작하고 있다. 뿐만 아니라 2,500억 달러의 자본보강 프로그램은 최소한 투입된 금액만큼 금융기관의 자본부족 문제를 해소하는데 기여할 것이다. 문제는 7,000억 달러의 구제금융이 여전히 미국 금융기관 전체의 부실을 해소하기에는 크게 모자란다는 것이다.

아래의 <도표 3>에서 볼 수 있는 바와 같이 미국 주택시장의 버블이 절정에 달한 2006년 하반기에 미국 전체 주택의 자산가치는 약 24조 달러(1.2억 호×20만 달러)에 달한 것으로 추정된다. 그 중 금융기관으로부터 주택모기지 대출을 받은 것은 13조 달러로 전체 주택자산 가치의 54%에 달하고 있으며 대출을 받지 않았거나 모기지 대출 상환이 끝난 무대출 주택은 11조 달러로 전체의 46%를 차지하고 있는 것으로 보인다.

그런데 2006년 하반기 이후 미국 주택시장의 버블이 붕괴되기 시작하면서 2008년 7월말 현재까지 미국의 주택가격은 평균 20% 가량 하락했다. 그 결과 버블붕괴로 인한 미국 전체 주택의 자산가치 감소는 4.8조 달러에 이르고 있으며, 총 주택자산 가치는 19.2조 달러로 줄었다. 이중 무대출 주택 자산가치 감소는 2.2조 달러이며 모기지대출 주택은 2.6조 달러로 계산된다. 이로부터 미국 금융기관의 주택모기지 대출 부실은 최대 2.6조 달러에 달한 다는 계산이 된다.

더욱이 많은 전문가들은 앞으로도 미국의 주택가격이 버블 절정기에 비해 30% 이상 하락할 가능성이 높은 것으로 전망하고 있다. 그 경우 미국 주택자산 가치는 다시 16.8조 달러로 줄어들어 버블 절정기에 비해 7.2조 달러의 자산가치가 감소하게 된다. 그 경우 미국 금융기관의 주택

<도표 3> 미국 주택시장 버블붕괴와 주택 자산가치 변화

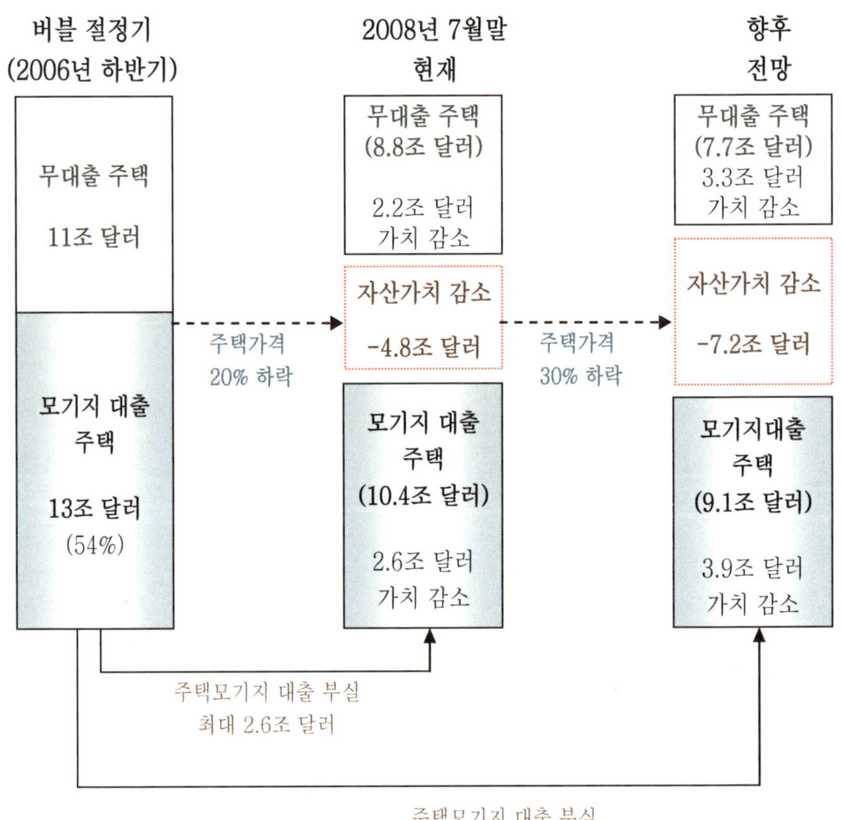

(주) KSERI

모기지 대출의 부실은 최대 3.9조 달러로 늘어나게 된다. 이로부터 7,000억 달러 공적자금 투입은 미국 금융기관의 부실을 해소하기에는 크게 모자라는 상황이라고 할 수 있다.

물론 미국 금융기관 부실의 상당부분은 서브프라임론 대출이 차지하고 있으며, 전체 모기지대출의 90% 가량을 차지하는 Alt-A 대출과 프라임론 대출의 부실은 아직 높지 않다고 할 수 있다. 그러나 이미 본 시평에서도 지적한 바와 같이 Alt-A도 중하위 소득계층에 대한 편법대출이 많아 부실이 적지 않은 것으로 추정되고 있다. 그런가 하면 중상위 소득계층에 대한 프라임론 대출에 대해서도 부실을 우려하는 목소리도 나오고 있다.

프라임론 대출의 부실이 어떻게 발생하는지 간단히 설명해보기로 하자. 미국 주택시장 버블 붕괴로 인한 주택가격의 지속적인 하락은 생각지도 못한 프라임론 대출의 부실 문제를 야기할 가능성이 있다. 미국 금융기관들의 주택모기지 대출은 대물(對物) 대출인 반면 한국의 주택담보대출은 대인(對人) 대출이라고 할 수 있다. 즉 미국 금융기관들은 주택에 대해서만 대출을 해주는데 비해, 한국은 사람에게 대출을 해주면서 동시에 주택도 담보로 잡는다. 경제 전문가인 리차드 쿠(Richard C.Koo)씨는 일본 언론 기고문에서 이것이 프라임론 대출 부실의 새로운 시한폭탄이 될 수 있다고 지적한다. 프라임론 대출을 받은 중상위 소득 계층도 주택가격이 계속 하락하게 될 경우 스스로 주택을 포기하게 될 위험이 높아지기 때문이라는 것이다.

미국 금융기관의 주택모기지 대출은 대물 대출 기준인 만큼 대출받은 사람 입장에서 금융기관에 상환하는 주택모기지 원리금 부담보다 주택가격 하락에 따른 손실이 크게 될 경우에는 언제든지 금융기관에 집 열쇠를 넘겨줘버리고 끝내버릴 수 있다. 말하자면 주택가격이 계속 하락할 경우 서브프라임론이든 프라임론이든 관계없이 대출받은 사람이 스스로 차압을 역선택 해버릴 수 있다는 것이다. 충분히 모기지 대출을 상환할 수 있는 소득능력이 되는 사람들이라 할지라도 금융기관에 원리금을 상환하는 것보다는 차라리 가격이 폭락한 주택을 그대로 금융기관에 넘겨줘버리는 것이 유리하다고 생각한다는 것이다. 만일 이런 사태가 발생하게 된다면 미국 금융기관들은 감당할 수 없을 정도로 가격이 폭락한 주택을 대량으로 떠안게 된다. 그렇게 된다면 말 그대로 미국경제는 파산할 수밖에 없게 된다. 실제로 이런 상황이 발생할 것인지는 아직 미지수이지만 앞으로 미국 주택가격이 얼마나 더 하락할 것인가의 여부에 달려 있는 것으로 보인다.

주택가격 하락과 금융위기 확산에 따른 영업위축 등으로 미국 글로벌 금융기관들과 유럽 금융기관들의 손실은 아직도 계속 확대되고 있다. 그로 인해 미국 글로벌 금융기관들의 대규모 합병과 7,000억 달러 공적자금 투입 발표에도 불구하고 여전히 미국 금융시장의 동요는 계속되고 있다.

10월 15일 JP모건체이스는 2008년 7~9월기 결산발표를 통해 순이익이 전년동기대비 84%가 감소한 5.27억 달러에 그친 것으로 나타났다. 증권화상품 투자손실 26억 달러와 M&A관련 주가하락으로 평가손실 10억 달러를 계상했기 때문이다. 같은 날 월즈파고 은행도 7~9월기 결산결과 16.37억 달러의 당기순이익에 그쳐 전년동기대비 25% 감소한 것으로 나타났다.

10월 16일 발표된 시티그룹의 2008년 7~9월기 실적은 주택모기지 관련 증권화상품의 평가손과 신용수축으로 인한 카드부문 부진 등으로 인한 손실 92억 달러를 계상함으로써 최종적으로 28.15억 달러의 당기순손실을 기록한 것으로 나타났다. 이로써 시티그룹은 4분기 연속 적자를 기록하고 있다. 글로벌 증권사인 메릴린치도 120억 달러의 투자손실을 계상함으로써 최종적으로 51.52억 달러의 당기순손실을 기록했다. 메릴린치를 인수한 뱅크오브아메리카도 7~9월기 당기순이익이 11.77억 달러에 그친 것으로 나타났다. 증권화상품 및 금융위기에 따른 손실 43.6억 달러를 계상했기 때문이다. 부실화된 무수익성 자산도 전기의 97.5억 달러에서 133.6억 달러로 증가했다.

이처럼 계속되는 주택가격 하락과 금융기관 손실이 멈추지 않은 한 금융시장의 신용경색 역시 해소될 수 없다. 앞서의 <도표 2>에서 살펴본 것처럼 1일물 단기신용 자금거래는 숨통이 트이고 있으나 7일물 이상의 단기신용 자금거래는 여전히 막혀 있다. 7,000억 달러의 공적자금 투입으로도 아직 금융시장의 신용경색이 풀리지 않고 있는 것이다. 예컨대 AIG는 이미 850억 달러의 FRB 신용대출 한도를 거의 다 사용했다. 그로 인해 10월 9일 FRB는 AIG에 대해 추가로 378억 달러의 신용대출 한도를 확대했다.

신용경색이 심화되고 있는 것은 말 그대로 금융시장의 신용력이 크게 떨어지고 있기 때문이다. 금융시장의 신용력은 통화속도로 간접적으로 가늠할 수 있다. 통화속도는 경제가 호황일수록 신용거래가 급증하여 빨라지며 반대로 경제가 어려워질수록 신용거래가 급감하여 느려지게 된다. 예컨대 초기 시점에서 실물경제의 명목거래 규모를 100, 통화량을 50이라고 하면, 이때의 통화속도는 2가 된다. 즉 통화량 50이 두 번 회전하여 100의 실물거래에 상응하는 100의 금융거래가 이루어진다는 것이다.

일반적으로 투기버블이 발생하거나 호황일 때에는 통화속도가 높아지며 (돈이 빨리 회전하게 되며) 반대로 투기버블이 붕괴하거나 불황일 때에는 통화속도가 낮아지게(돈이 느리게 회전하게) 된다.

아래의 <도표 4>는 1995년부터 2008년 2분기까지 미국과 유로화권의 통화속도를 추정해본 결과를 나타내고 있다. 먼저 미국의 경우, 2003년에 통화속도가 1을 나타냈으나 서브프라임론 대출이 급증한 2004년부터 급증하기 시작하여 2006년에는 3으로 급증하고 있다. 이는 부동산 투

<도표 4> 미국과 유로화 경제권의 통화속도 추이

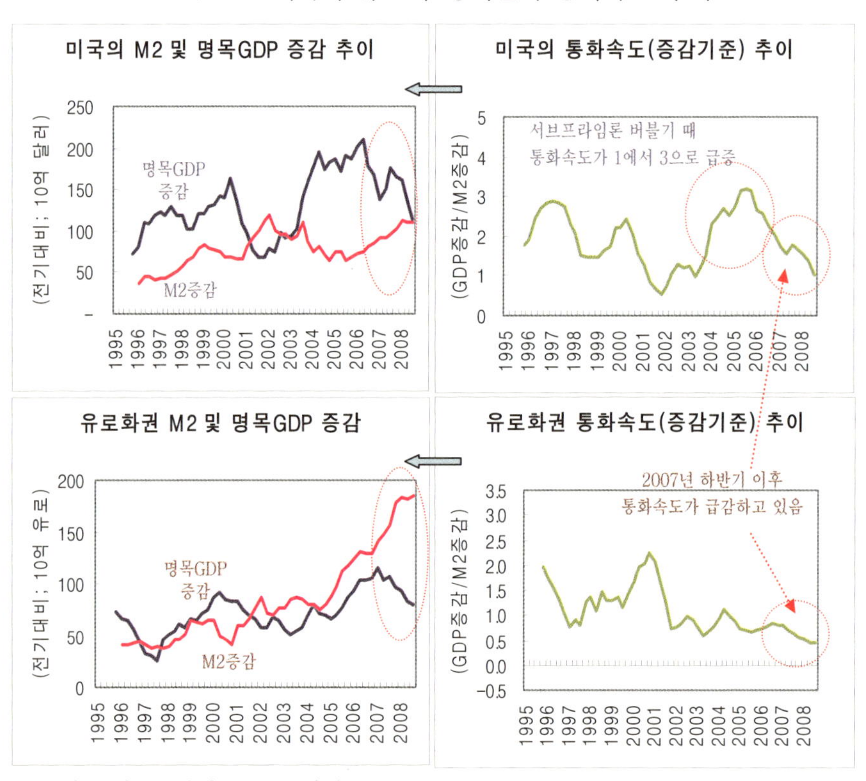

(주) 각종 자료로부터 KSERI 작성.
각 자료는 4분기 이동평균치이며, 2008년은 2분기말 기준임.

기거래와 맞물리면서 신용거래가 급증했다는 것을 의미한다. 실제로 이 기간에 명목GDP는 급증하고 있는데 비해 M2는 상대적으로 증가세가 둔화되고 있는 모습을 보이고 있다. 이는 이 시기에 부동산 투기거래와 관련하여 돈의 회전이 매우 빨랐다는 것을 시사한다.

그러나 반대로 2007년부터 서브프라임론 사태로 버블이 붕괴되면서 통화속도도 급감하기 시작하고 있다. 2008년 2분기 말에는 통화속도가 1까지 떨어지고 있다. 그 결과 FRB가 단기유동성 공급을 계속 확대하고 있으나 금융 시장의 자금난이 해소되지 않고 있는 상황이 지속되고 있는 것이다. 유로화 경제권 역시 비슷한 모습을 보이고 있다. 최근 유로화 경제권의 통화속도는 1995년 이후 최저 수준으로 떨어지고 있다.

이로부터 미국과 유럽 금융시장의 신용경색은 쉽사리 해소되기는 어려울 것이라고 예상할 수 있다. 부동산 버블 붕괴와 금융기관의 손실 확대 지속으로 통화속도가 급락세를 지속하고 있기 때문이다. 통화속도가 급락세를 지속하고 있다는 것은 투자자들의 신용불안이 고공행진을 계속하고 있다는 것을 의미한다. 엎친 데 덮친 격으로 실물경제의 불황도 이제부터 본격화되기 시작하고 있다. 부동산 버블 붕괴와 주가 폭락으로 미국과 유럽 금융기관들의 대규모 부실이 1차로 발생한 데 이어 실물경제 불황에 의한 2차 부실이 예상되고 있다. 이런 상황에서 7,000억 달러의 공적자금 투입으로 투자자들의 불안과 금융시장의 신용경색을 해소하고 미국 금융기관 부실을 막기에는 아직 한참 부족하다고 할 수 있다.

결론을 말하자. 미국 정부가 7,000억 달러의 종합구제금융 가운데 2,500억 달러를 우선주 매입 방식으로 금융기관들의 자본보강을 지원해 주기로 발표했다. 7,000억 달러의 구제금융은 분명 금융기관 부실을 줄이는데 기여할 것이다. 그러나 미국 주택가격 하락이 멈추지 않고 있으며 금융기관들의 손실 확대가 계속되고 있는 상황에서 7,000억 달러의 공적자금으로 문제를 해결하기에는 크게 부족하다고 할 수 있다.

주가폭락으로 가계의 투자자산 가치도 크게 줄어들어 소비위축이 심화되고 있으며 산업 전반의 경기도 악화되고 있어 실물경제 불황이 본격화되고 있다. 실물경제 불황이 가속화되면 상황은 더욱 악화될 것으로 보인다. 앞으로 추가적인 공적자금 투입과 경기대책이 불가피하다고 할 수 있다. 그러나 계속 늘어나는 막대한 부실을 미국 정부와 금융당국이 언제까지 재정투입과 유동성 공급으로 막을 수 있을지는 의문이다.

피해를 최소화하기 위해서는 부동산이든 주식이든 부동산이든 달러화든 자산가격 하락을 인위적으로 막지 말고 하루라도 빨리 부실과 위험을 반영하여 시장이 스스로 가격조정을 하도록 하여 밑바닥을 찾도록 하는 것이 현명한 방법이라고 할 수 있다. 밑바닥이 확인되면 그때는 투자자금도 시장에 유입되기 시작할 것이기 때문이다. 벌써 워렌 버핏처럼 지금이 바닥이라고 주장하며 주식투자를 할 시점이라고 외치고 있는 사람도 나오고 있다. 언론에 대고 공개적으로 말이다.

하루빨리 자산시장의 밑바닥을 확인하도록 하는 것만이 공적자금 투입을 최소화하고 경제 전체의 피해도 최소화하면서 장기불황에 빠지지 않는 유일한 길이라고 생각된다.

<경제시평> 2008년 10월 20일, 10월 27일

본격적으로 불황에 돌입하는 미국경제

계속되는 주택가격 하락으로 주택투자 침체가 계속되고 있는 가운데 가계 내수소비와 기업 설비투자도 침체를 보이기 시작함에 따라 미국의 2008년 3분기 실질GDP 성장률은 -0.3%를 기록한 것으로 나타났다. 미국경제는 금융위기에 이어 실물경제도 불황에 진입하기 시작하고 있는 것이다.

아래의 <도표 1>에서 미 상무성이 발표한 2008년 3분기 미국의 실질 GDP 성장률의 지출 내역별 기여도를 살펴보면, 개인소비와 민간투자 침체가 두드러지기 시작한 것으로 나타나고 있다. 개인소비의 경우, 내구재 소비는 -1.1%로 2008년 3분기 연속으로 마이너스를 기록하고 있으며, 비내구재 소비 역시 부시 정부의 세금환급 경기부양 효과로 2분기에는 +0.8%를 기록하였으나 3분기에는 -1.4%로 급감하는 모습을 보이고 있다. 개인 서비스지출 기여도도 2분기부터 크게 둔화되기 시작하여 0.3% 의 낮은 기여도를 보이고 있다. 개인 소비에 급브레이크가 걸리고 있는 것이다.

　민간 총고정투자의 경우, 기업 설비투자 역시 3분기에 -0.4%를 기록하여 2008년 들어 연속으로 마이너스 행진 중에 있다. 주거용 투자 역시 2분기에 감소세가 둔화되었다고는 하지만 여전히 -0.7%로 계속 침체상태이다. 이처럼 개인소비와 기업 설비투자 부진으로 물건이 팔리지 않아 재고투자는 0.6% 증가한 것으로 나타났다. 말하자면 재고투자 증가

<도표 1> 미국 실질GDP 성장률 추이

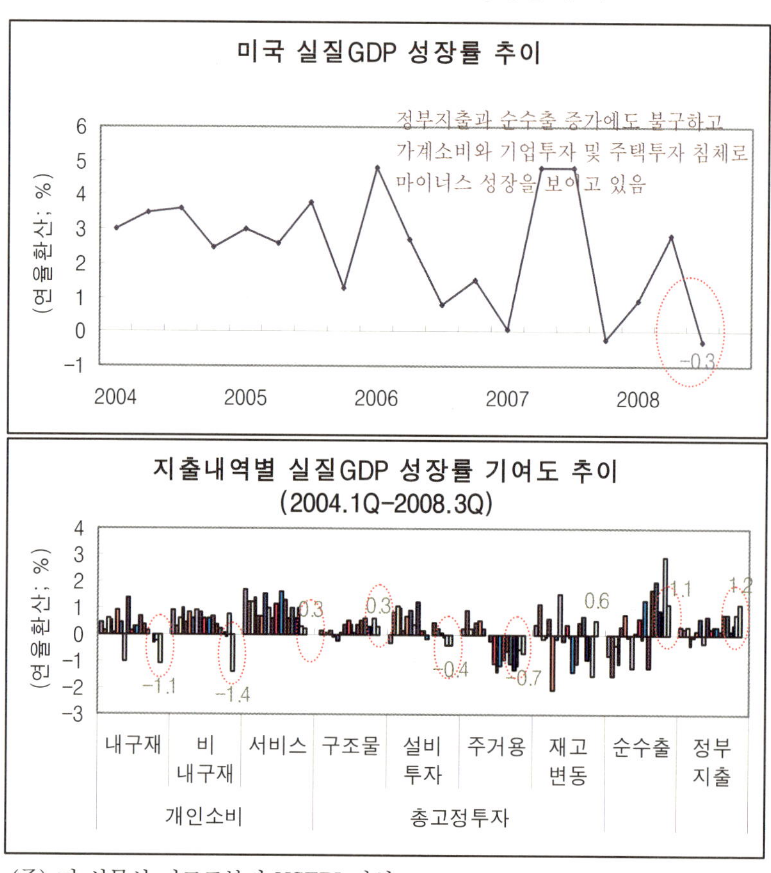

(주) 미 상무성 자료로부터 KSERI 작성

는 경기불황을 반영하는 악성 재고투자라고 할 수 있다.

한편, 수출에서 수입을 차감한 순수출 기여도는 달러약세 효과로 1.1%를 기록하여 2분기의 2.9%에 비해 크게 둔화되고 있다. 이는 유럽과 중국 등 해외경기 역시 동반 침체를 보이고 있어 미국의 대외 수출이 크게 둔화되고 있기 때문이다. 반면 정부지출 기여도는 국방비 지출 급증 때문에 1.2%로 크게 증가한 것으로 나타나고 있다.

이처럼 미국경제가 금융위기와 더불어 불황으로 빠르게 진입함에 따라 실업률도 최고치를 갱신하고 있다. 아래의 <도표 2>에서 2008년 9월의 미국 실업률은 6.1%로 고공행진을 계속하고 있으며 실업자 수는 948만 명에 달해 지난 1992년 이후 최고치를 기록하고 있다. 미국의 경기불황이 이제부터 시작이라는 점을 감안하면 앞으로 실업률은 10%를 넘어설 가능성을 배제할 수 없으며 실업자 수도 1,200만 명을 훌쩍 뛰어넘을 가능성이 높다고 할 수 있다.

다만 소비자물가 상승률은 유가하락과 경기침체로 인한 수요감소 영향으로 2개월 연속 감소하여 4.8%로 나타났으며 에너지와 음식료품을 제외한 근원물가도 2.5%로 진정되고 있는 모습을 나타내고 있다. 그러나 겨울철 계절적 요인과 산유국의 감산 움직임이 가속화될 것이라는 점을 감안하면 물가 역시 아직 안심하기에는 이르다고 할 수 있다. 석유수출국기구(OPEC)는 이미 지난 10월 24일 긴급임시총회를 열고 11월부터 1일 평균 150만 배럴 감산하기로 결정했다. 지난 7월 배럴당 150달러에 육박하던 유가가 최근 60달러 대로 급락하였기 때문이다. 그러나 감산에도 불구하고 유가하락이 멈추지 않고 있어 12월에 개최되는 다음 총회에서도 100만 배럴 이상의 추가감산 가능성을 배제할 수 없다.

미국 제조업의 산업생산도 9월에 수직낙하를 하고 있어 불황의 문턱에

<도표 2> 미국의 실업률 및 물가상승률 추이

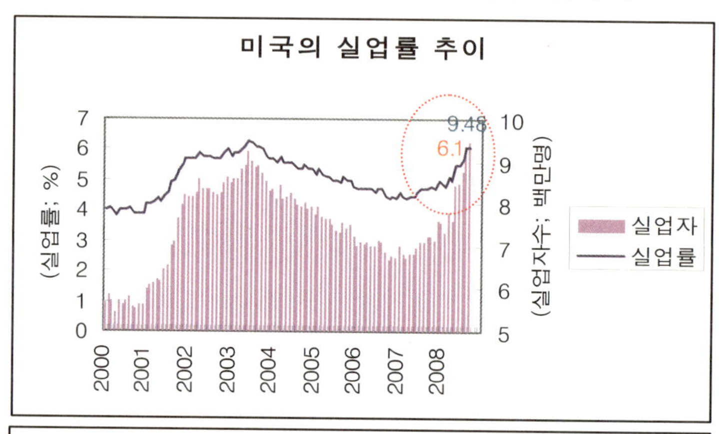

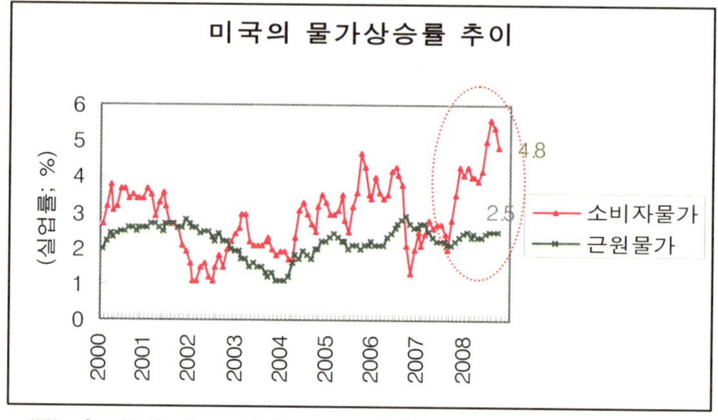

(주) 미 노동성 자료로부터 KSERI 작성

들어서고 있다. 먼저 아래의 <도표 3>에서 미국 제조업의 산업생산 비중을 살펴보면, 2006년 기준으로 미국의 전산업 생산에서 차지하는 비중이 75.42%로 나타나고 있다. 광산업은 11.01%, 전기/가스 등 유틸리티업 9.71%, 기타 3.86%를 차지하고 있다. 또 제조업 중 내구재 제조업은 40%, 비내구재 제조업은 35.41%로 나타나고 있으며, 내구재 제조업 중 IT산업인 컴퓨터/전자업종의 전산업 생산비중은 7.64%로 나타나고 있다.

다음에 아래의 <도표 3>에서 미국 제조업의 생산능력과 평균가동률

192

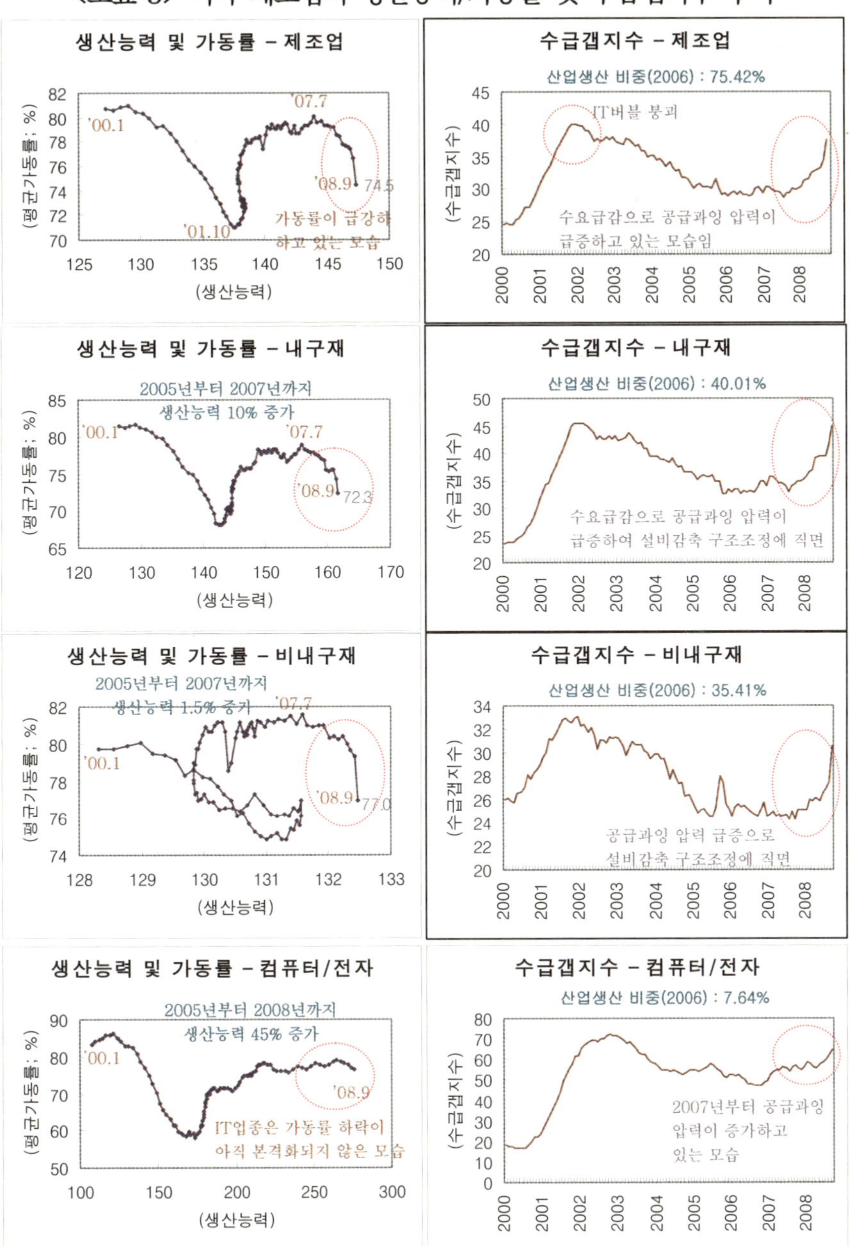

(주) FRB 자료로부터 KSERI 작성

및 수급갭지수 추이를 살펴보자. 수급갭지수란 생산능력(총공급)에서 수요를 차감한 것을 나타내는 지표로 수급갭지수가 증가하면 공급과잉 또는 수요부족을 의미하며 수급갭지수가 감소하면 공급부족 또는 수요증가를 의미한다.[8] 따라서 수급갭지수가 증가하면 과잉설비에 대한 구조조정 압력이 높아진다는 것을 의미하며 수급갭지수가 감소하면 설비투자 압력이 높아진다는 것을 의미한다.

먼저 미국 제조업 전체의 생산능력은 지난 2005년부터 2008년까지 약 5.7% 증가한 것으로 나타났다. 그리고 미국 제조업 전체의 평균 가동률은 2007년 7월 80.1%를 정점으로 감소하기 시작하여 2008년에 접어들면서 급강하 하고 있다. 특히 9월에는 수직 낙하하는 모습을 나타내고 있는데 9월 말 현재 평균가동률은 74.5%까지 떨어지고 있다. 이는 미국 경제가 9월부터 급제동이 걸리기 시작하여 불황에 진입하기 시작하고 있다는 것을 강력히 시사해주고 있다.

이처럼 생산능력이 증가한 상태에서 평균가동률이 수직낙하 하는 모습을 보임에 따라 수급갭지수도 2007년 하반기부터 상승해오다가 2008년 9월에는 수직상승하는 모습을 보이고 있다. 이처럼 수급갭지수가 수직상승하고 있는 것은 수요 급감으로 공급과잉 압력이 급증하고 있다는 것을 의미하며, 따라서 제조업 전체로 설비감축 구조조정 압력이 높아지고 있다는 것이다. 설비감축 구조조정 압력의 증가는 인력 감축, 즉 실업의 증가로 이어진다는 것을 의미한다.

내구재 제조업은 2005년부터 2007년까지 생산능력이 10% 가량 증가한 반면, 9월의 평균가동률은 72.3%로 2007년 7월의 78.8%에 비해

---

[8] 수급갭지수에 관해서는 『현실과 이론의 한국경제』 II권 제4장 "경기변동과 수급갭분석"을 참조

6.5%나 감소한 것으로 나타나고 있다. 그 결과 수급갭지수도 지난 2001년 IT버블 이후 최고 수준에 도달하고 있다. 이는 미국 내구재 제조업이 극심한 수요부족으로 대규모 과잉설비 감축 구조조정 압력에 직면해 있다는 것을 의미한다.

내구재 제조업의 가동률이 급감한 원인은 아래의 <도표 4>에 나타난 바와 같이 자동차와 기계장비, 항공기, 반도체 업종 등의 업황이 부진하기 때문이다. 자동차 제조업은 2005년에는 80%에 달하던 평균가동률이 2008년 9월에는 극심한 판매부진으로 60% 수준까지 급락했다. 기계장비업도 평균가동률이 2006년 80%에 달하던 것이 2008년 9월에는 72%까지 급락하고 있다. 항공기제조업은 9월에 보잉사 노사간 임금인상 협상 결렬로 노조가 파업에 들어감에 따라 평균가동률이 8월의 78%에서 9월에 65%로 일시적으로 급락했다. 파업이 종료되면 다시 정상 수준으로 복귀될 것으로 보인다. 반도체 제조업도 2006년 85%에 달하던 평균가동률이 올 9월에 76%까지 떨어지고 있다.

다만 컴퓨터/전자 업종을 살펴보면 2005년부터 2008년까지 생산능력이 45% 증가한 반면 평균가동률은 아직 본격적인 하락세를 보이지 않고 있는 것으로 나타나고 있다. 그러나 수급갭지수 면에서는 2007년부터 상승하는 모습을 보이고 있으며 특히 2008년 하반기부터 빠르게 상승하는 양상을 나타내고 있어 IT업종도 구조조정 압력에 노출되기 시작하고 있음을 시사하고 있다.

또 비내구재 제조업은 2005년부터 2007년까지 생산능력이 1.5% 증가에 그치고 있으나 9월의 평균가동률은 77%로 2007년 7월의 81.6%에 비해 4.6% 감소한 것으로 나타나고 있다. 그로 인해 수급갭지수도 2007년 하반기부터 빠르게 증가하기 시작하여 지난 9월에는 수직상승하

<도표 4> 미국 내구재 제조업의 생산능력/가동률 및 수급갭지수 추이

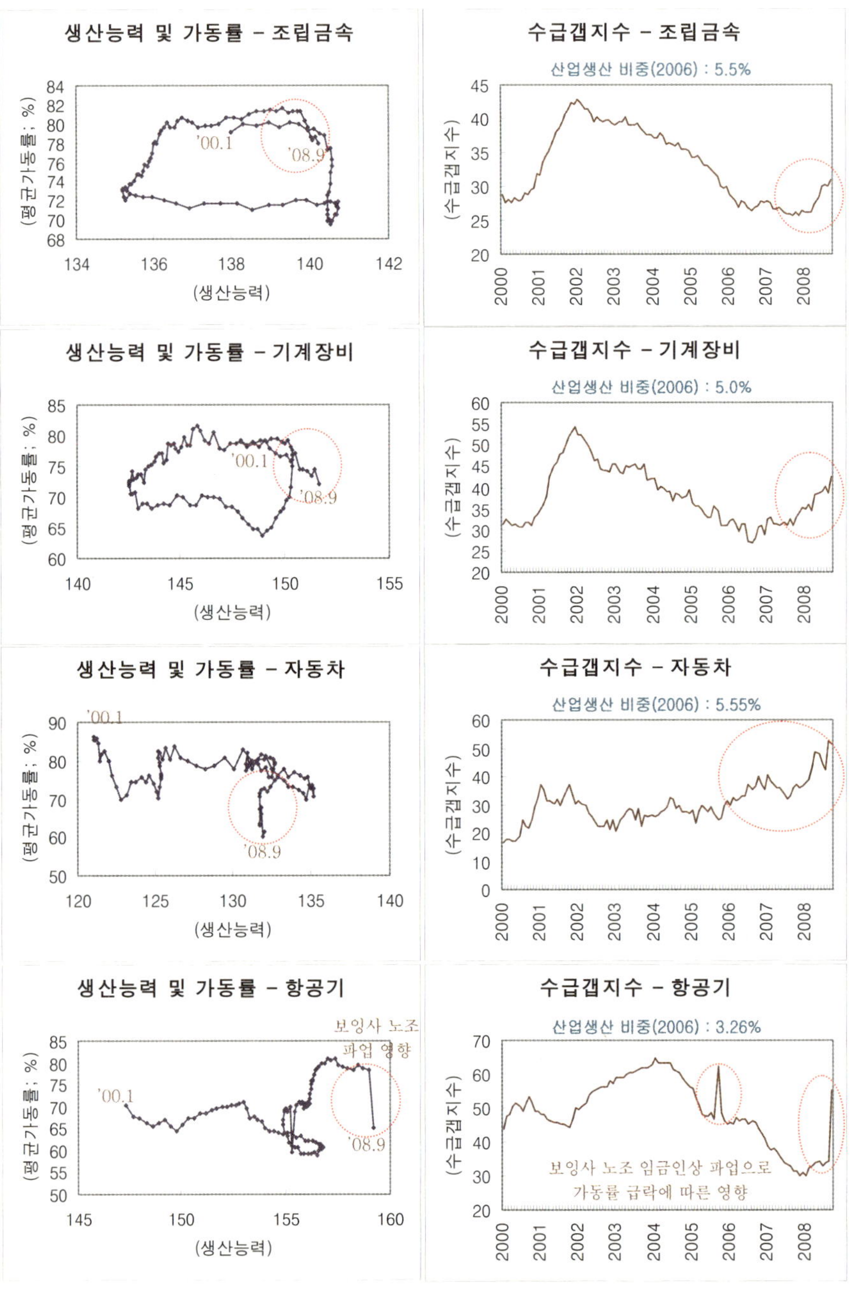

생산능력 및 가동률 - 조립금속
(평균가동률 ; %)
(생산능력)
'00.1
'08.9
수급갭지수 - 조립금속
산업생산 비중(2006) : 5.5%
(수급갭지수)
생산능력 및 가동률 - 기계장비
(평균가동률 ; %)
(생산능력)
'00.1
'08.9
수급갭지수 - 기계장비
산업생산 비중(2006) : 5.0%
(수급갭지수)
생산능력 및 가동률 - 자동차
(평균가동률 ; %)
(생산능력)
'00.1
'08.9
수급갭지수 - 자동차
산업생산 비중(2006) : 5.55%
(수급갭지수)
생산능력 및 가동률 - 항공기
(평균가동률 ; %)
(생산능력)
'00.1
보잉사 노조
파업 영향
'08.9
수급갭지수 - 항공기
산업생산 비중(2006) : 3.26%
(수급갭지수)
보잉사 노조 임금인상 파업으로
가동률 급락에 따른 영향

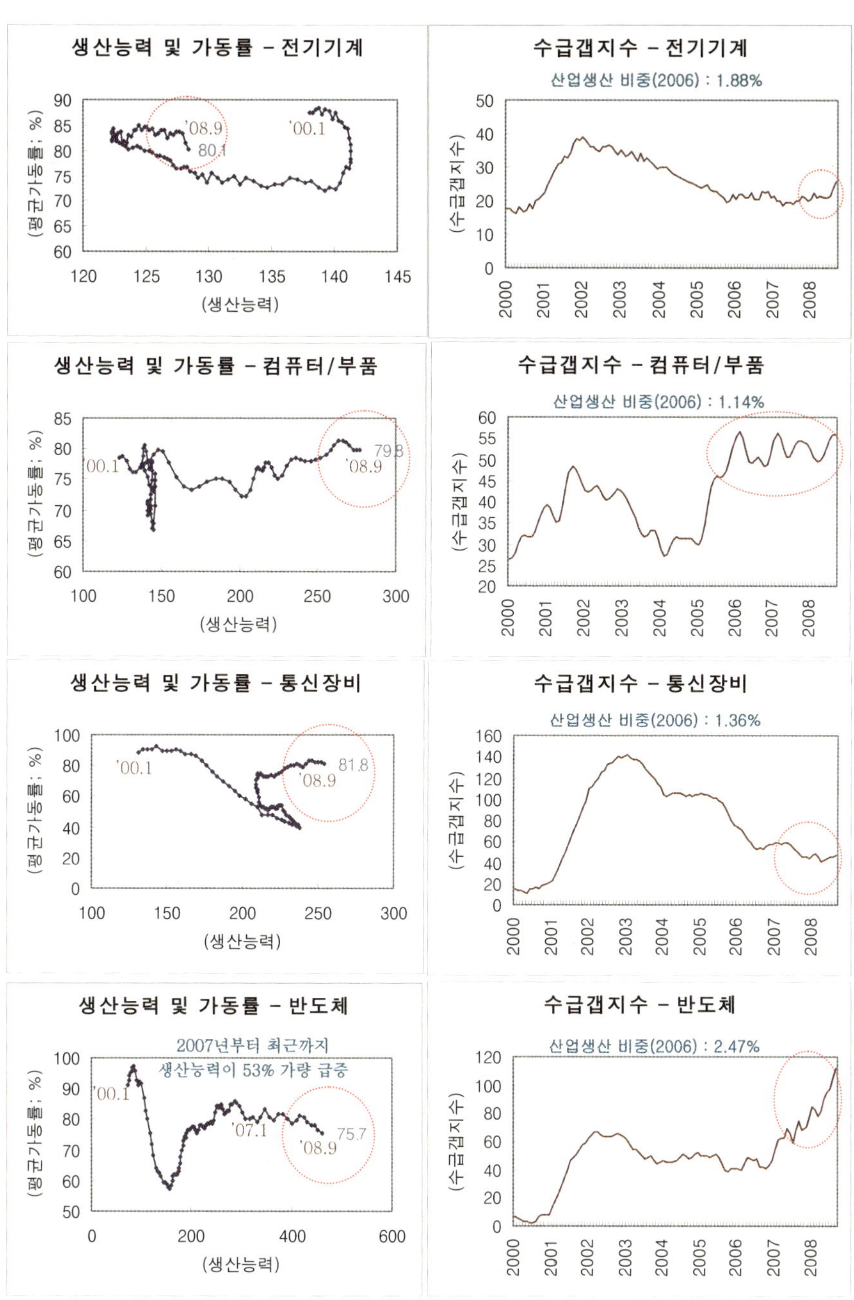

(주) 미 FRB 자료로부터 KSERI 작성

는 모습을 보이고 있다. 이로부터 지난 2001년 IT버블 붕괴 때에 이어 설비감축 구조조정 압력에 직면해 있다고 할 수 있다.

아래 <도표 5>에서 비내구재 제조업의 가동률 감소의 원인은 인쇄출판, 석유석탄업, 화학업, 플라스틱고무업 등의 평균가동률 하락에 기인한다. 인쇄출판업의 평균가동률은 2007년 초 79%에서 2008년 9월에 71%로 급락했으며, 석유석탄업도 수요 급감으로 8월의 90%에서 9월에 급락했다. 화학업도 2007년 초의 80%에서 9월에 74.2%로 하락했으며 플라스틱고무업 역시 2008년 초의 85% 대에서 78.8%로 하락했다.

이처럼 미국 실물경제가 급제동이 걸리면서 불황에 빠르게 진입하는 모습을 보임에 따라 미 연방준비은행(FRB)은 10월 29일 연방공개시장위원회(FOMC)를 개최하고 기준금리인 FF금리를 0.5%포인트 인하하여 연 1%로 낮추고 FRB의 은행대출에 대한 재할인률도 0.5%포인트 인하하여 1.25%로 낮추기로 만장일치로 결정했다고 발표했다. 이는 지난 10월 8일 0.5%포인트 긴급 금리인하를 한데 이은 것으로 3주 만에 무려 1%포인트나 기준금리를 낮춘 것으로 매우 이례적인 조치라고 할 수 있다.

FRB는 금리인하 결정의 배경으로 금융시장 신용불안의 영향으로 개인소비의 급격한 침체를 들었으며, 그로 인해 미국 경제도 급브레이크가 걸리고 있다고 지적했다. 이번 금리인하와 유동성공급 확대 그리고 각국 중앙은행간 금리인하 국제공조로 금융시장의 안정과 신용불안이 점차 해소될 것이라고 강조하면서도 미국경제가 불황에 빠질 위험이 높다고 우려를 표명했다. 앞으로도 경기와 물가 상황 여하에 따라 필요한 행동을 취할 것이라고 말함으로써 추가적인 금리인하 가능성도 배제하지 않았다.

<도표 5> 미국 비내구재 제조업의 생산능력/가동률 및 수급갭지수 추이

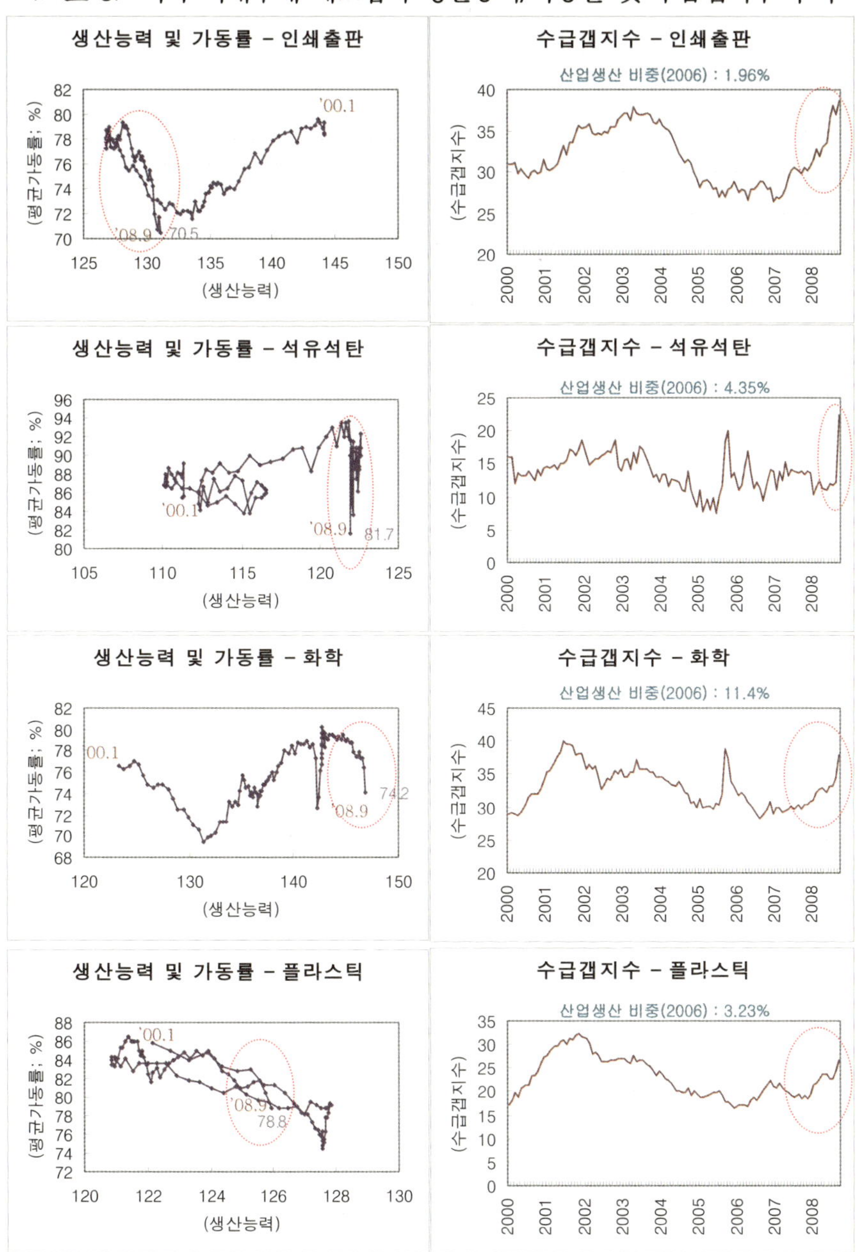

(주) 미 FRB 자료로부터 KSERI 작성

미국경제가 본격적으로 불황에 진입하기 시작했다. 이제부터 최소 전치 3년의 장기침체에 돌입하게 된다는 점을 감안하여 각자 마음가짐과 준비를 단단히 해두기 바란다.

<경제시평> 2008년 11월 3일

미국 가계의 자산가치 감소와 소비위축

7,000억 달러의 공적자금 투입이 시작됐다. 미 재무성은 2008년 10월 28일 9개 글로벌 금융기관에 총 1,250억 달러의 공적자금 투입을 시작했다고 발표했다. 지역은행들에 대해서도 11월 14일까지 공적자금 지원 신청을 받아 1,250억 달러를 투입할 예정이라고 말했다. 이어서 10월 31일에는 약 6,000개에 달하는 비상장 금융기관에 대해서도 우선주 매입방식 이외의 방법으로 자금지원을 검토하고 있으며 공적자금 신청 기한도 비상장 금융기관에 한해 11월 14일 이후로 연장한다고 발표했다.

메트라이프(MetLife)와 올스테이트(Allstate) 등 미국 글로벌 생보사와 손보사들의 투자손실도 확대되고 있는 것으로 나타나고 있다. 글로벌 생보사인 메트라이프는 9월 말까지 채권투자와 관련하여 170억 달러의 평가손실이 발생했으며, 글로벌 손보사인 올스테이트도 41억 달러의 평가손이 발생했다고 발표했다. 이들 보험사들의 주가는 1개월 전에 비해 40~60% 가량 폭락했으며, 신용평가회사들도 신용등급 하향조정을 검토하고 있는 것으로 알려지고 있다.

이들 보험사들은 리만브라더스와 워싱턴뮤추얼 등 파산한 금융기관 채권과 페니매이와 프레디맥의 우선주를 대량 보유한 탓에 대규모 손실이 발생한 것으로 알려지고 있다. 이와 관련하여 미국 언론들은 미국정부가 7,000억 달러의 공적자금 지원 대상에 보험사도 포함시키는 방안을 검토하고 있다고 보도했다. 반면에 7,000억 달러의 공적자금이 금융위기 해소의 만병통치약으로 인식되고 있다는 우려의 목소리도 나오고 있다.

이처럼 공적자금 투입과 미 연방준비은행(FRB)의 계속되는 대규모 유동성 공급 확대로 1일물 신용상품 금리 폭등은 진정되었지만 7일물 이상의 신용상품 금리는 여전히 고공행진을 계속하고 있다. 뿐만 아니라 금융위기 지속으로 미국 실물경제도 본격적으로 불황으로 진입하고 있는 것으로 나타났다.

10월 15일 미 연방준비은행(FRB)은 10월 6일까지 미국 전국 각지의 지역경제 동향에 관해 분석한 '베이지북'을 발표했다. 이 베이지북에 의하면, 미국 가계소비는 금융위기 여파로 급속히 위축되고 있으며 제조업 생산활동도 둔화되고 있다. 주택시장도 극심한 침체를 거듭하고 있으며, 상업용 부동산시장도 위축되기 시작하고 있다. 금융기관의 신용경색은 여전히 계속되고 있으며 일부 지역에서는 악화되는 모습을 보이고 있다. 허리케인 아이크(Ike)와 구스타프(Gustav)의 영향에도 불구하고 농업과 광업만이 비교적 양호한 모습을 보이고 있다. 물가상승 압력은 다소 완화되는 모습을 보이고 있으며, 노동시장의 고용사정은 악화되고 있다.

이에 FRB는 2008년 10월 8일 임시 연방공개시장위원회(FOMC)를 열어 기준금리인 FF금리를 0.5%포인트 인하한 데 이어 10월 29일에도 0.5%포인트를 인하하여 1%까지 낮추었다. 동시에 버냉키 의장은 10월

20일 미하원 예산위원회 증언에서 추가적인 대규모 재정확대 경기부양 책이 필요하며, 가계와 기업의 대출확대 조치도 필요하다고 강조했다.

그리고 10월 31일 외부 강연에서는 주택가격 하락으로 인한 금융위기를 조기 해소하기 위해서는 정부가 어떤 식으로든 주택모기지 금융에 관여할 필요가 있다고 말했다. 이를 위해 주택모기지 시장과 자본시장을 연계시키는 대안으로서 페니매이와 프레디맥과 같은 정부보증기관을 완전 민영화 하거나 유럽과 같이 주택모기지 담보부증권을 정부가 보증해 주는 채권발행(Covered Bond) 방식을 도입하든지 아니면 실질적으로 국유화하는 정부공사를 설립하는 방안을 제시했다.

한편, 영국 중앙은행인 잉글랜드은행은 10월 28일 반년마다 발표하는 "금융안정화보고서(Financial Stability Report)"에서 2007년 이후 미국과 영국, 유럽 등에서 주택모기지관련 증권화상품 및 채권의 평가손실이 2008년 10월 현재 2.8조 달러에 달하고 있다고 추산했다. 이는 2008년 4월에 비해 2배 이상 확대된 것이다. 지역별로는 미국이 가장 많은 1조5,773억 달러로 나타났으며, 유로권이 7,846억 유로, 영국 1,226억 파운드의 순으로 나타났다. 평가손실이 크게 확대된 원인으로는 9월에 리만브라더스 파산을 계기로 금융기관들이 유동성확보를 위해 보유채권을 마구잡이 식으로 투매하였기 때문이라고 분석했다. 또 세계경제가 경기침체 국면에 진입할 것으로 예상되어 금융기관의 신용경색도 계속될 것이라고 전망했다.

세계 헤지펀드의 자금유출도 두드러지고 있다. 싱가폴의 민간조사기관인 '유레카헤지(Eurekahedge)'가 세계 17,000개 헤지펀드를 대상으로 조사한 결과에 의하면, 금융위기 지속과 가격폭락으로 투자자들의 펀드 해약이 급증하여 9월에 순환매액이 381억 달러로 사상 최대를 기록한 것으로 나타났다. 10월에도 유출이 계속되고 있는 것으로 추정돼 보유자산 매각을 추진하고 있는 헤지펀드들이 급증하고 있는 것으로 추정되고 있다. 이처럼 헤지펀들의 자금유출 급증으로 주가하락 압력이 높아지고 있으며 환율도 불안정한 변동을 보일 가능성이 높아지고 있다.

미국도 주가하락이 계속되고 경기불황에 대한 우려가 높아짐에 따라 개인투자자들의 펀드 해약이 멈추지 않고 있는 것으로 나타나고 있다. 다우지수가 8,000포인트 전후 수준까지 떨어지자 일부 개인들은 매입에 나서 일시적으로 9,000포인트 수준으로 회복되는 모습을 보이고 있지만, 경기불황이 가시화됨에 따라 위험자산인 주식을 무조건 매각처분 하려는 움직임이 가속화되고 있는 것이다.

미국의 주가하락은 미국 가계소비에 심각한 타격을 미치고 있으며 경기불황의 주원인이 되고 있다고 할 수 있다. 그 이유는 아래의 <도표 1>에서 볼 수 있는 바와 같이 미국 가계의 금융자산 포트폴리오 가운데 주식이 차지하는 비중이 다른 나라에 비해 압도적으로 높기 때문이다. 2008년 2분기말 현재 미국 가계가 직접 보유하고 있는 주식은 시장가격 기준으로 4.9조 달러로 미국 가계부문이 보유하고 있는 금융자산 전체의 11%에 불과한 것으로 보인다.

그러나 투자자별 주식보유 현황을 살펴보면, 미국 가계가 직접 보유하고 있는 주식이 4.9조 달러로 전체 주식의 25.2%에 달해 가장 많이 보유하고 있는 것으로 나타나고 있다. 뮤추얼펀드 역시 주식 보유량이 4.9조 달러로 가계와 더불어 가장 주식을 많이 보유하고 있다. 그런데, 아래의 <도표 2>에서 볼 수 있는 바와 같이 뮤추얼펀드의 65.7%를 가계가 보유하고 있으며, 뮤추얼펀드의 66.4%가 주식에 운용되고 있다. 따라서 가계가 뮤추얼펀드를 통해 간접적으로 보유하고 있는 주식은 3.2조 달러로 전체 주식의 16.7%에 달한다. 결국 미국 가계가 직간접적으로 보유하고 있는 주식은 8.1조 달러에 전체 주식 시가총액의 42%에 달하고 있다 이는 미국 가계·전체 금융자산의 18.3%에 달하는 금액이다.

개인연금 역시 전체 주식의 14.1%에 달하는 2.7조 달러의 주식을 보유하고 있으며, 뮤추얼펀드도 1.5조 달러 보유하고 있는 것으로 나타나고 있다. 이로부터 개인연금이 보유한 주식은 3.7조 달러(2.7+1.5×66.4%)로 전체 주식의 19%에 달하게 된다. 그런데 개인연금도 사실상 가계가 100%를 보유하고 있다고 할 수 있다. 연방정부 및 주정부 퇴직연금과 보험사가 보유한 개인연금을 제외한 순수 개인연금은 5.7조 달러로 나타나고 있다.

이상으로부터 가계가 직접 보유한 주식과 뮤추얼펀드를 통해 보유한 주식 그리고 개인연금을 통해 보유한 주식을 모두 합산하게 되면, 2008년 6월말 현재 미국 가계가 보유한 주식은 11.8조 달러로 전체 주식의 60.8%를 보유하고 있는 셈이 된다고 할 수 있다. 주식 보유액 11.8조 달러는 미국 가계 전체 금융자산의 26.6%에 해당하는 금액이다. 즉 미국 가계는 2008년 6월말 현재 미국 전체 주식의 최대 60.8%를 보유하고 있으며 가계 금융자산의 1/4 이상을 주식에 투자하고 있는 셈이 된다.

이상의 미국 가계 주식보유 분석을 바탕으로 2007년 하반기 서브프라임론사태 이후 주가 폭락에 따른 가계부문의 보유주식 자산가치 하락을 추정해보기로 하자.

2007년 3분기 다우지수가 14,000포인트로 최고 수준에 달했을 때의 미국 전체 주식의 시가총액은 22.8조 달러에 달했다. 그러나 계속되는 주가하락으로 2008년 6월말에는 다우지수가 11,000포인트로 3000포인

<도표 1> 미국 가계부문의 금융자산 보유 추이

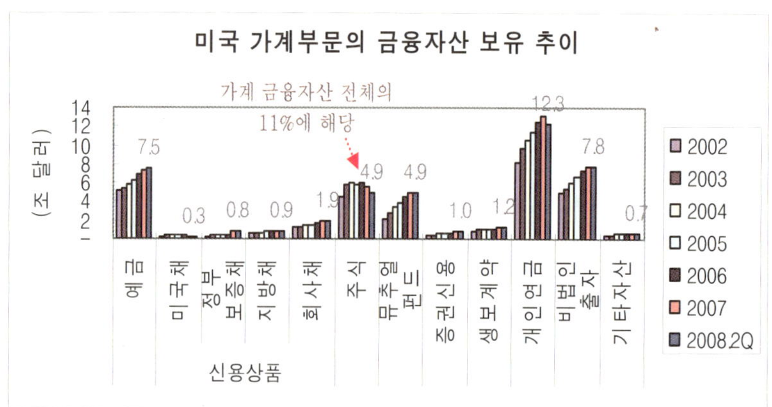

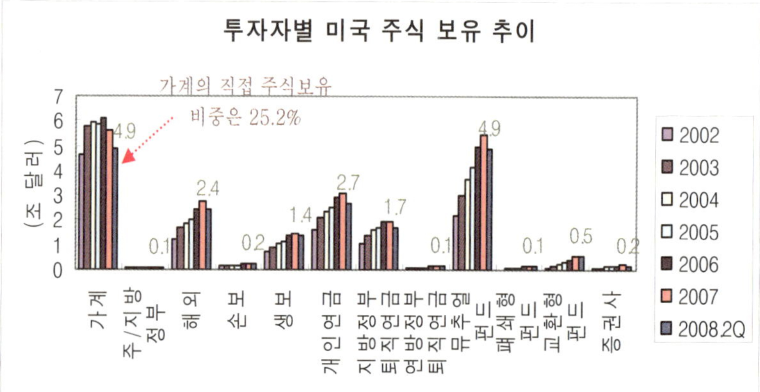

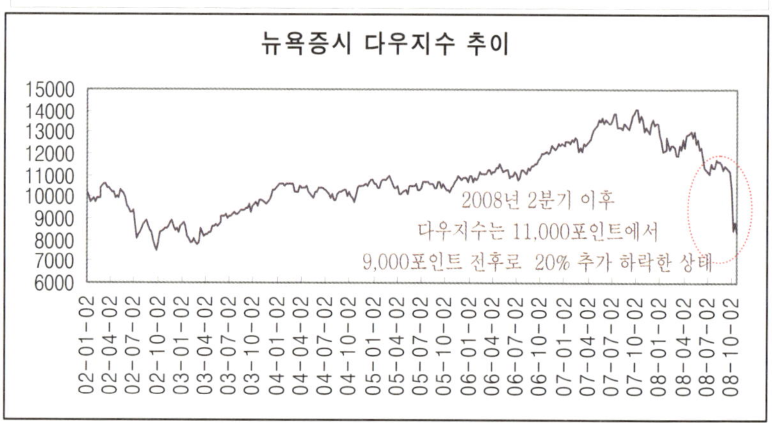

(주) 미 FRB 자료로부터 KSERI 작성

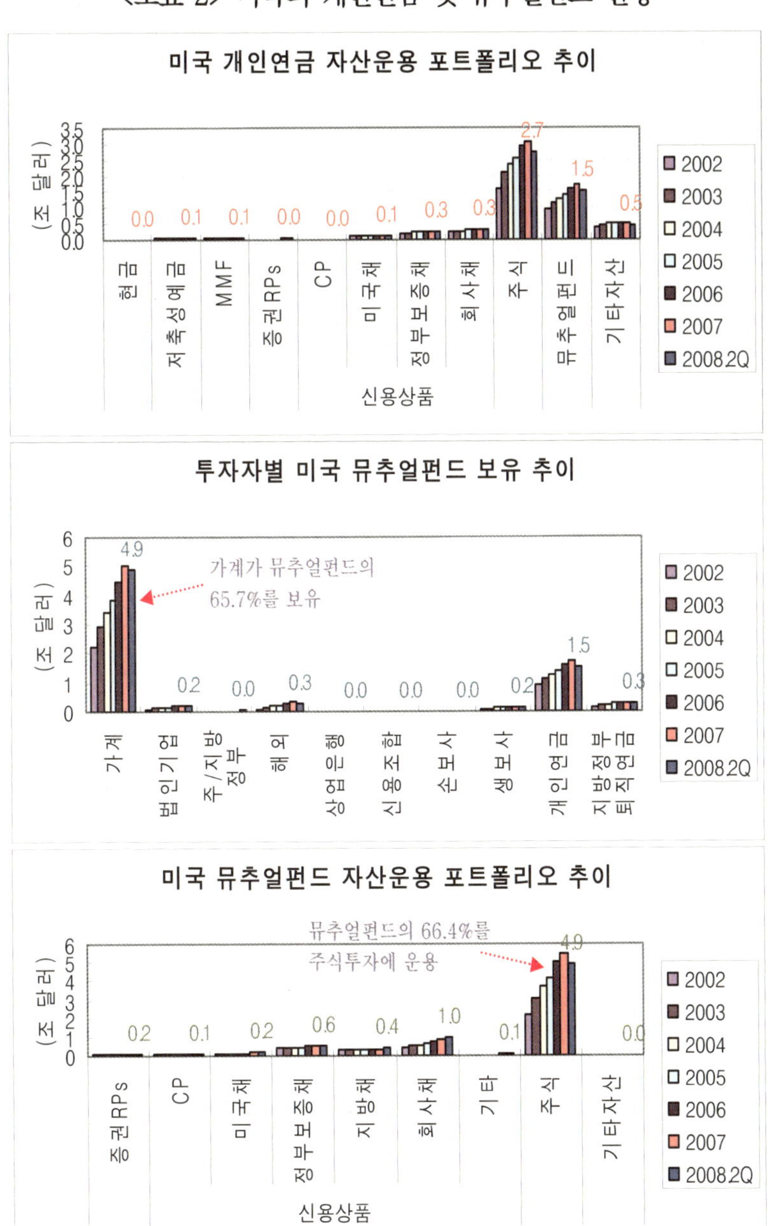

(주) 미 FRB 자료로부터 KSERI 작성

트 하락하여 시가총액도 19.4조 달러로 3.4조 달러가 줄어 들었다. 2008년 6월말 이후에도 다우지수는 계속 하락하여 11월 초 현재 9,000포인트 전후로 20% 가량 추가 하락했다. 그로 인해 미국 전체 주식의 시가총액도 11월 초 현재 15.5조 달러로 2007년 3분기에 비해 무려 7.3조 달러나 줄어들었다.

이로부터 2007년 9월 대비 가계부문의 보유주식 자산가치 감소를 추정해보면, 2007년 9월말 대비 2008년 11월 초 현재 4.4조 달러(7.3조달러×60.8%)에 달하는 것으로 계산된다. 이는 주택가격 하락에 따른 미국 가계의 주택자산가치 하락 4.8조 달러와 거의 비슷한 수준이다. 즉 미국 가계부문은 주택가격과 주가 하락의 더블 펀치를 맞아 버블 절정기에 비해 총 9조 달러 이상의 자산가치 감소를 겪고 있는 셈이라고 할 수 있다.

참고로, 아래의 <도표 3>에서 한국과 일본의 가계 금융자산 포트폴리오 내역을 살펴보자. 먼저 한국 가계의 경우, 2008년 2분기 말 기준으로 전체 금융자산 중 주식자산 비중은 20.1%이며 수익증권(펀드) 비중은 9.3%로 나타나고 있으며, 전체 주식의 24.5%를 가계가 보유하고 있어 최대 주식보유자로 나타나고 있다. 반면 현금/예금은 44.1% 보험/연금은 23.4%로 나타나고 있어 한국 가계의 경우 금융자산 가운데 예금 비중이 여전히 높은 것으로 나타나고 있다.

그리고 일본의 경우 가계 금융자산 가운데 주식자산의 비중은 9.5%로 매우 낮은 것으로 나타나고 있으며, 전체 주식 가운데 가계가 보유한 비중은 17.4%로 낮게 나타나고 있다. 특히 일본의 경우 주식 최대 보유자는 민간기업(33.1%)으로 나타나고 있다. 한국도 민간기업의 주식보유 비중이 21%로 높게 나타나고 있는데 이는 앞서 <도표 1>에서 미국의 경우 민간기업이 주식을 보유하지 않고 있는 것과 극명하게 대조를 이루고 있

<도표 3> 일본과 한국의 가계부문 금융자산 포트폴리오 내역

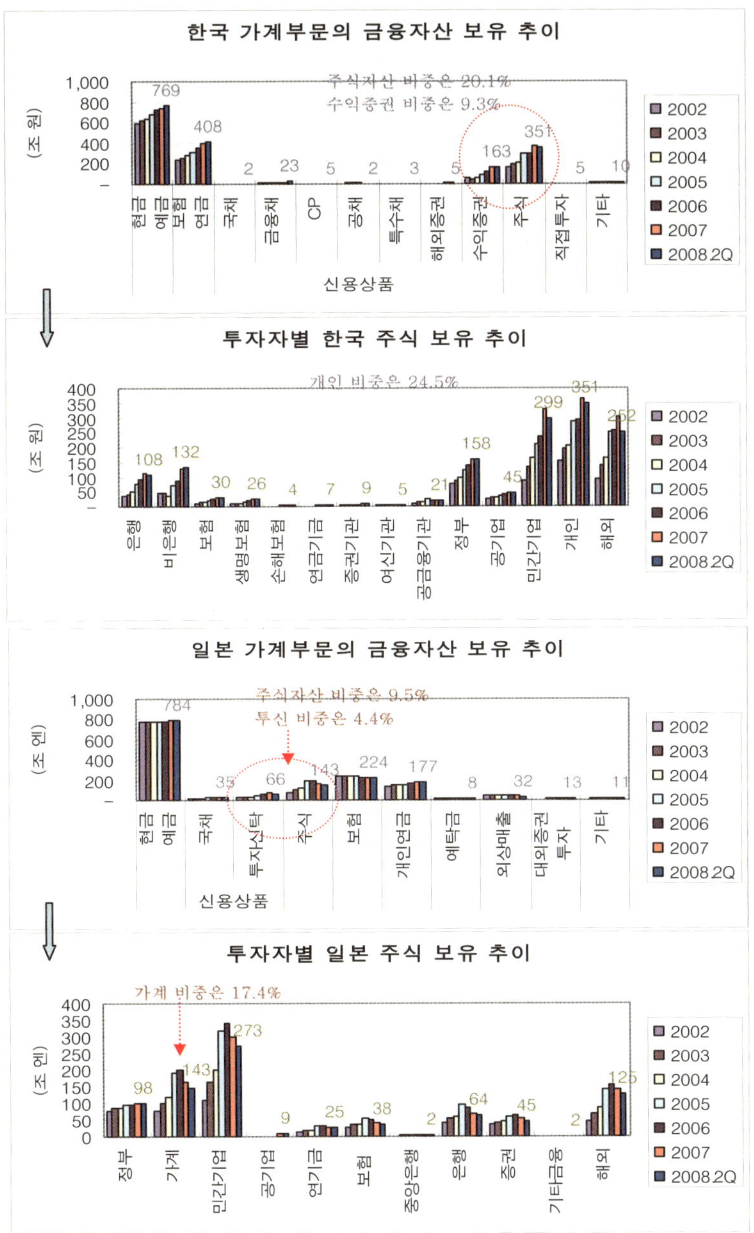

(주) 각종 자료로부터 KSERI 작성

다. 이는 한국은 순환출자 중심의 지배구조, 일본의 경우 기업간 상호주 보유 중심의 지배구조를 지니고 있는 반면, 미국은 철저히 투자자 중심의 지배구조를 이루고 있다는 점을 보여주고 있는 것이라고 할 수 있다. 말하자면, 자본시장 건전성과 기업투명성 차원에서 볼 때 한국과 일본의 기업지배 구조는 미국에 비해 상대적으로 후진적이라고 할 수 있다.

한국의 경우 2008년 6월말 이후 코스피 주가가 1,600포인트에서 최근 1,100포인트 수준으로 30% 이상 추가로 떨어졌다. 이로부터 추정해 보면 한국 가계부문의 보유주식 자산가치 감소는 주식과 수익증권을 모두 합산할 경우 154조 원에 달한다. 일본 역시 닛케이지수가 2008년 6월말의 13,000포인트에서 최근 9,000포인트로 30% 추가 하락한 상태이다. 이로부터 일본 가계부문의 보유주식 자산가치 감소는 63조 엔에 달한 것으로 추정된다. 한국과 일본 가계부문의 주식보유가 미국에 비해 상대적으로 낮다고는 하지만 한국과 일본 역시 자산가치 감소에 따른 소비위축을 피할 수 없다.

미국의 경기불황은 금융시장의 신용경색에 의한 면도 크지만 무엇보다도 급격한 가계소비 위축에 기인하고 있다. 급격한 가계소비 부진은 주택과 주식 자산가격 하락에 결정적으로 기인하고 있다. 그러나 주택가격과 주식가격은 당장에 회복될 가능성은 거의 없어 보인다. 미국 기업들의 실적도 크게 악화되기 시작하고 있으며 가계의 배당소득 감소로 이어져 가계소비를 크게 위축시킬 것으로 보인다.

주택가격과 주식 자산가치 감소 그리고 배당소득 감소에 따른 미국 가계부문의 소비위축이 이제부터 본격화될 것으로 보인다. 미국경제 불황이 이제부터 시작되고 있는 것이다.

<특집> 2008년 11월 5일

대규모 예금이탈이 계속되는 시티그룹

2008년 10월 31일 미 재무성으로부터 250억 달러의 공적자금을 지원받았음에도 불구하고 미국 시티그룹이 결국 파산 위기에 봉착하고 있다. 11월 20일 미국 언론들은 시티그룹이 골드만삭스와 모건스탠리 등과 합병 또는 자사 증권부문인 스미스바니 매각을 검토하고 있다고 일제히 보도했다. 이를 계기로 시티그룹 주가는 다음 날 4달러 밑으로 폭락했다. 이미 본 시평에서 예견해온 것이 현실화되고 있는 것이다. 본 시평에서는 지난 3월 베어스턴스 파산을 계기로 모노라인 기관과, 페니매이와 프레디맥, 리만브라더스 등에 이어 시티그룹 파산 가능성을 예견해왔다.

미국 언론보도에 의하면, 시티그룹 경영진은 골드만삭스 등과의 합병이나 카드사업부문 또는 증권사업부문인 스미스바니의 매각 등을 검토하고 있는 것으로 알려지고 있다. 시장에서는 미 재무성이나 연방준비은행(FRB)의 추가지원이 없이는 회생이 불가능할 것으로 추측하고 있다. 그러나 시티그룹의 팬디트(Vikram Pandit) CEO는 스미스바니를 매각하지 않을 것이라고 강조했다. 이 발언을 계기로 시티그룹의 주가는 3달러 5센트까지 폭락했다.

최근 시티그룹은 2008년 3분기말 현재 총직원 35.2만 명 가운데 5.2만 명을 감축할 것이라고 발표했다. 이어서 곧바로 서브프라임론 관련 증권화 상품 투자손실로 거액의 부실을 안고 있는 장부외 특수목적회사(SIV)인 헤지펀드들도 완전히 흡수 통합한다고 발표했다. 이 헤지펀드들의 잔여자산의 2008년 3분기말 장부가액은 237억 달러(추정가)였는데 이를 시가인 175억 달러에 매입함으로써 시티그룹 전체로는 자산가치가 60억 달러 가량 감소하게 되는 반면 위험자산은 20억 달러가 늘어나게 된다고 밝혔다. 동시에 시티그룹은 단기차입금이 156억 달러와 장기차입금 16억 달러도 인수하게 된다.

2008년 9월말 현재 시티그룹의 서브프라임론 관련 위험자산 노출 현황을 살펴보면, 자산담보부 CDO 등이 196억 달러, 자산담보부CP가 액면가 234억 달러에 시가 133억 달러, 하이 그레이드 CP가 액면가 28억 달러에 시가 11억 달러, 메짜닌이 액면가 80억 달러에 시가 17억 달러, Alt-A는 AFS의 경우 액면가 153억 달러에 102억 달러이고 거래물은 액면가 54억 달러에 시가 34억 달러, HLFC(Highly Leveraged Finance Commitments)가 229억 달러, 상업용 부동산이 251억 달러 대출에 시가 169억 달러, 경매이자율증권(ARS)이 52억 달러, 특수목적회사(SIV) 헤지펀드가 275억 달러(장부가)로 나타나고 있다. 이를 합하면 2008년 9월말 현재 시티그룹의 서브프라임론 관련 위험자산 규모는 총 1,552억 달러로 나타나고 있으며, 2007년 3분기부터 2008년 3분기까지 상각 처리한 평가손실만 해도 총 440.5억 달러에 달하고 있다. 이중 SIV는 앞서 설명한 것처럼 최근 175억 달러에 흡수 합병하여 처분했다.

그런가 하면, 아래 <도표 1>에서 볼 수 있는 바와 같이 시티그룹의 북미지역 주택모기지 대출의 연체율 및 대손상각률도 2007년 하반기부터 급증세를 지속하고 있다. 2008년 9월말 현재 1,387억 달러에 달하는 1종 모기지대출(시티은행 및 시티금융부동산 대출)의 경우 90일 이상 평균 연체율은 4.61%에 달하고 있으며 대손상각률은 2.61%에 이르고 있다. 또 596억 달러에 달하는 2종 모기지대출(시티은행홈에퀴티 대출) 역시 90일 이상 평균 연체율은 2008년부터 급증세를 보이는 가운데 9월말 현재 4.03%에 달하고 있으며 대손상각률도 2.03%로 상승세를 지속하고 있다.

좀더 구체적으로 2008년 9월말 현재 주택모기지 대출자들의 신용등급(FICO)별 연체율 현황을 살펴보면, 1종 주택모기지 대출의 경우 LTV가 90% 이상인 사람으로 신용등급이 상위(FICO≥660)인 사람은 4.9%, 중위(660~620)인 사람은 9.9%, 하위(620 이하)인 사람은 무려 15.3%에 달하고 있다. 이에 비해 2종 주택모기지 대출의 경우에는 LTV가 90% 이상인 사람으로 신용등급이 상위(FICO≥660)인 사람은 4.0%, 중위(660~620)인 사람은 3.8%, 하위(620 이하)인 사람은 4.0%에 달하고 있다.

이처럼 시티그룹은 서브프라임론 관련 대출 및 CDO 등 자산담보부증권화상품 투자로 대규모 손실이 발생한 상태이다. 뿐만 아니라 앞으로도 계속 대규모 손실이 발생할 것으로 예상되고 있다. 미국 주택가격이 계속 하락세를 지속하고 있으며 신용경색이 해소되지 않은 데다 경기후퇴까지 본격화되고 있기 때문이다.

그로 인해 시티그룹의 경영실적 역시 2007년 4분기부터 악화일로를

<도표 1> 시티그룹 북미지역 주택모기지 대출 연체율 현황

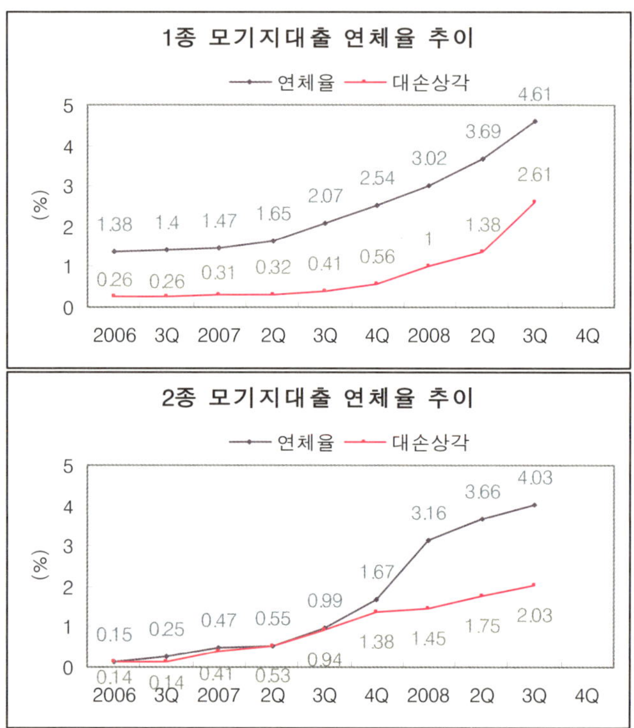

1종 모기지대출 1,387억 달러		신용등급(2008년 9월말 현재)		
		660 이상	660-620	620이하
LTV	80% 이하	2.6	5	5.4
	80-90%	2.8	5.9	8.7
	90% 이상	4.9	9.9	15.3

2종 모기지대출 596억 달러		신용등급(2008년 9월말 현재)		
		660 이상	660-620	620이하
LTV	80% 이하	0.7	2.3	2.2
	80-90%	2.2	3.4	2.8
	90% 이상	4.0	3.8	4.0

(주) 시티그룹 자료로부터 KSERI 작성

걷고 있다. 구체적으로 아래 <도표 2>에서 시티그룹의 경영실적 추이와 시티그룹이 직면하고 있는 경영위기에 대해 살펴보기로 하자.

시티그룹의 비이자수익 및 순이자수익을 합한 순수익은 2007년 2분기에 258억 달러로 최고치를 기록했으나 2007년 하반기부터 본격화하기 시작한 서브프라임론 사태로 금융시장 신용경색이 지속되고 경기침체가 확산됨에 따라 영업이 부진하여 2008년 3분기에는 167억 달러로 급감하여 91억 달러나 줄어들었다. 이처럼 영업실적이 악화된 데다 앞서 설명한 바와 같이 대규모 투자손실이 발생한 결과 당기순손익은 2007년 4분기부터 거액의 적자를 지속하고 있다. 2007년 4분기부터 2008년 3분기까지 누적 적자만 해도 203억 달러 가량에 달하고 있다.

시티그룹 손실의 대부분은 북미와 유럽 지역에서 발생하고 있으며 사업부문별로는 말할 것도 없이 자기매매 중심의 투자은행부문에서 발생하고 있다. 그러나 금융시장 신용경색이 계속되고 경기침체가 확대됨에 따라 가계소비 위축 등의 영향으로 카드사업부문과 소비자금융사업부문도 적자로 전락하고 있어 상황이 더욱 악화되고 있는 모습을 보이고 있다.

특히 금융시장 신용경색과 경기후퇴 영향으로 시티그룹의 영업환경도 계속 악화되고 있다. 대출 부실위험이 높아 시티그룹 자체도 대출을 늘리지 못하고 있다. 시티그룹의 총자산 추이를 보면 2007년 3분기에 2조 3,581억 달러에 달했으나 2008년 3분기 말에는 2조505억 달러로 무려 3,076억 달러나 줄어들었다. 대출이 줄어든 원인을 살펴보면 소비자대출이 274억 달러 줄었으며 기업대출도 295억 달러 줄어든 것으로 나타났다. 그러나 이들 대출 감소는 총 570억 달러에 불과해 총자산 감소에 비해 매우 작다고 할 수 있다. 이로부터 시티그룹의 총자산이 급감하고 있는 또 다른 원인이 있다는 것을 짐작할 수 있다. 그것은 다름 아닌 환매조건

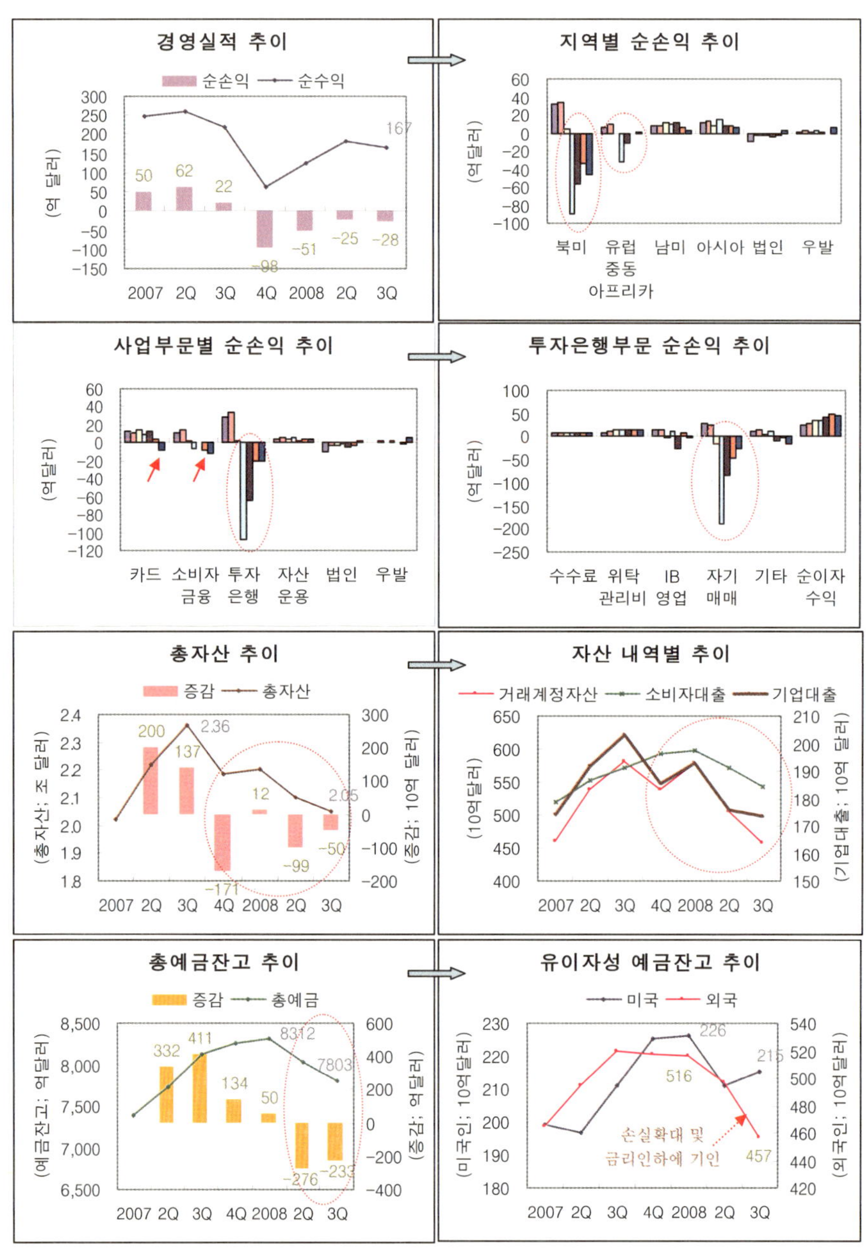

(주) 시티그룹 자료로부터 KSERI 작성

부금융상품(RPs) 및 거래계정자산 감소 즉 투자자산 매각 급증 때문이다. 시티그룹이 투자자산을 매각하게 된 이유는 투자자들의 환매에 기인한다. 투자자들이 투자손실을 미연에 회피하기 위해 환매가 급증했다.

시티그룹이 투자자산을 매각하게 된 또 다른 이유가 더 있다. 예금자들의 대규모 예금이탈이 바로 그것이다. 2008년 3월의 베어스턴스 파산을 계기로 시티그룹에 대해 불안을 느낀 예금자들이 대규모로 예금인출을 해가고 있으며 이러한 움직임은 최근 더욱 가속화되고 있는 것으로 보인다. 시티그룹의 총예금은 2008년 1분기말 현재 8,312억 달러에 달했으나 3분기 말에는 7,803억 달러로 불과 6개월 동안에 509억 달러나 예금이탈이 일어나고 있다. 이러한 예금이탈 움직임은 10월과 11월에도 더욱 가속화되고 있는 것으로 추정된다.

예금이탈의 내역을 지역별로 살펴보면 미국내 영업점보다는 해외 영업점에서 집중적으로 발생하고 있다. 같은 기간 동안 해외 영업점에서 유이자성 예금이 590억 달러나 이탈했다. 이처럼 2008년 2분기부터 예금이탈이 해외에서 집중적으로 발생하고 있는 이유는 베어스턴스 사태를 계기로 미국 금융기관들의 부실확대에 대한 불안감이 확산되고 있는 것 외에도 미 연방준비은행(FRB)이 금리를 급격하게 인하하고 있기 때문이기도 하다. 국제공조를 바탕으로 하고 있다고 하지만 FRB의 급격한 금리인하 부작용이 미국 예금은행들의 예금이탈이라는 부작용을 초래하고 있는 것이다.

이처럼 예금이탈이 급속히 발생하게 되자 시티그룹은 유동성 확보를 위해 보유한 투자자산을 매각하지 않을 수 없게 된 것이다. 주가가 계속 폭락하고 금융시장이 혼란에 빠져 채권과 파생상품가격이 폭락하는 상황에서 유동성 확보를 위해 투자자산을 매각하지 않을 수 없게 된 것이다.

그 결과 대규모 투자손실이 발생하고 있는 것이다. 이것이 시티그룹의 상황을 더욱 악화시키는 요인이 돼 악순환을 초래하고 있다고 할 수 있다. 이런 상황은 비단 시티그룹뿐만 아니라 미국 예금기관 대부분에서 발생하고 있는 현상이라고 할 수 있다.

FRB는 최근 2008년 미국경제 실질성장률을 0%~0.3%로 하향 조정했다. 또 2009년의 실질성장률은 -0.2%~1.1%로 전망한다고 발표했다. 미국경제가 2009년부터 악화되기 시작하여 2010년부터 서서히 회복될 것으로 예상했으며 실업률은 2009년 7.1%~7.6%로 악화될 것으로 전망했다.

이를 바탕으로 FRB는 12월 15과 16일에 걸쳐 임시로 공개시장위원회(FOMC)를 개최한다고 발표했다. 미국경제가 경기후퇴로 빠르게 진입함에 따라 그에 필요한 조치를 취하기 위한 것으로 보인다. 이 임시회의에서 FRB는 기준금리인 FF금리를 현행의 1%에서 0.75%~0.5%로 낮출 가능성이 높은 것으로 보인다.

비록 유럽중앙은행도 금리인하 공조를 시사하고 있으나 FRB의 추가 금리인하는 미국 은행들의 예금이탈을 더욱 가속화할 위험이 높다. 파산위험에 처한 시티그룹이 합병을 검토하고 있는 골드만삭스나 모건스탠리 역시 사정은 마찬가지다. 골드만삭스와 모건스탠리를 은행지주회사로 전환하는 응급조치를 취하고 미 재무성이 자본보강을 위한 공적자금을 투입하여 연명하기는 했지만 주가 등 증권가격 폭락이 계속되고 경기침체가 심화되는 상황에서 이들 역시 파산 위험에서 벗어날 수는 없다. 예금자들의 예금이탈과 투자자들의 환매를 막지 못하는 한 아무리 FRB가 유동성 공급을 확대하고 미 재무성이 공적자금을 투입한다 한들 대규모 손실로 인한 파산을 막을 길이 없다.

　결론을 맺자. 미국경제를 비롯한 세계 주요국 경제가 경기후퇴에 진입하고 부동산 등 자산가격이 계속 하락하는 상황에서 그리고 정책금리가 이미 초저금리 또는 제로금리 수준에 근접하는 상황에서 추가적인 정책금리 인하는 이미 부동산가격이나 주가 부양의 기능을 상실했다고 할 수 있다.

　미 재무성이 공적자금 투입을 통해 금융기관의 자본을 보강한다 한들 이는 이미 발생한 부동산 및 증권투자 관련 손실을 메우는 것에 불과하다. 초저금리로 인한 예금이탈과 자산가격 급락으로 인한 투자자들의 투자자산 환매요구가 계속 증가하는 한 금융기관들은 유동성 부족에서 벗어날 수 없다. 유동성 확보를 위해 금융기관들은 대규모 자산매각 등 자산 축소를 하지 않을 수 없으며 그로 인한 거액의 손실 확대로 파산 위험에서 벗어날 길이 없다. 예금이탈과 환매요구가 계속되는 한 세계 금융시장의 신용위험과 금융기관의 파산 역시 계속될 것이다.

<경제시평> 2008년 11월 24일

불황 속에 제로금리 시대로 접어드는 미국경제

2008년 12월 1일 미국경제연구소(NBER)는 미국경제가 2007년 12월부터 경기후퇴 국면에 진입했다고 공식 발표했다. 이로써 2001년 11월부터 시작된 경기확대는 무려 73개월 만에 끝난 셈이 된다.

미국경제연구소는 저명 경제학자들이 소속되어 있는 민간 비영리단체로 미국 경기순환을 정식으로 판정하는 기관이다. 통상적으로는 실질 GDP 성장률이 2분기 연속으로 마이너스 성장을 기록할 경우 경기후퇴를 선언하지만 이번에는 고용감소 등 경제 전반에 걸친 위축이 계속되고 있는 점을 감안하여 경기후퇴 진입을 선언한 것이다. 다만 향후 경기후퇴 기간에 대해서는 언급을 하지 않았다. 또 1930년대 대공황 이후 경기후퇴는 총 10번 있었는데 모두 1년 이내로 끝났으며 가장 최근의 경기후퇴는 1990~1991년과 2001년에 각각 8개월간 지속되었다.

미국 연방준비이사회(FRB)는 12월 3일 지역경제동향 보고서인 베이지북 발표를 통해 미국경제가 전 지역에 걸쳐 전반적으로 약해지고 있다고 판단했다. 이 베이지북은 11월 24일까지의 각종 경제지표를 바탕으로 작성된 것으로, 소비위축이 가속되고 있으며 특히 자동차판매는 전 지역에 걸쳐 큰 폭의 감소를 보이고 있다고 지적했다. 주택가격 하락과 주택판매 역시 침체를 계속하고 있으며 노동시장도 위축되고 있는 것으로 나타났다. 다만 유가와 농산품 가격 하락으로 소매물가가 하락하고 있어 물가상승 압력은 해소되고 있다고 말했다.

다음 날인 12월 4일 FRB 버낸키 의장은 외부 강연에서 주택시장 버블 붕괴가 작금의 금융위기 및 경기침체의 핵심이라고 강조하면서 금융시장 안정과 경기회복을 위해서는 주택시장 안정이 관건이라고 주장했다. 특히 주택차압을 미연에 줄이는 것이 무엇보다도 중요하며 이를 위해 연방정부가 보다 적극적으로 나설 필요가 있다고 말했다. 구체적으로는 연방정부가 부실화된 주택대출자산을 금융기관으로부터 일시적으로 사들이는 방안을 제시했다. 그에 앞서 11월 25일 FRB는 주택대출관련 증권화상품 매입을 포함하는 최대 8,000억 달러의 추가 금융지원대책을 발표한 바 있다.

12월 중순에 개최되는 임시 연방공개시장위원회(FOMC)에서 0.25~0.5%포인트의 추가 금리인하가 예상되고 있는 가운데, 버낸키 의장은 외부 강연에서 추가 금리인하는 가능하겠지만 경기부양을 위한 금리인하 정책도 한계에 도달하고 있는 것이 사실이라고 말했다. 그는 FRB의 대차대조표를 활용하여 금융시장에 영향을 줄 수도 있다고 지적하면서 구체적으로는 미 장기국채를 시장에서 매입하는 방안을 들었다. 이는 금리인하 수단이 한계에 가까워짐에 따라 양적 통화공급 확대로 전환을 모색하고 있음을 시사한 것으로 풀이된다.

예전에 일본은행은 기준금리인 콜금리가 제로금리 상태에 이르러 더 이상 금리인하로 금융시장 신용경색 해소 및 경기부양을 할 수 없게 되자 양적 통화확대 정책을 동원하여 금융기관에 직접 본원통화(hard currency)를 공급했다. 아래 <도표 1>에서 볼 수 있는 바와 같이 일본은행은 금융시장 신용경색 해소 및 경기부양을 위해 지난 2001년 9월부터 2006년 3월까지 민간은행들의 국채나 CP를 매입하거나 또는 이를 담보로 일본은행 당좌예금 잔고를 늘려주는 방식으로 양적 통화공급량 확대정책을 시행했다. 이 시기 양적 통화량 확대는 2005년 10월 최고 35조 엔에 육박했다.

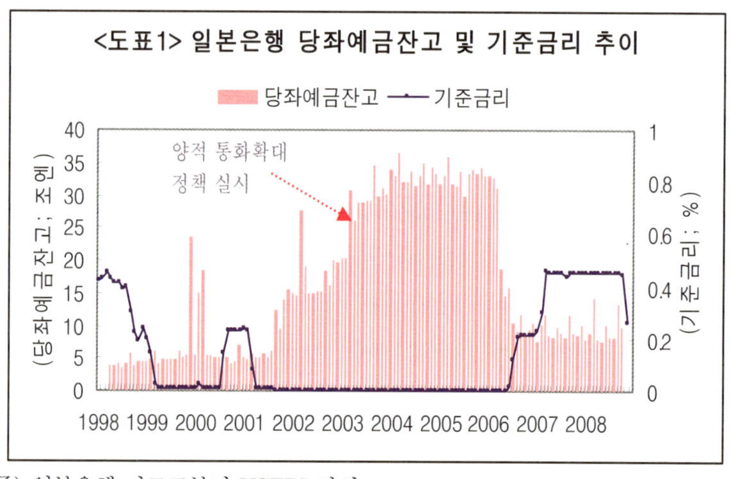

(주) 일본은행 자료로부터 KSERI 작성

　　FRB도 이와 유사한 방식을 도입하려는 것으로 보인다. 민간은행에게 중앙은행 당좌예금 잔고를 늘려준다는 것은 민간은행에게 직접 현찰(hard currency)을 공급해준다는 것을 의미한다. 즉 직접 현찰을 시중에 뿌려주는 것이나 마찬가지인 셈이다. 서로가 서로를 믿지 못하는 신용위기가 계속되는 상황에서는 현찰박치기 거래가 최후의 수단이라고 할 수 있다. 민간은행이 직접 금융기관이나 기업 또는 개인에게 현찰박치기 거래를 해줌으로써 신용위기와 시중 자금난을 해소하겠다는 것이 이 정책의 목적이라고 할 수 있다. 이 정책은 위 도표에서 볼 수 있는 것처럼 신용위기가 해소될 때까지 중앙은행이 지속적으로 막대한 현찰공급을 해야 한다는 점이 특징이다.

실제로 FRB의 계속되는 금리인하로 3개월 만기 미 단기국채 금리는 0% 수준으로 떨어지고 있다. 아래 <도표 2>에 나타난 바와 같이 2008년 12월 5일 미 단기국채 금리는 0.02%를 기록하여 제로금리에 근접했다. 이는 FRB가 금융시장 신용위기 해소와 경기부양을 위한 정책수단으로 더 이상 금리인하 정책을 사용할 수 없다는 것을 의미한다.

FRB의 금리인하와 주가하락 그리고 경기침체가 심화됨에 따라 최근 미 장기국채 금리(수익률)도 3% 밑으로 떨어지는 모습을 보이고 있다. 아래의 <도표 2>에서 볼 수 있는 바와 같이 2008년 9월에는 메릴린치가 인수되고 AIG사태가 발생하는 등 금융시장이 일대 혼란에 빠져 시중 자금이 단기국채로 집중되는 경향을 보였다. 그로 인해 단기국채(3개월 만기) 금리는 한때 0%에 육박하는 모습을 보였다. 반면 10년 만기 장기국채 금리는 금융시장 혼란과 소비자물가 급등세가 지속됨에 따라 FRB가 10월 7일과 29일 두 차례에 걸쳐 1%의 FF금리 인하를 단행했음에도 불구하고 4% 전후 수준에서 머무르는 모습을 보였다.

그런데 유가가 50달러 밑으로 폭락하면서 2008년 10월의 미국 소비자물가 상승률도 전년동월대비 3.7%로 9월의 4.9%에 비해 무려 1.2%나 급락하였다. 또 11월 초에 실시된 미 대선에서 민주당 오바마 후보가 당선되고 민주당이 상하 양원을 장악함에 따라 차기 정권에 대한 기대감이 높아지면서 금융시장 동요도 다소 진정되는 모습을 보이기 시작했다.

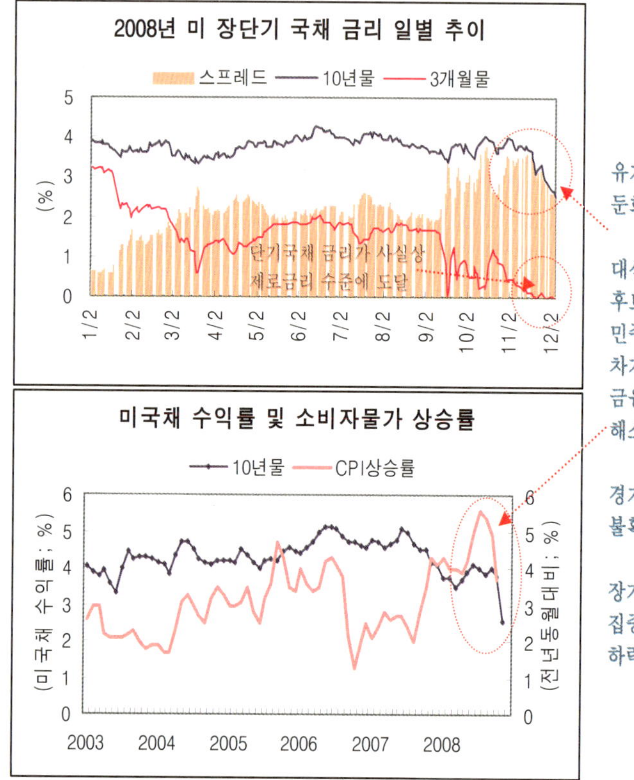

(주) 각종 자료로부터 KSERI 작성

반면에 서두에서 언급한 바와 같이 미국경제가 사실상 2007년 12월부터 경기후퇴에 진입했다는 발표와 빅3 자동차업계의 구제금융 요청 등에서 알 수 있는 것처럼 미국 실물경제 침체가 장기화될 것이라는 우려가 높아짐에 따라 다우지수가 급등락을 반복하는 등 주식시장의 불확실성도 고공행진을 계속하고 있다.

이러한 상황 변화를 반영하여 11월 하순부터 미 장기국채로 자금이동이 빠르게 일어나 장기국채 금리가 2.5%대까지 가파르게 떨어지고 있는 것으로 보인다. 말하자면 최근의 미 장기국채로의 자금이동은 미국 투자자들이 미국경제의 장기불황에 대비하여 주식시장으로부터 안전성이 높아진 장기채권으로 이동하기 시작하고 있는 것이라고 할 수 있다. 즉 기업들의 수익성 악화를 우려하여 주식시장으로부터 자금이 빠져나가고 있는 것을 반영하고 있는 것이라고 할 수 있다. 실제로 민간조사기관인 유레카헤지(Eurekahedge)의 발표자료에 의하면 미국 헤지펀드들의 자산은 2008년 10월에 1,000억 달러 감소했으며 그 가운데 600억 달러가 투자자들의 환매에 따른 손실로 밝혀졌다. 그런가 하면 12월 첫째 주에도 주식형 뮤추얼펀드로부터 121억 달러 가량의 자금이탈이 있었던 것으로 나타났다.

이렇게 볼 때, 2008년 11월 하순부터 미 장기국채 금리의 가파른 하락은 미국 금융시장 위기가 진정되어 가고 있다는 것을 시사하고 있는 것이라고 보기는 힘들다고 할 수 있다. 왜냐하면 3개월 만기 미 단기국채의 금리가 사실상 거의 0% 수준에 이르고 있기 때문이다. 이것은 아직 미국 금융시장이 혼란에서 벗어나지 못하고 있다는 것을 강력히 시사하고 있다. 9월 미국 금융기관들의 연쇄 파산위기가 한창이었을 때에는 은행이든 증권사든 보험사든 아니면 기업이든 단기 급전마저 조달이 어려운 상황에 빠지기도 했다. 그런 급박한 상황은 어느 정도 벗어났다고 할 수 있다. 하지만 여전히 투자자들은 금융시장 신용위기를 우려하여 단기국채 금리가 0%에 이를 정도로 미 단기국채로 집중되고 있다.

한편, 미국의 2008년 11월 실업률이 6.7%로 전월의 6.5%에서 다시 증가한 것으로 나타났다. 이로써 연초부터 11월까지 190만 명이 일자리를 잃은 셈이 되었다. 이런 가운데 오바마 대통령 당선자는 2011년까지

250만 개 일자리 창출을 위한 구체적인 방안 5가지를 제시하고 2009년 초 취임과 동시에 즉각 시행할 것이라고 말했다.

낡은 공공기관 건물을 최첨단 에너지절약형 건물로 개축하기, 도로 및 교량 개보수, 학교시설 개보수, 초고속통신망 확대, IT기술을 활용한 의료보험제도 개혁이 그것이다. 그는 미국 연방 공공기관 건물들이 낡아 에너지비용으로 매년 엄청난 세금을 낭비하고 있다고 강조했다. 미국의 초고속통신망 보급률도 세계 15위에 불과하다고 지적했다. 인터넷을 발명한 나라에서 모든 아이들이 인터넷을 사용할 수 있는 환경을 만들어야 한다고 말했다. 도서관과 학교뿐만 아니라 병원들도 모두 인터넷으로 연결되어야 한다고 강조했다.

오바마 대통령 당선자는 과거 정부처럼 단지 사업예산만을 책정해주고 방치하지는 않을 것이라고 말했다. 예산이 집행되는 과정과 그 결과에 대해서 철저하게 검증할 것이라고 강조했다. 일자리를 얼마나 창출했는지, 에너지를 얼마나 절약했는지, 미국의 경쟁력이 얼마나 더 강화되었는지를 철저히 확인하고 검증할 것이라고 말했다. 그러나 오바마 대통령 당선자가 제시한 5가지 일자리 창출 사업은 경제위기라는 긴급 상황에서 사회안전망 차원의 실업구제 대책에 가까운 것으로 보인다.

경기침체로 인한 실업의 증가는 유럽연합(EU)도 마찬가지라고 할 수 있다. 유로화권의 2008년 10월 실업률은 7.7%로 증가세가 계속되고 있다. 이에 유럽중앙은행(ECB)은 12월 4일 기준금리를 0.75% 인하하여 2.5%로 낮추었으며, 영국 잉글랜드은행 역시 기준금리를 1% 인하하여 2%로 낮추었다. 이로써 이 두 중앙은행은 2008년 9월부터 3개월 연속 금리인하를 한 셈이 되었다. 인플레이션 압력이 크게 줄어듦에 따라 유럽중앙은행과 잉글랜드은행이 경기부양 목적의 대폭적인 금리인하를 단행한 것으로 보인다. 트리쉐 총재도 유로화권 경기침체가 빠르게 진행되고 있다는 점에 우려를 표명했다.

그런가 하면 유럽연합 27개국은 12월 2일 개최된 재무장관이사회에서 유럽투자은행(EIB)의 자본을 670억 유로 증자하기로 합의했다. 이로써 유럽투자은행의 자본은 2,300억 유로로 늘어나게 되는데, 유럽 자동차업계와 중소기업 자금지원을 보다 강화할 수 있게 된다. 유럽투자은행은 유럽연합 각국이 GDP 규모에 비례하여 출자하는 정책금융기관으로 유럽연합 국가의 인프라 정비 및 환경대책 등에 대출을 해주고 있다.

프랑스 사르코지 대통령도 12월 4일 총 260억 유로 규모의 추가 경기부양책을 발표했다. 에너지절약형 신차를 구입할 경우 보조금을 지원해주거나 단열성이 높은 저렴한 공영임대주택의 대량 건설 등 환경관련 투자가 주류를 이루고 있다. 그에 앞서 영국은 210억 파운드, 독일은 550억 유로의 대규모 경기부양대책을 발표했다. 프랑스의 자동차구입 보조금은 10년 이상 경과한 낡은 차량을 폐차하고 이산화탄소 배출량이 적은 자동차를 구입할 경우 최대 2,000유로까지 지급된다. 프랑스는 2008년 1월부터 이미 이산화탄소 배출량이 적은 차량에 보조금을 지급하고 반대로 배출량이 많은 차량에 대해서는 과징금을 부과하는 제도를 시행하고 있다.

결론을 말하자. 미국경제가 2007년 12월부터 경기후퇴 국면에 진입한 것으로 공식 발표되었다. 그런 가운데 FRB의 금리인하 정책도 한계에 도달하고 있다. 금융위기가 해소되지 않은 가운데 경기불황에 대한 우려를 반영하여 주식시장으로부터 미 국채시장으로 자금이 이탈하고 있다.

금융시장 신용위기를 반영하여 이미 단기국채 금리는 0%에 이르고 있다. 인플레이션 압력이 크게 둔화됨에 따라 주식시장으로부터 장기국채 시장으로 대규모 자금이 이동하고 있다. 그로 인해 장기국채 금리가 2.5%대까지 단기 급락 양상을 보이고 있다. 미국 주식시장의 장기 정체가 예상되는 대목이다.

금리인하가 한계에 도달하자 FRB는 양적 통화확대 정책을 시행할 준비를 하고 있는 것으로 보인다. 오바마 대통령 당선자도 250만개 일자리 창출을 위한 대책을 발표했다. 그러나 오바마 대통령 당선자가 제시한 일자리 창출은 말 그대로 경제위기 상황에서 사회안전망 차원의 실업대책 수단에 불과하며 자산가격 버블 붕괴로 인한 미국가계의 소비위축을 메워줄 수 있을 것으로 보이지는 않는다.

유럽연합 국가들의 경제상황도 미국과 비슷한 양상을 보이고 있다. 유럽중앙은행과 잉글랜드은행이 3개월 연속으로 금리를 대폭 인하하고 있으며 각국 정부는 대규모 경기부양책을 실시하고 있다. 이처럼 대규모 경기부양책 실시에도 불구하고 유럽연합은 유럽지역의 경기침체가 최소한 2009년까지는 해소되지 않을 것으로 전망하고 있다.

<경제시평> 2008년 12월 8일

FRB의 양적 통화확대 정책

미국 연방준비이사회(FRB)는 2008년 12월 15일과 16일 임시 연방공개시장위원회(FOMC)를 열어 기준금리인 FF금리를 기존의 1%에서 0~0.25% 수준으로 낮추기로 했다고 발표했다. 동시에 재할인율도 기존의 1.25%에서 0.75%포인트 인하하여 0.5%로 낮추었다. 그리고 앞으로 금융시장 신용경색 해소를 위해 FRB의 발권력을 이용한 양적 통화확대 정책도 실시할 것임을 밝혔다.

FRB는 미국 경제가 급속히 악화되고 있으며 금융시장은 여전히 신용경색이 지속되고 있는 상황으로 향후 경제 전망은 더욱 어두워지고 있다고 말했다. 반면 인플레이션 압력은 현저하게 줄어들고 있다고 지적했다. 에너지 및 상품가격 하락과 경기침체로 인한 수요감소 우려로 물가가 크게 떨어지고 있다고 말했다.

FRB는 금융시장 신용경색 해소를 위해 공개시장조작 및 양적 통화확대 등을 통하여 연방공사 채권 및 모기지관련 증권화상품 매입과 장기 미국채 매입 등을 적극 확대할 것이며, 가계 및 소상공인 대출 확대를 위해 금융기관의 카드대출 및 할부대출 등을 담보로 한 증권화상품 대출 기금 등도 적극 확대해 갈 것이라고 밝혔다. 이로써 FRB는 사실상 제로 금리 정책과 동시에 FRB의 발권력을 이용한 양적 통화확대 정책을 실시하게 되었다.

FRB의 양적 통화공급 확대란 FRB의 발권력을 이용하여 대차대조표의 규모를 대폭 늘려가는 것을 의미한다. FRB의 대차대조표 규모를 늘려간다는 말은 아래의 <도표 1>에 나타난 바와 같이 FRB가 발권력을 이용하여 달러를 대량으로 찍어내 시중 유동성을 대폭 늘려준다는 것을 의미한다. 예컨대 2008년 2분기 말 현재 FRB의 대차대조표의 크기(총부채)는 9,300억 달러였으나 리만브라더스 파산 등 금융위기가 발생한 3분기에는 1조5,100억 달러로 급증하였다. 이처럼 FRB의 총부채 크기가 급증했다는 것은 미 재무성으로부터 자금을 차입했든 달러를 찍어냈든 간에 FRB가 2분기에 비해 3분기 시중 유동성공급을 5,800억 달러 더 늘려주었다는 것을 의미한다.

구체적으로 FRB 대차대조표 상의 금융부채 및 금융자산 항목의 변화 추이를 통해 FRB의 통화공급 확대가 어떻게 이루어졌는지 간단히 살펴보기로 하자. 먼저 FRB의 자금조달은 <도표 1>에서 금융부채의 증가로 나타난다. 2008년 3분기에 FRB가 구제금융을 위해 지원한 자금의 대부분은 미 재무성으로부터 유입되어 온 것이 대부분이다. 미 재무성은 미국채를 발행하여 자금을 조달한 후 이를 FRB에 예탁하는 방식으로 FRB에 자금을 공급해준 것이다. FRB는 3분기에 미 재무성으로부터 3,300억 달러 가량을 조달했다.

또 예금기관들이 FRB에 예치하는 지불준비금도 2분기의 335억 달러

<도표 1> FRB의 대차대조표 추이

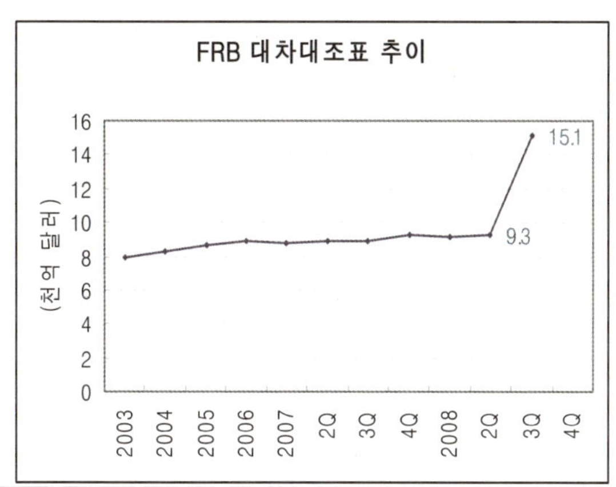

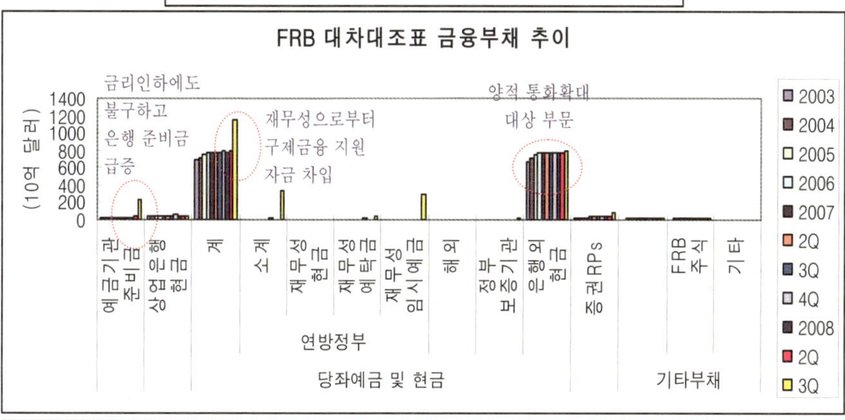

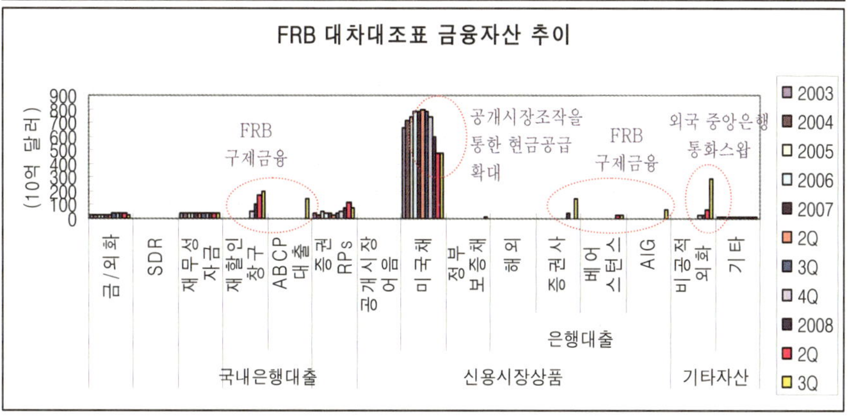

(주) FRB 자료로부터 KSERI 작성

에서 3분기에는 2,221억 달러로 1,886억 달러나 급증한 것으로 나타나고 있다. 그러나 이것은 FRB가 일반 민간은행들로부터 지불준비금 형태로 구제금융 지원자금을 조달했다는 것을 의미하는 것이 아니다. 금융위기로 FRB가 대규모 구제금융 자금을 민간은행들에게 공급해주고 있음에도 불구하고 민간은행들이 대출을 기피하여 남아도는 현금유동성을 FRB에 재예치하고 있다는 것을 의미한다. 즉 FRB가 민간은행들에 공급해준 유동성을 다시 FRB에 재예치할 정도로 민간은행들의 대출기피가 매우 심각한 상태라는 것을 의미한다. 이번 FRB의 제로금리 조치와 대차대조표 확대 정책을 볼 때 이런 상황은 4분기에도 계속되고 있는 것으로 보인다.

이에 FRB는 미 재무성으로부터의 자금조달 외에도 직접 발권력을 이용하여 (은행외) 현금을 대폭 늘리겠다는 것이다. 즉 종이 달러를 대량으로 찍어내겠다는 것이다. 이처럼 달러를 찍어내어 현금유동성 공급을 확대하게 되면 앞서 설명한 바와 같이 FRB의 대차대조표가 크게 늘어난다. 바로 이런 의미에서 양적 통화확대 또는 양적 유동성 확대 정책을 대차대조표 확대 정책이라고도 부르는 것이다.

대차대조표 확대 정책과 미국채 매입을 통해 시중에 현금을 공급하는 공개시장조작은 같은 것이라고 할 수 없다. 대차대조표 확대정책은 중앙은행의 발권력을 이용하여 통화공급을 원천적으로 늘리는 정책인 반면에, 공개시장조작은 대차대조표의 확대 없이 국채와 시중현금 간의 상대적인 교환에 불과하다고 할 수 있다. 즉 공개시장조작은 중앙은행의 대차대조표 상에서 현금 100을 보유하느냐 아니면 국채 100을 보유하느냐 하는 차이라고 할 수 있다. 중앙은행이 현금 100을 선택하게 되면 시중 유동성이 100만큼 줄어드는 것이 되며 반대로 국채 100을 선택하게 되면 시중유동성이 100만큼 늘어나게 된다. 그러나 어느 경우이든 기존의 중앙은행 대차대조표의 크기에는 변화가 없다. 즉 원천적으로 돈을 추가로 찍어내지 않는다는 것이다.

다음으로 FRB가 금융부채 확대를 통해 조달한 자금을 누구에게 어떻게 지원했는지를 살펴보기 위해 FRB의 금융자산 항목을 살펴보자. 먼저 국내은행 구제금융 대출은 2008년 3분기말 현재 재할인을 통해 2,000억 달러, ABCP 매입 등을 통해 1,511억 달러를 지원한 것으로 나타나고 있다.

또 미국채 보유자산이 2007년 3분기부터 2008년 3분기까지 1년 동안에 3,140억 달러 가량 줄었다. 이는 FRB가 미국채 매각을 통해 시중 자금을 흡수한 것이 아니라 2008년 3월의 베어스턴스 사태를 계기로 신용위기가 확산되자 은행과 증권사, 주택금융공사 등이 보유하고 있는 모기지 관련 증권화상품과 미국채를 환매조건부로 대출해준 데 기인한다.

그리고 9월의 리만브라더스 파산을 계기로 신용위기가 확산되자 증권사와 AIG 등에 대한 공적 구제금융 지원이 3분기말 현재 2,400억 달러 가량으로 나타나고 있다. 또 외국 중앙은행들과의 통화스왑 체결액도 2,882억 달러로 나타나고 있다.

FRB는 급격한 경기불황의 확산으로 디플레이션을 우려하고 있는 것으로 보인다. 아래의 <도표 2>에서 미국의 주요 물가 변동률 추이를 살펴보면 2008년 8월부터 물가가 급락 양상을 보이고 있다. 소비자물가는 2008년 7월의 5.6%에서 11월에는 전년동월대비 1.1% 상승에 그쳐 급격히 둔화되고 있다. 1차 농산품과 에너지를 제외한 근원물가도 2.6%에서 2%로 낮아지고 있다. 그런가 하면 생산자물가는 7월의 17.4%에서

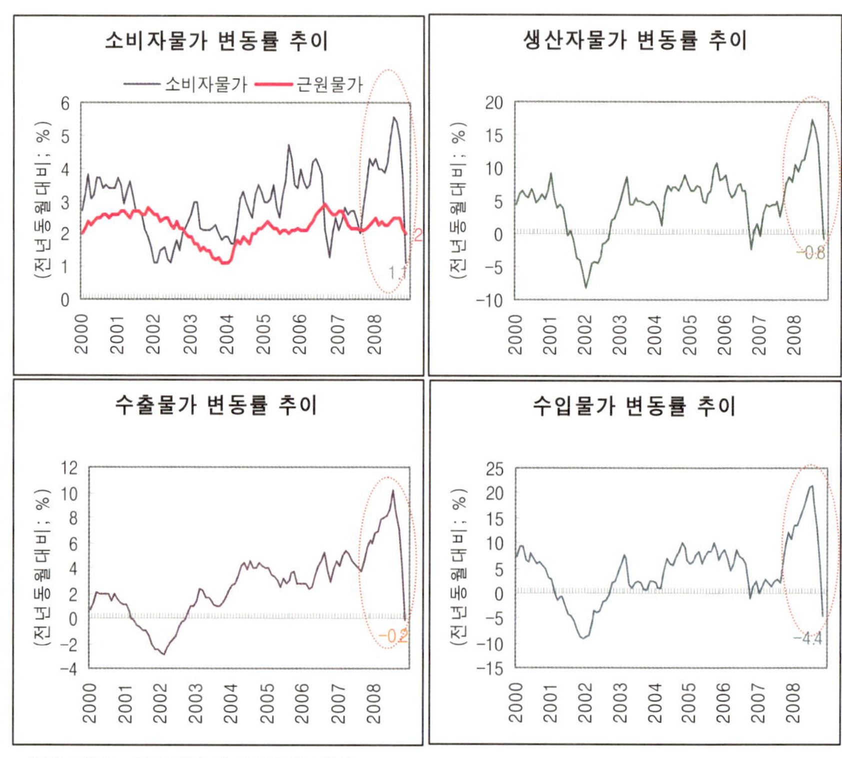

(주) FRB 자료로부터 KSERI 작성

11월에는 전년동월대비 -0.8%로 하락세로 반전되었다. 수출물가 역시 11월에 -0.2%, 수입물가는 -4.4%로 급락하는 모습을 보이고 있다.

이처럼 물가가 급락하고 있는 것은 아래의 <도표 3>에 나타난 바와 같이 2008년 7월에 배럴당 140달러를 돌파하던 유가가 최근 40달러 수준으로 폭락했고 금융위기와 자산가격 폭락으로 소비가 급격히 위축되어 경기불황이 급속히 확산되고 있기 때문이다.

유가는 서방 선진국이 겨울철을 맞이하고 있음에도 불구하고 하락세를 계속하고 있다. 이처럼 유가가 폭락세를 보이자 사우디를 비롯한 중동산

<도표 3> 원유가격 및 수급 전망

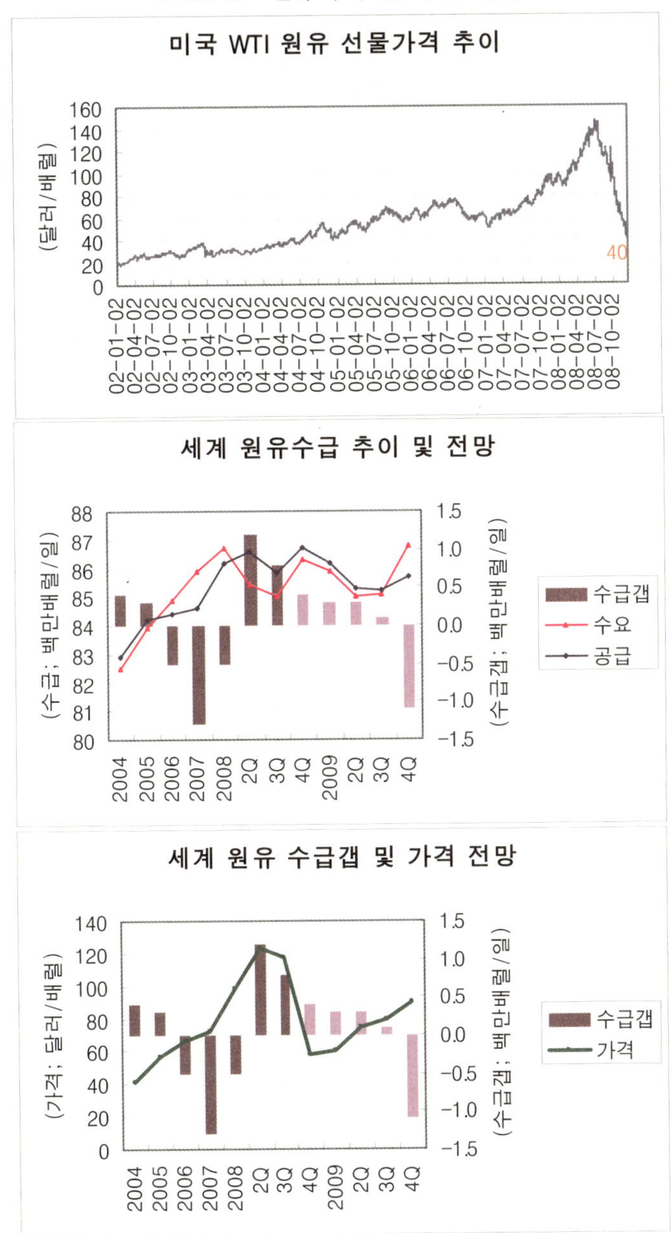

(주) 각종 자료로부터 KSERI 작성

유국의 감산 움직임이 가시화되고 있다. OPEC은 유가 급락과 관련하여 하루 150만 배럴의 감산을 추진하고 있다. 1일 46만 배럴 감산을 추진하고 있는 사우디는 일본 정유회사들에 대해 2009년 2월부터 당초 계약분의 5% 정도를 삭감 공급하겠다고 통보했다. 최근 사우디 압둘라 국왕은 배럴당 75달러가 국제유가의 적정가격 수준이라고 말했다. OPEC 의장도 배럴당 70~75 달러 수준이 적정가격이라고 주장했다.

OPEC이 12월에 하루 150만 배럴의 감산을 결정하게 되면 경기불황으로 인한 수요 급감으로 인한 공급과잉 압력이 크게 해소되게 된다. 상기 <도표 3>에서 2008년 2분기와 3분기에 계절적 수요 감소로 인해 하루 120만 배럴과 80만 배럴의 공급과잉이 발생했다. 그러나 4분기부터 공급과잉이 크게 줄어들기 시작하고 있으며 이러한 추세는 2009년 한 해 동안 계속될 것으로 보인다. 수요감소에 비례하여 원유가격 유지를 위해 OPEC의 감산도 계속될 것으로 보인다. 그 결과 공급과잉 압력이 해소되기 시작하면서 2009년 2분기부터는 유가가 상승세로 반전하여 배럴당 75달러 수준에 이를 가능성을 배제할 수 없다. 물론 상황이 매우 유동적이어서 단정적으로 말하기는 힘들지만 OPEC의 감산이 계속 유지될 경우 2009년 연말에는 배럴당 90달러 선에 이를 가능성도 있다.

결론을 말하자. FRB가 금융위기와 경기불황에 대처하기 위해 제로금리 정책을 단행했다. 이로써 FRB는 금리인하라는 정책수단이 고갈된 셈이다. 이를 보완하기 위해 FRB는 양적 통화확대(대차대조표 확대) 정책을 실시하겠다고 밝혔다. 즉 달러를 찍어내 시중에 유동성 공급을 확대해주겠다는 것이다.

그러나 FRB의 제로금리 정책에도 불구하고 금융시장의 신용경색은 해소되지 않고 있다. 은행의 대출금리 역시 정책금리 인하에도 불구하고 크게 낮아지지 않고 있다. 은행은 경기불황으로 기업도산과 가계파산 급증을 우려하여 대출 자체를 기피하고 있기 때문이다. 주택시장 침체는 여전히 계속되고 있고 주식시장 역시 다우지수 8,000포인트 대에서 급등락을 반복하고 있기 때문이다.

지난 7월 이후 경기급락 여파로 유가가 급락함에 따라 디플레이션 압력이 급증하는 모습을 보이고 있다. 그러나 중동산유국들을 중심으로 감산 움직임도 본격화되고 있어 2009년에는 경기불황에도 불구하고 배럴당 75달러 수준으로 다시 상승할 가능성이 있다.

게다가 FRB와 미 재무성 등이 지급보증을 포함하여 최근까지 공급한 공적 구제금융 규모는 총 7~8조 달러에 달하고 있다. 이제부터는 FRB가 발권력을 이용하여 달러를 찍어내 시중 유동성을 직접 확대하겠다고 나서고 있다. 제로금리와 양적 통화공급 확대가 예상되기 시작하면서 시장에서는 달러화가 엔화와 유로화에 대해 다시 급락하는 모습을 보이고 있다. 엔/달러 환율은 달러당 90엔 전후 수준으로 떨어졌고 유로화에 대해서는 유로당 1.4달러로 다시 급락하는 모습을 보이고 있다.

지금 당장에는 디플레이션 압력이 높아지고 있지만 화폐적 인플레이션과 유가 인플레이션이 다시 고개를 쳐들 가능성을 배제할 수 없다. 이미 시장에서는 이를 우려하는 목소리들이 나오고 있다. 유가가 다시 상승하고 달러화 하락이 지속될 경우 미국경제는 더욱 침체의 늪에 빠질 가능성을 배제할 수 없다.

<특집> 2008년 12월 17일

FRB의 제로금리 정책과 환율 문제

2008년 12월 16일 미국 연방준비이사회(FRB)가 제로금리 정책을 단행하고 양적 통화확대 정책을 실시할 것이라는 방침을 밝힘에 따라 달러화가 유로화와 엔화 등 주요국 통화에 대해 급락세를 보이고 있다.

아래 <도표 1>에 나타난 바와 같이 엔화는 달러당 한때 87엔대까지 떨어져 지난 90년대 중반 초엔고 시절 이후 처음으로 80엔대로 진입하는 초강세를 보였다. 유로화 역시 유로당 1.2달러 대에서 단숨에 1.4달러를 넘어서는 급등세를 보였다. 중국 위안화도 중국정부의 강력한 통제에도 불구하고 달러당 6.88위안에서 6.82위안으로 강세를 보였다. 원화도 달러당 1,200원 대로 진입하는 모습을 보였다. 원화 상승은 미 FRB의 제로금리 정책에 기인하는 면도 있지만 국내 외환시장의 달러부족이 일시적으로 완화된 데에도 기인한다. 한국은행은 최근 일본은행 및 중국 인민은행과 통화스왑을 체결했으며 FRB로부터 지난번 30억 달러에 이어 추가로 40억 달러의 원-달러 통화스왑을 통해 외화자금을 국내 시

"

장에 공급하고 있기 때문이다. 원/달러 환율은 통화스왑 자금이 국내시
장으로 유입될 때마다 일시적으로 하락하는 모습을 반복하고 있다.

<도표 1> 미 달러화 환율 추이

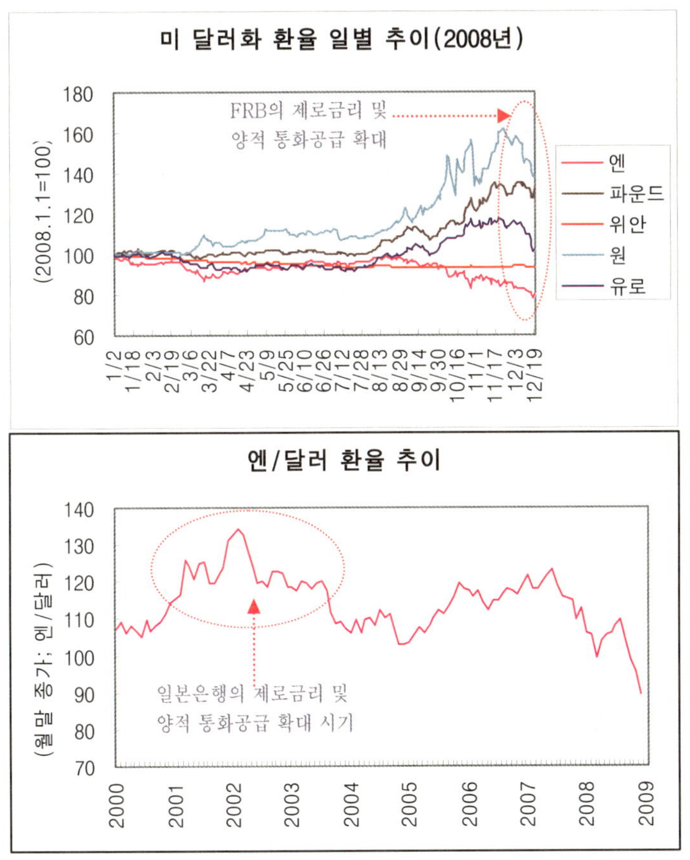

(주) 각종 자료로부터 KSERI 작성

　　이미 본 시평에서 여러 차례 언급한 바 있듯이 미국 달러화는 미국 경
제위기의 현실을 감안하면 적어도 30%~40% 정도의 대폭적인 평가절하
가 필요하다. 버블 붕괴로 인한 금융위기와 경기불황으로 미국경제의 체

력이 크게 저하되고 있음에도 불구하고 달러화가 대폭 평가절하 되지 않고 있는 것은 문제를 악화시킬 뿐만 아니라 경제위기를 장기화하는 근본요인 중의 하나라고 할 수 있기 때문이다. 가장 바람직한 달러화 조정방식은 1945년 브레튼우즈 체제 이후 계속되어 온 달러 기축통화제를 전면 수정하는 것이라고 할 수 있다. 케인즈 경제학의 창시자인 케인즈는 1945년 국제통화기금(IMF) 출범 당시 달러 기축통화제를 반대했었다. 그는 금을 비롯한 귀금속 30여 가지를 바스켓으로 한 세계통화(Bancor) 창설을 주장했었으나 당시 미국 정부안에 밀려 무산되고 말았다.

결과적으로 FRB의 제로금리 정책과 달러 찍어내기 통화공급 확대정책은 미 달러화의 급락을 초래하고 있다. 그러나 이런 방식은 많은 부작용을 동반한다.

첫째로, 달러 급락에 따라 각국간에 환율정책을 둘러싼 긴장이 높아질 수 있다. 당장에 엔/달러 환율이 87엔 대까지 급락하자 일본이 발끈하고 나섰다. 일본은행은 미국이 제로금리 정책을 실시한 직후인 12월 19일 일본경제가 악화되고 있다는 판단 아래 기준금리를 현행의 0.3%에서 0.1%로 0.2% 포인트 인하한다고 발표했다. 동시에 일본은행은 CP매입과 장기국채 매입을 늘리는 등 시중 유동성 공급도 늘리기로 했다. 마치 무슨 코미디와 같은 느낌이 든다. 기준금리가 0.3%인들 0.1%인들 무슨 차이가 있겠는가! 물론 일본은행으로서는 이런 조치라도 취하지 않을 수 없는 입장에 있다고 할 수 있다. 그러나 이로써 세계 1,2위 경제대국이 동시에 제로금리 정책을 실시하게 됐다.

일본 정부도 엔화 폭등에 대해 우려를 표명하면서 시장개입 의사를 밝히고 있다. 나카가와 쇼이치(中川昭一) 일본 재무성장관은 급격한 엔화 강세에 대해 필요하다면 시장에 개입할 의사가 있음을 밝혔다. 가와무라 다케오(河村建夫) 일본 관방장관도 미국의 제로금리를 계기로 급속히 진행되고 있는 엔화 강세에 대해 필요할 경우 시장개입을 할 것임을 밝혔다. 그러나 일본정부의 이러한 반응은 G7과 G20 정상회담 등을 통하여 각국간 환율경쟁 억제 및 국제협력을 계속 다짐해온 그간의 노력들을 무력화시키는 것이라고 할 수 있다.

유럽중앙은행의 트리쉐(Jean-Claude Trichet) 총재도 최근 기준금리를 3%까지 대폭 인하한 것과 관련하여 이제는 은행들이 대출에 적극 나서야 한다고 강조했다. 그는 은행들이 금융기관 서로에게 또는 기업이나 가계에게 적극 대출을 늘려주지 않는 한 중앙은행이 아무리 기준금리를 인하하더라도 경기부양에 아무런 도움이 되지 않을 것이라고 우려를 표명했다. 이런 우려에도 불구하고 달러화에 대해 유로화가 폭등세를 계속할 경우 유럽중앙은행도 추가적인 금리인하를 하지 않을 수 없는 처지라고 할 수 있다.

중국정부는 FRB의 제로금리 정책으로 인한 달러 급락 이전부터 이미 위안화 환율을 통제하고 있다. 중국정부의 강력한 시장개입은 차기 오바마 정부와 무역마찰을 심화시킬 가능성이 매우 높다. 중국도 미국을 비롯한 세계경제 악화로 수출에 급제동이 걸리고 부동산과 주식시장도 버블이 붕괴됨에 따라 기업도산과 실업이 급증하기 시작하고 있다. 이에 중국정부는 좌불안석에 빠지고 있다. 최근 중국정부 내부에서는 경제안정과 사회안정을 위해서는 민주주의를 다소 희생하더라도 사회주의적 시장통제를 강화할 필요가 있다고 주장하는 목소리도 나오기 시작하고 있다. 이런 상황에서 중국 정부가 구조조정과 실업 등 희생을 다소 감수하더라도 달러에 대한 위안화 강세를 허용할 것이라고 기대하는 것은 무리다.

둘째로, 제로금리 정책과 FRB의 달러 찍어내기식의 통화공급 확대 정책은 화폐적 인플레이션을 유발할 위험이 높다. 댈라스연방은행의 피셔(Richard W. Fisher) 총재는 최근 한 외부강연에서 2008년 4분기 미국 경제성장률이 연환산 -4%~-5%의 마이너스 성장률을 기록할 것이라고 말했다. 또 2009년에도 마이너스 성장이 계속될 가능성이 높다고 전망했으며 실업률도 현재의 6.7%에서 8%까지 상승할 것으로 보인다고 우려를 표명했다. 이를 바탕으로 FRB는 경기침체를 막기 위해 제로금리 정책을 포함하여 금융시장 정상화를 위해 모든 수단을 강구할 것이라고 다시 강조했다. 지난 2000년대 전반 일본은행의 양적 통화확대 정책 사례를 들면서 미국도 달러를 찍어내는 양적 통화확대를 해서라도 페니매이나 프레디맥 등 연방주택금융기관들로부터 MBS를 매입하여 금융위기 해소와 경기악화를 막을 것이라고 강조했다.

피셔 총재의 발언에서 알 수 있는 것처럼 FRB가 달러 찍어내기로 통화공급을 확대하겠다는 목적 중의 하나는 신용위기로 거래가 거의 없거나 가격이 폭락한 부실금융기관의 부동산관련 보유증권과 미국채를 찍어낸 달러로 대량 매입하기 위해서라고 할 수 있다. 그러나 이것은 종이돈으로 부실화된 증권이나 부동산가격을 떠받쳐 주는 것이나 마찬가지라고 할 수 있다.

12월 18일 FRB가 밝힌 바에 따르면 FRB의 대차대조표 자산 규모는 1년 전의 2.6배인 2조3,118억 달러로 급격히 증가한 것으로 나타났다. 2008년 3분기 말 현재 1조5,100억 달러에 비해서도 무려 8,000억 달러 이상 증가한 것이다. 이처럼 FRB의 대차대조표의 자산이 급증한 것은 말할 필요도 없이 부실 금융기관에 대한 공적자금 투입이 급증했기 때문이다. 이것은 사실상 FRB의 대규모 통화 증발(增發)이 이미 시작된 것이나 마찬가지라는 것을 의미한다. FRB 대차대조표의 자산은 급증하고 있으나 그 질은 급격히 악화되고 있다고 할 수 있다. 제로금리에 이어 본격적으로 달러를 찍어내기 시작하면 FRB의 자산규모는 3조 달러를 훌쩍 뛰어 넘을 것으로 예상하고 있다.

FRB의 제로금리 정책과 달러 찍어내기 통화공급 확대는 시간이 지나면 화폐적 인플레이션을 유발할 가능성이 매우 높다. 벌써 그것을 우려하여 달러화 가치가 급락세를 보이고 있다고도 할 수 있다. 유가급락과 소비위축으로 지금 당장에는 미국의 인플레이션 압력이 크게 감소되고 있는 것처럼 보이지만 시장은 벌써 제로금리와 대규모 달러 찍어내기로 달러화 가치가 크게 떨어질 것을 우려하고 있는 것이다. 여기에 유가가 다시 상승하게 되면 문제는 더욱 심각해진다.

유가가 다시 상승하는 것은 시간 문제라고 할 수 있다. 앞의 글에서도 언급한 바와 같이 석유수출기구(OPEC)은 12월 17일 임시총회를 개최하고 역대 최대규모인 하루 평균 220만 배럴의 감산을 결정하고 2009년 1월부터 실시하기로 했다. OPEC은 적정 유가를 75달러 수준이라고 밝히고 있어 이 수준에 이를 때까지는 앞으로도 감산을 계속할 가능성이 매우 높다. OPEC의 목표 생산량은 하루 2,730만 배럴(이라크와 인도네시아 제외)이며 이번 감산은 이의 8%에 해당한다. 이미 OPEC은 9월에 50만 배럴을 감산한 데 이어 11월부터 150만 배럴의 감산을 실시해오고 있다. 이로부터 OPEC의 누계 감산 규모는 하루 평균 420만 배럴로 이는 세계 전체 원유생산량의 5%에 해당하는 양이다.

OPEC의 감산결정이 발표된 날 미국 에너지성은 2009년 에너지연차보고서를 발표했다. 이 보고서는 유가 상승과 바이오연료 등 대체에너지 증가로 2030년의 미국 석유소비량이 2007년 수준에 머무를 것이며 중동지역 등 해외 원유수입 의존도도 대폭 줄어들 것으로 전망했다. 미 에너지성의 석유수요 증가 전망이 0%로 나온 것은 지난 20년간 처음 있는 일이다. 이로 인해 OPEC의 대규모 감산 소식에도 불구하고 유가는 오히려 배럴당 40달러 밑으로 떨어지는 하락세를 보였다.

그러나 유가가 다시 상승하는 것은 단지 시간문제일 뿐이다. 당장에 금융위기와 경기침체로 원유소비가 줄고 투기적 가수요도 줄어 유가 하락이 지속되고 있지만 OPEC이 공급자 카르텔이라는 사실을 잊어서는 안 된다. 아무리 수요가 준다고 한들 원유를 반드시 소비해야 하는 쪽과 원유공급을 틀어쥐고 있는 쪽이 힘겨루기를 할 경우 그 결과는 뻔하다. 원유공급을 틀어쥐고 있는 쪽이 이길 수밖에 없는 것이다. 원유공급을 움켜쥐고 있는 OPEC이 75달러가 적정 수준이라고 주장하면서 계속 공급을 줄여가면 유가는 그 수준으로 올라갈 수밖에 없는 것이다.

이런 마당에 FRB의 달러 찍어내기로 화폐적 인플레이션이 발생하게 되면 제로금리 상황에서 인플레이션이 발생하는 기묘한 상황이 벌어지게 된다. 뿐만 아니라 화폐적 인플레이션이 발생한다고 해서 부동산이나 주식 등 자산가격이 예전의 버블수준으로 다시 복귀할 가능성은 거의 없다. 실물경기는 여전히 침체하고 자산가치는 하락한 상태에서 달러 남발에 의한 화폐적 인플레이션이 발생하게 되는 것이다. 그 경우 FRB는 인플레이션 억제를 위해 경기침체 속에 금리인상을 다시 고민해야 하는 딜레마에 빠질지도 모른다. 그렇게 되면 미국뿐만 아니라 세계경제 전체가 큰 혼란에 직면하게 될 수도 있다. 달러에 대한 신뢰가 완전히 무너지기 때문이다. 달러가 무너지면 미국채도 같이 무너지게 된다. 지금은 국제공조라는 명분하에 각국 정부에 미국채 매각 자제를 요청하고 있지만 과연 화폐적 인플레이션이 본격화될 경우에도 이런 국제공조가 유지될 지는 의문이다. 이런 점에서 FRB의 제로금리 정책과 달러 남발은 위험한 도박이라고 할 수 있다. 미국경제뿐만 아니라 세계경제를 볼모로 한 일대 도박인 셈이다.

셋째, 국제적 경제마찰 내지는 분쟁 위험이 높아질 수 있다. 2001년 ~2005년 기간 동안에 실시된 일본은행의 제로금리와 양적 통화공급 확대 정책은 일본을 제외한 미국과 세계경제가 비교적 양호한 상황에서 이루어졌다. 당시 미국 등 세계경제는 투기적 버블 호황기에 진입하던 시기였으며 중국이 새로운 세계경제 성장동력으로 등장한 시기였다. 즉 일본은 미국과 중국 등 기댈 언덕이라도 있었던 것이다. 이 정책으로 당시 엔화 환율은 달러당 130엔 대를 넘는 급등 양상을 보였다. 지금의 엔/달러 환율보다 20~30% 이상 급등한 것이다.

그러나 지금은 미국뿐만 아니라 세계경제 전체가 투기적 버블 붕괴로 인한 금융위기와 동시불황의 위기에 처해 있다. 즉 미국은 일본과는 달리 기댈 언덕이 없는 상황인 것이다. 이런 상황에서 FRB가 제로금리 정책과 달러남발 정책을 추진하는 것은 위험한 도박이라고 하지 않을 수 없다. 기댈 언덕이 없으면 결국에는 서로의 밥그릇을 챙기려는 싸움이 잦아질 수밖에 없다. 환율 분쟁이든 무역마찰이든 전쟁이든 싸움이 일어날 확률이 높다. 일본 엔화의 사례를 참고로 할 경우 달러화도 최소한 20~30% 이상 급락할 가능성을 배제할 수 없기 때문이다.

넷째, 미국정부와 FRB가 온갖 경기부양책을 동원하여 이전의 부동산과 주식 버블가격으로 단기간에 복귀한다고 해서 미국경제가 건전하게 정상화되었다고 할 수는 없다. 그저 또 하나의 버블을 만들어내는 것에 지나지 않을 뿐이다. 최근 독일정부는 이를 통렬하게 비판하고 나섰다.

무리한 경기부양책으로 또 하나의 버블을 만들어내는 것은 문제해결이
아니라 오히려 문제를 더욱 악화시킬 뿐이라고 주장했다. 독일 정부는
조급한 경기회복을 위해 무리한 경기부양책을 동원하지 않을 것이라고
밝혔다.

실제로 FRB의 금리인하가 당장에 경기부양 효과와 금융시장 신용경
색 해소에 기여하지 못하고 있는 것으로 나타나고 있다. 물론 금리인하
효과가 나타나기까지는 다소 시간이 소요된다고 말하고 있다. 아래 <도
표 2>에서 지난 10월 말에 6.5%이던 모기지 금리가 계속되는 금리인

<도표 2> 미국의 모기지금리, 신규주택 판매, 소비자 신용대출 추이

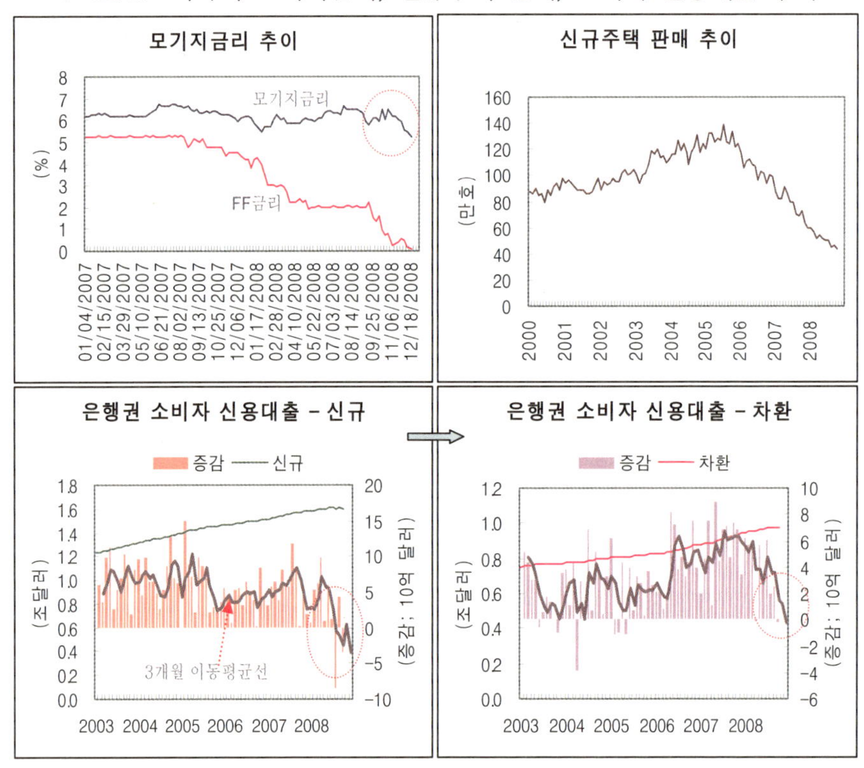

(주) 각종 자료로부터 KSERI 작성

하로 제로금리 시행 직후에는 5.2%까지 떨어지는 모습을 보이고 있으나, 신규주택 판매는 사상 최저치를 기록하고 있으며 주택가격 하락도 계속되고 있다. 지난 10월의 미국 신규주택 판매량은 43.3만호에 불과해 2005년 말 최고치의 1/3 수준에도 못 미치고 있다.

은행권의 대출 역시 좀처럼 늘어나지 않고 있다. 오히려 미국 은행권의 소비자 신용대출은 기준금리 인하에도 불구하고 기존 대출 차환과 신규대출 모두 감소세를 나타내고 있다. FRB의 금리인하가 경기부양 효과를 거의 내지 못하고 있는 것이다. 오히려 FRB가 은행권에 공급해준 유동성이 대출할 곳을 찾지 못해 지불준비금 형태로 FRB로 다시 역류해 들어오고 있다. 다우지수 역시 정권교체로 인한 기대감도 이미 다 소진되어 8,000포인트 대에서 급등락을 반복하고 있다. 대다수 전문가들은 2009년 미국경제가 실업 급증과 마이너스 성장을 기록할 것이라고 전망하고 있다.

결론을 말하자. FRB의 제로금리 정책과 달러 찍어내기 정책에 대한 우려로 달러화가 급락하고 있다. 달러화의 급락은 각국간에 환율정책을 둘러싸고 갈등과 긴장을 불러 일으킨다. 또한 화폐적 인플레이션을 초래할 가능성이 높으며, 국가간 경제 분쟁 위험도 높아진다. 제로금리 정책과 달러 찍어내기 정책의 실효성도 의문이다.

2000년대 전반 일본이 제로금리 정책과 양적 통화확대 정책을 실시하던 시기와 지금의 미국경제는 상황이 완전히 다르다. 역사는 반복된다고 한다. 그러나 반복되는 것은 문제일 뿐이며 문제가 발생하게 된 상황은 항상 다르다. 이처럼 상황이 다르기 때문에 문제해결 방법도 다르다고 할 수 있다. 문제가 유사하다고 해서 언제나 같은 해법이 통하지는 않는 것이다.

작금의 미국경제와 세계경제가 직면하고 있는 근본적인 문제는 달러 기축통화제의 모순과 미국 가계의 과다부채 및 과소비에 세계경제가 지나치게 의존하고 있는 왜곡된 경제구조라는 점이다. 미국은 끊임없이 쌍둥이 적자와 과다부채를 바탕으로 종이 달러를 찍어내어 일을 하지 않은 채 과소비를 해오고 있다. 그 종이 달러를 대가로 세계 각국은 대미 과잉 수출경쟁을 통해 성장을 해오고 있다. 미국의 과소비는 세계 각국의 노동력 착취라는 말이 이래서 나온 것이며, 이번 금융위기로 달러 기축통화제의 근본적 문제점이 드러난 것이다. 이런 왜곡된 구조가 영원히 지속가능할 것이라고 생각하는 것은 오산이다.

미국경제와 세계경제가 건전하게 지속가능한 성장을 위해서는 미국경제와 세계경제를 건전하게 만들 수 있는 규율의 확립이 먼저 필요하다고 할 수 있다. 올바른 제도를 재정비하고 썩은 살을 도려내고 새 살이 돋아날 때까지 기다리며 인내하는 정책이 필요하다. 당분간은 과다부채와 과소비 그리고 과잉수출 의존으로 인한 금단 현상으로 힘들고 어렵겠지만 말이다.

<경제시평> 2008년 12월 22일

|제3부|
세계 경제질서의 변화와 새로운 모색

서브프라임론 사태와
세계 경제구조의 변화

미국 서브프라임론 사태를 발단으로 시작된 미국경제의 혼란이 세계경제로 확산되고 있다. 2007년 4월 IMF는 서브프라임론 사태로 미국경제가 어려워지더라도 중국을 비롯한 BRICs 경제가 새로운 성장의 동력으로 급부상하고 있기 때문에 세계경제가 혼란에 빠지지는 않을 것이라는 디커플링론(decoupling)을 주장했었다. 그러나 지금까지의 전개로 보면 이런 주장은 보기 좋게 빗나가고 말았다고 할 수 있다. 서브프라임론 사태 이후 미국을 비롯한 세계 주요 주식시장은 거의 완벽한 동조화 현상을 보이고 있으며, 심지어는 실물경제까지도 동반 침체를 보이는 동조화 현상을 보이고 있다.

본 시평에서도 디커플링론 주장이 주요국의 경제 비중을 고려할 경우 설득력이 부족하다는 점을 지적한 바 있다. 미국경제가 세계 전체 GDP에서 차지하는 비중이 2006년 기준으로 27.1%에 달하며 미국과 유럽, 일본 등 G7 선진국의 경우에는 60%에 달하고 있다. 이에 비해 중국의

GDP비중은 5.5%에 불과하며, 중국을 포함한 BRICs 전체로도 11.4%에 불과한 실정이다. 이는 미국의 GDP 성장률 1% 감소를 보완하기 위해서는 BRICs가 약 2.4%의 추가 성장률을 보여야 한다는 것을 의미한다. 또는 미국 등 G7 선진국의 GDP 성장률 1% 감소를 보완하기 위해서는 BRICs가 5.3%의 추가 성장을 해야 한다는 것을 의미하기도 한다. 단순히 미국과 중국만을 비교해보아도 마찬가지 상황이라고 할 수 있다. 미국의 경제성장률이 3%에서 2%로 1% 줄어든다고 가정할 경우 이를 미국경제의 1/5 수준에 불과한 중국경제가 보완해주기 위해서는 기존의 10%대 성장률에 추가로 5%를 더해 15% 정도의 성장률을 기록해야만 가능하다. 아직은 디커플링론을 주장하기에는 시기상조라고 할 수 있다.

최근 일본의 대표적인 거시경제 전문가 두 사람이 미국의 서브프라임론 사태와 관련하여 흥미로운 글들을 일본 언론에 기고했다. 본 시평에서도 소개한 바 있는 사이토 세이치로(斎藤精一郎) 치바상과대학 교수와 리차드 쿠(Richard C.Koo) 노무라종합연구소 수석이코노미스트가 그들이다. 이들의 주장은 미국 서브프라임론 사태와 향후 전개를 이해하는데 있어서 많은 도움이 될 것 같다. 이에 이 두 사람의 기고 내용을 간단히 소개해보기로 한다.

먼저 사이토 교수는 경기순환론(Business Cycle)의 관점에서 서브프라임론 사태를 해석한다. 슘페터(Joseph Alois Schumpeter)는 1939년에 발표한 걸작 「경기순환론(Business Cycles: A theoretical, historical and statistical analysis of the Capitalist process)」으로 유명한 경제학자이다. 이 책은 유명한 '콘트라티에프 파동'에 자극 받아 쓴 것이다. 러시아 경제학자인 콘트라티에프(Nikolai Dmitriyevich Kondratiev)가

1925년에 발표한 논문 「주요 경기순환(The Major Economic Cycles)」
에서 과거 100년 이상에 걸쳐 구미의 물가지수, 이자, 임금, 생산 등의
시계열 데이터를 분석해본 결과 5,60년 주기로 경기변동이 반복된다는
사실을 발견했는데 이를 흔히 콘트라티에프 파동이라고 부른다.

사이토 교수는 1770년대 후반을 제1파가 시작된 시기로 보면
1945~1995년의 제4차 파동에 이르기까지 네 번에 걸쳐 장기파동이 되
풀이 되어 왔다고 말한다. 그리고 제5차 장기파동은 1996년부터 시작된
것으로 추측할 수 있다고 말한다.

이처럼 장기파동이 생기는 이유는 무엇일까? 슘페터는 기술혁신을 그
동인(動因)으로 들었다. 콘트라티에프는 기술변화, 신프론티어의 출현,
금 산출의 변동,[9] 전쟁과 혁명의 4가지 동인을 들었다. 이를 바탕으로 사
이토 교수는 21세기에 진행되는 제5차 파동의 동인으로써 다음과 같이
제시했다. 먼저 기술변화는 1990년 중반부터 시작된 IT혁명이며, 신프론
티어는 BRICs의 출현, 금 산출은 달러를 비롯한 과잉유동성 공급, 그리
고 전쟁과 혁명은 냉전의 종식이 해당된다는 것이다.

이런 전제하에 사이토 교수는 1996년을 제5차 파동의 시작으로 간주
할 경우 우선 1991년 구소련 붕괴로 냉전이 종식되고 세계시장이 하나
로 통합된 점을 제5차 장기파동 출발의 모태가 되었다고 말한다. 말하자
면 1996년부터 새로운 패러다임의 변화가 시작되고 있다는 것이다.

1994년 인터넷의 민간개방과 더불어 야후와 아마존이 그리고 1995년
에는 마이크로소프트의 윈도우95가 등장함으로써 인터넷 시대가 시작되
었다고 말한다. 사이토 교수는 이것을 제5차 파동의 '제1막'이라고 본다.

---

[9] 1900년대 전반까지는 금본위제 시기였기 때문에 통화량의 공급은 금산출량에 의해
결정되었다고 할 수 있다.

또 제4차 파동에서는 자동차가 기술혁신의 중심이었다면 제5차 파동의 기술혁신의 주역은 IT혁명이며, 이 제1막은 미국경제에 '신경제(New Economy)'로 불리는 고성장을 가져다 주었다고 말한다. 그리고 제1막은 2000년까지 지속되었다고 말한다.

제1막에서 지속된 미국경제의 고성장은 개혁개방을 내세운 중국경제를 세계의 생산공장으로 부상시켰으며, 2000년 Y2K 문제를 계기로 인도에도 IT특수를 야기했다고 말한다. 이로써 제5차 파동의 신프론티어 즉 중국과 인도를 중심으로 하는 BRICs 경제가 탄생함으로써 미국과 더불어 세계경제의 2대 성장축을 형성하기 시작했다고 말한다.

그러나 제1막의 IT혁명과 BRICs의 등장은 '과잉' 문제를 동반했다고 한다. 미 FRB는 제1막으로 과열된 경제와 주가 폭등을 억제하기 위해 기준금리인 FF금리를 2000년 6.5%까지 인상하여 조정국면에 들어갔다. 2001년에는 IT버블이 붕괴되었으며 9.11테러로 미국경제가 2002년까지 경기후퇴를 하는 단기간의 '막간(幕間)'에 진입했다고 한다. 이에 대해 그린스펀 전 FRB의장은 대대적인 금융완화 정책을 전개하여 2003년에는 FF금리를 1%까지 낮추었다.

그 결과 미국경제는 2003년부터 다시 성장엔진을 재가동하기 시작했다는 것이다. 미국경제의 회생과 BRICs의 양대 성장축을 중심으로 세계경제가 연평균 5%대의 높은 성장률을 기록하는 제2막이 시작되었다는 것이다. 제2막 기간 동안에 미국에서는 부동산투기 버블과 주가버블이 본격화되기 시작했으며, BRICs는 순식간에 세계의 생산공장으로 바뀌었고 그로 인해 유가를 비롯한 원자재 공급부족이 가중되어 가격이 급등하는 결과를 초래하게 되었다고 한다.

2003년부터 시작된 제2막의 특징으로 다음의 5가지 점을 열거하고 있다. 첫째, 유가가 배럴당 100달러를 돌파하여 순식간에 140달러 대까지 급등하였다는 점, 둘째, 곡물 및 원자재 등 자원가격 역시 급등했다는 점, 셋째, 웹2.0으로 IT혁명이 버전업 되고 있다는 점, 넷째, 달러 약세 기조로 진입했다는 점, 다섯째, 고유가 등에도 불구하고 장기금리가 비교적 안정적으로 추이했다는 점이 그것이다. 그러나 2007년 하반기 서브프라임론 사태가 본격화되면서 제2막도 끝나고 또다시 막간에 들어갔다고 말한다. 그리고 이 막간은 2007년 하반기를 기점으로 2010년까지 3년 정도 지속될 것이라고 말한다. 이른바 세계경제는 미국 서브프라임론 사태를 계기로 전치 3년의 중상을 입었다는 것이다.

그 논거를 제시하기 위해 제5차 파동이 시작된 1996년부터 최근까지 세계경제의 구조적 변화를 다음과 같이 요약하고 있다. 냉전 종식에서 출발하는 세계경제의 글로벌화, 인터넷 기술혁명, 글로벌화와 인터넷을 바탕으로 BRICs 경제의 출현, BRICs의 고성장과 내수확대에 따른 자원수요 및 가격 급등, 과잉유동성과 투기자금의 급팽창, 유로화 출현과 달러 약세 기조의 정착, 미국을 비롯한 선진국 경제와 BRICs 경제간 디커플링 주장의 시기상조가 그것이다.

이러한 구조적 패러다임 변화를 바탕으로 유가에 대해 다음과 같이 분석한다. 한때 140달러 대까지 올랐던 유가는 단기적으로는 미국 등 세계경제 침체를 반영하여 100달러 전후 수준까지 조정 받을 가능성이 높겠지만 BRICs라는 뉴프론티어 출현의 구조적 요인을 감안하면 중장기적으로는 120~140달러 선으로 회복될 것이라고 전망한다.

또 유가 상승의 한 배경으로 세계적 과잉유동성과 투기자금의 일반화를 지적한다. 과잉유동성은 다극통화체제와 증권화를 통해 유발되고 있다고 한다. 먼저, 다극통화체제의 원천으로는 미 달러화의 공급, BRICs

와 산유국의 달러보유고 급증, 달러 약세와 유로화 및 산유국 통화 비중의 확대, 원유 및 상품의 화폐화를 들고 있다. 이 다극통화체제야말로 달러나 원유, 상품 등에 대한 투기의 일상화를 유발하는 근원이라고 한다.

다음에, 증권화는 자산의 유동화라는 순기능과 가치가 불확실한 자산을 현금화시키는 연금술적인 부작용의 두 가지 측면이 있다고 말한다. 증권화의 부작용은 베어스턴스 사태에서 볼 수 있듯이 전통적인 중앙은행의 기능을 최후의 대출자(Lender of last resort)에서 최후의 구매자(Buyer of last resort)로 역할변화를 야기하고 있다고 한다.

세계적인 인플레이션 현상에 대해서도 다음과 같이 설명한다. BRICs라는 뉴프론티어의 출현과 과잉 유동성이 그 근원이라는 것이다. 뉴프론티어 출현과 과잉유동성은 BRICs 국가에서는 수요견인형(demand-pull) 인플레이션를 유발시키며 미국 등 선진국에서의 원가견인형(cost-push) 인플레이션를 유발한다는 것이다.

이로 인해 임금인상을 억제한다고 하더라도 중국 등 BRICs는 위안화 절상, 금리인상 등의 긴축정책으로 양극화가 심화되고 경제성장 감속에 직면할 가능성이 높으며, 따라서 주식시장도 대대적인 조정국면에 진입할 것이라고 경고한다. 미국 역시 주식, 채권, 달러의 3저 현상이 장기화되어 저성장의 위험에 직면해 있다고 한다. 말하자면 미국과 BRICs 경제의 디커플링론은 당분간 유효하지 않다는 것이다. 이것이 사이토 교수의 전치 3년의 논거라고 할 수 있다.

세계경제가 경기침체에서 벗어나기 위해서는 미국경제의 부활과 뉴프론티어 및 과잉유동성에 의해 촉발되는 유가 및 자원가격의 안정 여부가 관건이라고 말한다. 그러나 미국경제 부활을 위해 FRB가 최후의 구매자로 나서 금융위기를 진정시킨다고 할 경우 과잉유동성을 방치할 수 밖에 없다는 모순이 존재한다고 주장한다. 또 인플레이션 압력이 높아 금융완화책을 취하기 어려운 상태에서 재정확대책을 강화할 경우 막대한 재정적자 누적으로 미국의 주식이나 채권, 달러 약세를 초래할 위험이 동반될 수 밖에 없다고 말한다. 소비위축도 미국 주가의 대규모 조정을 야기할 수 있는 위험요소라고 지적한다. 설령 주가가 회복되더라도 필연적으로 유가 상승과 인플레이션을 동반할 것이라고 분석한다.

사이토 교수는 만일 3년간에 걸친 막간을 성공적으로 탈출할 경우에는 세계경제는 21세기 제3막의 성장기를 맞이할 것이라고 말한다. 탈출의 돌파구는 글로벌 차원의 금융정책을 통한 적절한 유동성 관리와 에너지절약형 및 자원절약형 산업구조로의 전환 외에는 없다고 단언한다. 세계경제가 부활하기 위해서는 필요조건으로 미국경제의 부활과 충분조건으로 BRICs의 산업구조 고도화가 동시에 이루어져야 한다는 것이다.

미국경제의 부활과 자원절약형 산업구조 고도화를 위해서는 신기술혁신이 필연적이라고 강조한다. 이를 위해 사이토 교수는 G7을 G8에 G5(중국, 인도, 브라질, 멕시코, 남아공)을 포함한 G13체제로 재편하여 세계중앙은행의 창설을 적극 검토할 필요가 있다고 대담하게 주장한다.

이제 미국 서브프라임론 사태의 원인과 배경 등에 관해 리차드 쿠(Richard C.Koo)씨가 일본언론에 기고한 내용을 요약해보기로 하자.

리차드 쿠씨는 1954년 일본 출생으로 미국 존스홉킨즈 대학과 대학원에서 경제학을 전공하고 박사학위를 마친 후, 1981년 뉴욕연방은행에 입사하여 조사국과 외국국 등에서 이코노미스트로 활약했다. 그 후 1984년 일본 노무라종합연구소에 입사하여 현재에 이르고 있으며 지금은 수

석이코노미스트로서 활약하고 있다.[10]

쿠씨는 이전부터 미국 주택시장은 투기 버블이 심각하여 큰 문제가 될 것이라고 주장해왔다고 한다. 다만 이렇게까지 사태가 심각하게 전개될 줄은 예상 밖이었다고 말한다.

그는 2007년 하반기 서브프라임론 사태가 본격화되면서 미국과 유럽의 금융시장에서는 은행이 상대방 은행을 전혀 신용하지 못하는 상황이 계속되고 있다고 말한다. 원래 자금이 남아도는 은행이 은행간 시장(Inter-bank market)에서 자금을 방출하고 자금이 부족한 은행이 그것을 빌려 쓰는 것이 보통인데 지금 미국과 유로화권 금융시장은 이러한 단기자금 중개기능이 전혀 작동하지 않고 있는 상황이라는 것이다. FRB나 ECB가 단기유동성을 공급한다든지 주요 중앙은행들이 공조하여 단기유동성을 공급한다든지 하는 뉴스가 연일 계속되고 있는 것이 그 증거라고 한다.

왜 이런 상황이 발생했을까? 이야기는 2000년의 IT버블로 거슬러 올라간다고 말한다. 2000년 말부터 미국은 IT버블 붕괴로 인해 나스닥 시장이 1/5로 폭락하는 사태가 발생했다. 이를 본 당시 그린스펀 FRB의장은 이를 그대로 방치하면 엄청난 사태가 발생할 것이며 일본과 똑같은 일이 벌어질 것이 아닌가 하고 염려했다고 한다.

일본과 똑같은 일이란 무엇인가? 80년대 말 일본기업들은 일제히 금융기관으로부터 차입을 하여 토지와 주식에 투기를 했다. 그런데, 버블이 붕괴되자 토지와 주식 가격은 폭락하고 빚만 잔뜩 쌓이게 되어 대차대조

---

[10] 주요 저서에는 『좋은 엔고와 나쁜 엔고』, 『투기의 엔저와 실수요의 엔고』, 『금융위기로부터의 탈출』, 『일본경제 회복에의 청사진』, 『좋은 재정적자와 나쁜 재정적자』, 『일본경제 생과사의 선택』, 『디플레와 대차대조표 불황의 경제학』 등이 있다.

표에 구멍이 나버렸다는 것이다. 즉 대차대조표의 자산은 가격이 폭락하여 휴지조각이 되다시피 한 반면 은행 빚은 그대로 남게 된 것이다. 이에 일본 기업들은 이 구멍을 메우기 위해 너나 할 것 없이 일제히 차입금 상환에 매달렸다는 것이다.

일본 기업들의 차입금 상환 행동은 기업 입장에서 재무제표 건전화를 위해 당연한 것일 수 있지만 거시경제적 관점에서는 문제라고 주장한다. 기업이 차입을 하는 것은 원래 투자를 하기 위한 것인데 과도한 차입금 상환으로 투자해야 할 것도 못하게 되기 때문이라는 것이다. 그 결과 경기는 악화되는 악순환을 되풀이 하게 되었으며, 이것이 버블붕괴 후 일본경제가 장기불황에 빠지게 된 이유라는 것이다.

그린스펀 의장은 2000년 IT버블 붕괴를 보고 일본에서 발생한 대차대조표 불황이 미국에서도 일어나지 않을까 크게 우려했다는 것이다. 이에 그린스펀 의장은 두 가지 조치를 강구했다고 한다. 첫째는 부시 대통령의 감세정책에 대해 반대를 표명해오던 입장을 바꾸어 갑자기 찬성하는 쪽으로 돌변했다는 것이다. 재정 재건론자들이 지금도 그린스펀 의장을 배신자라고 부르는 이유가 바로 이 때문이라고 한다. 둘째는 그린스펀 의장은 부시정부에 재정확대를 요청하는 한편 단기금리를 일거에 1%까지 계속 끌어 내렸다는 것이다. 단기금리 1%는 1957년 이래로 가장 낮은 수준으로, 이 초저금리가 주택투기 버블을 일거에 확대시켰다는 것이다. 주택을 구입할 수 없는 저소득 계층의 사람들에게도 주택을 구입할 수 있는 기회를 만들어주었다는 것이다.

이런 점에서 쿠씨는 그린스펀 의장이 IT버블 붕괴를 주택 투기라는 또 다른 버블로 대체함으로써 경기급락을 막으려 했다고 주장한다. 그러나 그린스펀 의장은 퇴임하는 날까지 한번도 주택 투기버블이라는 말을 사용하지 않았다고 한다. 퇴임 후에야 겨우 부분적인 버블이 있다는 식으로 말했지만 주택버블이라는 말은 한번도 하지 않았다는 것이다.

쿠씨는 그린스펀 의장이 주택버블이라는 표현을 그토록 사용하지 않으려 했던 이유를 다음과 같이 설명한다. 쿠씨는 대학원생 시절에 FRB로부터 장학금을 받았기 때문에 지금까지 10년 넘게 매년 FRB에 가서 일본과 미국의 경제상황에 관한 의견을 서로 주고 받는다고 한다. 2002~03년 무렵에 쿠씨가 FRB를 방문하여 실무진들과의 토론 자리에서 미국 주택시장은 버블이라는 말을 했다고 한다. 그러자 FRB의 조사국장이 깜짝 놀라면서 이 건물 안에서는 어느 누구도 주택버블이라는 표현을 써서는 안 된다고 말했다고 한다. 이에 쿠씨가 그 이유를 묻자, 그린스펀 의장이 주택버블이라는 표현을 사용하지 못하도록 금지령을 내렸기 때문이라고 말했다고 한다. 다시 금지한 이유를 묻자 쿠씨가 지적한 대로 미국 주택시장은 주택버블이 발생하고 있는 상황이지만 그린스펀 의장은 주택버블이 발생하면 일거에 IT버블로 인한 기업들의 손실을 만회할 수 있을 것으로 생각했기 때문이라는 것이다.

그린스펀 의장은 주택버블로 미국경제가 회복되면 미국 기업들이 늘어난 수익으로 IT버블의 차입금을 상환할 수 있게 되어 대차대조표의 구멍을 메울 수 있을 것으로 생각했다는 것이다. IT버블로 타격을 입은 미국 기업들이 주택버블로 차입금 상환을 다 하고 나면, 미국 기업들은 그 동안 빚 갚느라 못한 설비투자를 본격적으로 시작할 것이고, 그 설비투자를 위해 다시 금융기관들로부터 적극적으로 차입을 하게 될 것이라고 생각했다는 것이다. 기업이 차입을 시작하게 되면 금리가 올라가고, 금리가 올라가면 주택버블도 자연스럽게 진화되어 소멸될 것이라고 생각했다는 것이다. 이것이 바로 그린스펀 의장이 생각했던 시나리오였다는 것이다.

IT버블 붕괴의 상처를 주택버블로 치유하고 그 주택버블이 금리상승으로 자연 소멸하게 된다면 최후에 남는 것은 건전한 대차대조표를 가진 미국기업과 건전한 미국경제만이 남게 된다는 것이다. 그래서 그린스펀 의장은 주택버블이라는 표현을 사용하지 못하게 했다는 것이다.

그러나 쿠씨는 그린스펀 의장은 계산착오를 범했다고 주장한다. 그린스펀 의장의 시나리오는 절반만 성공했다고 말한다. 실제로 IT버블이 붕괴하고 9.11테러에도 불구하고 미국경제는 침체에 빠지지 않았으며, 미국기업들도 대차대조표의 구멍을 메웠다는 것이다. 그리고 이 정보가 2003년 말부터 2004년 초에 그린스펀 의장에게 전달되었다고 한다. 이에 그린스펀 의장은 미국기업들이 이제는 설비투자 확대를 위해 차입을 늘려갈 것이라고 생각했다고 한다. 그리고 이에 맞추어 2004년 6월부터 FF금리를 1%에서 17회에 걸쳐 5.25%까지 인상해갔다고 한다.

그런데 그린스펀 의장의 이런 계산에 착오가 발생했다는 것이다. 그린스펀 의장의 예상대로 기업들이 돈을 빌리러 오지 않았다는 것이다. 그 이유는 한번 차입금 상환에 시달린 경영자들은 두 번 다시 차입을 늘리려 하지 않는 성향을 보이기 때문이라는 것이다. 말하자면 차입기피증이 생겨났다는 것이다. 이런 현상은 지금도 일본에서 일어나고 있는 현상이라고 말한다.

2004년과 2005년 사이 여러 차례에 걸친 미 의회증언에서 그린스펀 의장은 이처럼 경기가 회복되어도 미국기업들이 돈을 차입하지 않고 있다고 증언했다고 한다. 그로 인해 단기금리는 올라가고 있지만 장기금리는 거의 오르지 않았다는 것이다. 오히려 장기금리가 내려간 때도 있었다는 것이다. 기업이 설비투자에 필요한 자금을 외부차입이 아닌 내부유보에 의해 충당해버리기 때문이라는 것이다. 그 결과 단기금리가 오르고 있음에도 불구하고 기업의 설비투자는 늘어나 경기가 계속 좋아지는 모습을 보였다는 것이다.

그러나 기대와는 달리 장기금리가 오르지 않게 되자 장기금리에 직접적인 영향을 받는 주택수요가 급증하게 되었고, 그로 인해 주택버블이 저절로 소멸되기는커녕 오히려 확대일로로 치달았다는 것이다. 이것이 바로 그린스펀 의장의 커다란 계산착오였다는 것이다. 2004년 무렵부터 금리를 인상하면 주택가격도 내려갈 것으로 생각했으나 실제로는 그와 정반대로 오히려 주택버블로 가격이 계속 급등했다는 것이다.

이런 상황에서 민간금융기관의 경우는 어떠했을까? 2004년 6월 무렵까지 미국 기업들의 자금수요는 없었지만 주택버블이 계속되고 있었기 때문에 가계부문의 주택모기지 대출수요가 급증했다. 이에 민간금융기관들은 주택모기지 대출에서 한 몫 챙기기 위해 대대적으로 나섰다고 한다. 더군다나 금융기관 입장에서는 자금조달비용도 1%까지 떨어진 상태였으므로 큰 돈을 벌 수 있는 절호의 기회였다는 것이다.

주택버블이 3,4년 정도 지속되어 더 큰 주택을 사고 싶어하는 사람들에 대한 금융기관의 모기지대출도 한 바퀴 돌게 되었다. 즉 미국 주택시장이 포화상태에 도달하게 된 것이다. 그런 상황에서 정작 기업들은 돈을 빌리러 오지 않았고, 2004년 6월부터 금리가 상승하기 시작하자 금융기관들의 자금조달비용도 상승하기 시작했다는 것이다. 이에 월가의 금융기관들은 보다 높은 금리를 지불해줄 수 있는 곳을 찾기 시작했다는 것이다. 그리고 그것이 바로 서브프라임론 시장이었다는 것이다.

서브프라임론 시장은 예전부터 있었지만 그 규모가 아주 미미하여 거의 관심 밖이었다. 이처럼 작은 시장에 2005년과 2006년 2년 연속으로 연간 1조 달러에 달하는 거대한 자금이 쏟아져 들어왔다는 것이다. 조그만 시장에 거대한 자금이 쏟아져 들어오다 보니 규율이고 규제고 완전히 무시된 채 오로지 양적 대출확대 경쟁만 격화되었다는 것이다.

당시 미국 TV를 켜면 광고방송에서 유명연예인들이 지금 집을 사지 않으면 손해라는 식의 광고로 넘쳐나고 있었다고 한다. 그런 상황에서도 대다수 사람들이 믿는 그린스펀 의장이 주택버블이라는 말을 전혀 하지 않았기 때문에 사람들이 지금 집을 사지 않으면 손해 본다는 초조감에 사로잡혔다는 것이다.

심지어 저소득 계층 사람들에게도 지금 대출을 받아 집을 사서 2년만 지나면 주택가격이 20% 정도는 오를 것이므로 무조건 빚내서 사두라는 광고도 넘쳐났다고 한다. 그리고 아무리 소득이 낮아도 주택의 20% 지분을 보유하게 되면 신용도가 올라가게 되므로 그때 프라임론으로 바꾸면 된다는 것이다. 더욱이 집값이 오르는 2년 동안에는 서브프라임론 금리도 저렴한 우대금리로 해주므로 이만한 기회가 없다는 식의 선동으로 넘쳐났다는 것이다. 그런 감언이설의 광고에 모두 눈이 멀어 주택투기에 몰려들게 되었다는 것이다.

그런데 2006년 6월을 정점으로 주택가격이 상승을 멈추고 하락세로 반전하기 시작했다. 그러자 20%의 지분이 있으면 프라임론으로 대체할 수 있다는 이야기는 바람처럼 사라져 버렸다는 것이다. 2005년과 2006년에 대출한 서브프라임론의 경우 처음 2년 동안은 매우 낮은 우대금리가 적용되었기 때문에 차입자 입장에서는 이자부담이 상대적으로 적었다. 그러나 2,3년이 지난 후부터는 금리가 조정되어 급등하기 시작함에 따라 서브프라임론 사태가 표면화되기 시작했다는 것이다. 그 여파는 비단 서브프라임론 차입자에게 국한된 것이 아니라 프라임론 차입자에게도 확산되었다는 것이다. 프라임론 차입자 가운데에도 적지 않은 사람들이 거액의 점보모기지 대출 등으로 무리하게 고가주택을 구입한 사람들이 많기 때문이라는 것이다. 이 점에서 쿠씨는 서브프라임론 사태라기보다는 미국 주택시장 전체의 버블붕괴가 더 정확한 표현이라고 주장한다.

문제는 여기서 끝나지 않았다고 한다. 금융시장에서는 금융기관들이 이들 서브프라임론을 담보로 거액의 증권화 상품을 양산했다. 그래서 금융기관들은 자신들이 보유한 금융상품 가운데 도대체 얼마나 많은 상품들이 서브프라임론을 포함하고 있는지 자신들조차도 파악할 수 없을 정도라고 한다. 금융기관 자신들조차도 도대체 손실이 얼마나 발생할지도 알기 힘든 상황이라는 것이다. 사정이 이렇다 보니 금융기관들은 손실을 피하기 위해 이들 증권화 상품들을 수단과 방법을 가리지 않고 빨리 먼저 처분하려고 하게 되었다는 것이다. 그 결과 투매가 발생하여 이들 증권화 상품의 상당수가 거의 종이조각이 되다시피 하였고, 그로 인해 은행 등 금융기관들의 대차대조표에 커다란 구멍이 나게 되었다는 것이다.

금융기관들이 부족한 자기자본을 중국이나 싱가폴, 산유국 등의 정부계 펀드로부터 투자유치를 통해 메우려 하고 있으나, 문제는 손실이 얼마까지 늘어날 것인지를 모르는 상황에서 이들 정부계 펀드들도 선뜻 나서려 하지 않는다는 것이다. 바로 이 때문에 은행간 단기금융시장이 전혀 작동하지 않고 있다는 것이다. 이 은행은 저 은행이 얼마나 위험한지 알 수 없고 저 은행도 이 은행이 얼마나 위험한 지를 알 수 없다. 그 결과 서로를 신용하지 못하여 단기대출을 기피하는, 상호불신의 악순환이 계속되고 있는 것이다. 이것이 바로 작금 미국과 유럽 등의 금융시장에서 전개되고 있는 신용수축의 배경이라는 것이다.

이상에서 리차드 쿠씨의 서브프라임론 사태 관련한 기고문의 내용을 소개해 보았다. 쿠씨의 주장은 일견 매우 설득력이 있어 보인다. 쿠씨의 주장대로라면 서브프라임론 사태는 결국 그린스펀 의장의 음모론적 시나리오의 산물이라고 할 수 있다.

그런데 쿠씨의 주장에는 커다란 문제가 있다. 쿠씨는 미국 경제주체들의 자금과부족 통계자료를 제시하고 있는데, 그 통계자료에 의하면 분명히 쿠씨의 주장대로 2004년부터 미국기업들의 자금차입이 크게 줄어들고 있다. 그러나 이 통계가 잘못된 것이 아닌가 생각된다. 아마도 통계처리 상의 오류가 있었던 것으로 보인다.

다음의 <도표 1>에서 미국의 경제 주체별 순차입 및 자금과부족(=순대출-순차입) 추이를 살펴보면, 미국 법인기업의 순차입은 2004년부터 증가하고 있으며 자금부족이 확대되고 있는 것으로 나타나고 있어 쿠씨가 제시한 통계자료와는 다르다. 만일 이 통계자료가 정확하다면 쿠씨의 주장은 설득력을 잃게 된다.

뿐만 아니라 2003년부터는 앞에서 사이토 교수가 설명한 바 있는 BRICs 효과(뉴프론티어 출현)로 세계경제가 호황에 들어서 미국기업들의 자체 자금여력이 풍부해졌다는 점도 지적하지 않을 수 없다. 쿠씨의 주장대로 2004년부터 미국기업들의 자금차입이 사라졌다면 그것은 아마도 미국기업들의 자체 자금여력이 크게 호전되었기 때문이라고도 할 수 있다.

리차드 쿠씨의 주장에 대해 여기서 상론할 수는 없다. 그렇지만 앞서 설명한 쿠씨의 주장이 시사하는 바는 그 나름대로 매우 의미가 있다고 할 수 있다. 특히 쿠씨가 주장하는 거시경제의 대차대조표 분석모델은 현실경제를 바라보는 시야를 한 단계 넓혀주는 것이라고 할 수 있다. 기회가 되시는 분은 리차드 쿠씨의 저서들을 일독해보시길 권한다.

<특집> 2008년 9월 2일, 9월 9일

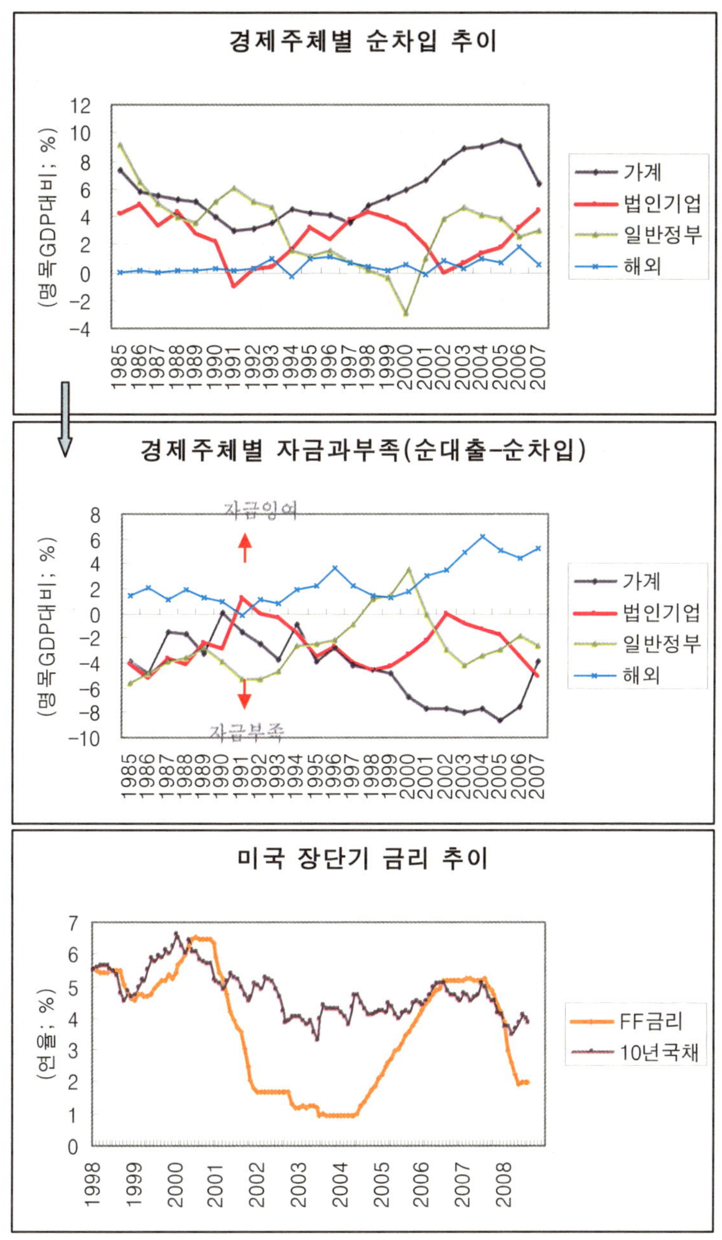

(주) FRB 자료로부터 KSERI 작성

G7 공동행동계획 발표와 국제공조

미국발 신용공황이 유럽 등 전세계 글로벌 신용공황으로 확산되고 있다. 이에 10월 8일 FRB와 유럽중앙은행 등 6개국 중앙은행은 미국발 신용공황이 글로벌 금융위기로 확산되는 것을 방지하기 위해 10월 8일 일제히 정책금리를 0.5%포인트씩 인하하는 정책금리 인하 국제공조를 단행했다. FRB는 기준금리인 FF금리를 기존의 2%에서 1.5%로 낮추었으며 유럽중앙은행도 기준금리를 4.25%에서 3.75%로 낮추었다. 정책금리 인하에 참가한 국가는 FRB, 유럽중앙은행, 영국 잉글랜드은행, 스위스 국립은행, 캐나다 중앙은행, 스웨덴 중앙은행이며, 이 외에도 중국, UAE도 국제공조에 참여하여 정책금리 인하를 단행했다. 일본은 정책금리 인하를 하지 않았다. 다음 날인 10월 9일 한국, 홍콩, 대만 중앙은행도 정책금리 인하를 발표했다.

긴급 정책금리 인하 공조에도 불구하고 미국 다우지수와 일본 닛케이 지수 등 세계 주요 증시의 주가는 거의 사상 최대의 폭락세를 기록하는 등 글로벌 금융위기는 더욱 가속화되는 모습을 보였다. 물론 정책금리

인하는 부실금융기관들이 중앙은행으로부터 조달하는 단기유동성 조달비용을 덜어주는 효과는 있다.

그러나 최근의 금융위기 상황은 정책금리 인하로 주가폭락을 막을 수 있는 상황이 아니다. 정책금리 인하 국제공조를 한다고 해서 시장금리가 떨어지지는 않는다. 금융시장의 위험프리미엄이 최고 수준에 달해 있기 때문이다. 신용공황이 해소되지 않는 상황에서는 정책금리를 인하하면 할수록 시장금리와 괴리가 확대될 뿐이다. 정책금리를 인하한다고 해도 결국에는 대규모 공적자금 투입으로 부실금융기관 자본보강을 하지 않으면 안 된다. 주지하는 바와 같이 미국과 EU 국가들의 재정상태는 결코 양호하다고 할 수 없다. 대규모 공적자금 투입은 막대한 재정적자를 의미하며, 다시 막대한 재정적자는 막대한 국채발행을 의미한다. 막대한 국채발행은 채권시장의 수급불균형을 초래하고 그로 인해 장기 국채금리 상승과 인플레이션 압력을 초래할 가능성이 높아진다. 말하자면 단기적으로 무리한 정책금리 인하 공조를 하면 할수록 정책금리와 시장금리는 더욱 확대되게 되어 경기침체를 가속화할 수 있게 된다.

뿐만 아니라 정책금리 인하 국제공조는 글로벌 신용공황을 수습하는데 있어서 순서가 잘못된 것이라고 할 수 있다. 정책금리 인하 국제공조보다는 먼저 예금자 보호와 부실은행 등에 대한 유동성 공급 확대와 병행하여 공적자금 투입으로 신속하게 자본보강을 먼저 해야 한다. 그리고 예금인출과 펀드환매 사태가 어느 정도 진정되는 것을 보아가며 금리인하를 해야 한다. 그것이 올바른 순서라고 할 수 있다. 당장에 예금자와 투자자들이 은행 등 금융기관의 부실을 우려하여 예금인출과 펀드환매를 해가고 있는 상황에서 금리인하를 한 것은 돈을 더 빼가라고 부채질하는 셈이나 마찬가지다.

민간조사기관에 의하면 미국에서는 투자자들이 신용공황을 우려하여 10월 둘째 주 한 주 동안에 주식펀드로부터 433억 달러, 채권펀드로부터 88억 달러 합계 521억 달러의 기록적인 환매를 했던 것으로 나타났다. 그 이전 9월 한달 동안에는 723억 달러의 환매가 발생했다. 9월 22일까지의 은행의 펀드 예탁잔고가 1,855억 달러였던 것을 감안하면 기록적인 환매를 하고 있는 것이다. 그로 인해 대규모 펀드들의 거액 손실도 가속화되고 있다. 피델리티투자와 뱅가드그룹 주식펀드를 포함한 미국 상위 5대 펀드는 2008년 초부터 10월 6일까지 평균 28%의 손실을 기록한 것으로 나타났다. 그런가 하면 운용자산 1,790억 달러 규모의 미국 최대 뮤추얼펀드인 '미국성장펀드(Growth Fund of America)'는 2008년에만 33%의 투자손실을 기록했다.

예금자들과 투자자들의 자금인출이 계속되자 유럽중앙은행은 10월 8일 단기금융시장에 자금공급량 한도를 일시적으로 폐지한다고 발표했다. 금융기관이 필요한 양만큼 자금을 공급해주기로 한 것이다. 아이슬란드는 국내 상위 3개 은행을 국유화했으며 9일과 10일 이틀에 걸쳐 주식시장을 폐쇄했다. 하드(Geir Haarde) 수상은 IMF 구제금융을 신청할지도 모른다고 말했다. 아일랜드는 자국은행의 예금을 전액 보호하는 조치를 발표했는데 이를 자국내 주요 외국은행까지 확대한다고 발표했다. 이탈리아 정부도 8일 자국 은행을 구제하는 긴급대책을 마련했다. 공적자금으로 은행의 우선주를 매입하여 자본을 보강하기로 했으며, 예금보호 상한액도 1인당 2만 유로에서 10만 유로로 상향조정 했다. 유럽연합(EU) 27개국은 10월 7일 예금보호 상한액을 5만 유로로 상향조정 했는데, 스페인과 네덜란드에 이어 이탈리아도 10만 유로로 다시 상향 조정한 것이다.

이처럼 국제공조 금리인하 조치에도 불구하고 주가폭락과 글로벌 금융위기가 계속 확산됨에 따라, 10월 10일 워싱턴에서 개최된 G7 재무장관 및 중앙은행총재회의는 결국 공적자금 투입으로 은행 등 부실금융기관에 대한 자본보강과 예금보호 확대를 주 내용으로 하는 공동성명을 발표했다. <도표 1>에 나타난 바와 같이 이번에 발표된 공동성명에는 국제공조를 위한 5개 항목에 걸친 '공동행동계획'을 담고 있다.

<도표 1> 2008년 10월 10일 G7의 공동성명 발표 전문

G7은 오늘 현재의 상황이 긴급하고 이례적인 행동을 필요로 하고 있다는데 인식을 같이 했다. 우리는 금융시장 안정과 신용시장의 회복 그리고 글로벌 경제성장을 촉진하기 위해 협력을 계속해가기로 했다. 우리는 다음의 사항에 대해 합의를 하였다.

1. 금융시스템 안정에 중요한 금융기관을 지원하고 파산을 막기 위해서는 과감한 행동을 취할 것이며 모든 수단을 동원할 것이다.

2. 신용시장 및 단기금융시장의 기능마비를 해소하는데 필요한 모든 조치를 취할 것이며 은행 및 금융기관들이 유동성 및 자금조달을 용이하게 할 수 있는 다양한 수단을 제공한다.

3. 은행 및 주요 금융기관들이 금융시장 안정 및 금융중개기능 정상화에 필요한 만큼 충분한 양의 자본을 공적부문과 민간부문으로부터 손쉽게 조달할 수 있도록 강구한다.

4. 예금자들이 자신의 예금에 대해 안심할 수 있도록 각국 정부는 강력하고 지속적인 정부 예금보험 및 보증프로그램을 추진하도록 한다.

5. 모기지 및 증권화상품의 유통시장 정상화를 위해 필요할 경우 적절

한 조치를 취하도록 한다. 금융상품의 정확한 가치평가 및 투명한 정
보공개 그리고 보다 수준 높은 회계기준의 일관성을 확보하는 것이 필
요하다.

상기 행동계획은 납세자를 보호하고 타국에 잠재적인 피해를 주지 않
도록 시행되어야 한다. 우리는 필요하고 적절하다고 판단할 경우에 거시
경제정책 수단을 동원할 것이다. 우리는 최근 금융위기로 혼란을 겪는
국가들을 지원하는 데 있어서 IMF의 결정적인 역할을 강력히 지지한다.
우리는 금융안정화포럼(FSF) 권고사항의 완전한 실행을 신속히 추진할
것이며 금융시스템 개혁의 필요성을 강력히 인식한다. 우리는 이 행동계
획을 완수하기 위해 다른 국가들과 협력을 더욱 강화하며 함께 노력할
것이다.

이처럼 G7 국가가 이례적으로 공동성명을 발표하게 된 것은 IMF 칸
(Strauss-Kahn) 총재의 말처럼 세계경제가 동시불황의 입구에 서 있기
때문이라고 할 수 있다. 그러나 상기 공동성명은 신용공황과 그로 인한
실물경제 불황을 차단하기 위해 G7국가를 중심으로 세계 주요국이 신용
공황 극복을 위한 공적자금 투입 등 대책 실시에 있어서 자국 이익을 위
해 타국에 피해를 주는 행위를 하지 말자는 내용의 국제공조의 기본입장
과 원칙만을 확인한 것일 뿐 구체적으로 당장에 각국이 언제 어떤 방식
으로 공조하겠다는 세부정책 내용에 관해서는 언급이 없다.

상기 공동성명의 내용으로 볼 때 10월 8일에 단행된 금리인하 국제공
조는 결과론적이기는 하지만 G7 공동행동계획의 예행연습이었다고 할
수 있다. 자국의 이익을 우선하여 타국에 피해를 줄 수 있는 독자적인

금리정책을 삼가자는 의미에서 금리인하 국제공조를 실시한 것이었다고도 볼 수 있다. 물론 신용공황이 전세계로 확산되고 있다는 점에서 그에 대한 대응도 글로벌 차원에서 공동으로 대처할 필요가 있다고 할 수 있다. 그런 점에서 글로벌 하게 공동으로 대처할 수 있는 정책수단 가운데 가장 손쉬운 것이 금리인하 공조였다고 할 수 있다. 글로벌 공조대책으로는 금리인하 외에도 유동성 공급확대 공조, 예금보호 확대 공조, 공적자금 투입 공조, 경기부양대책 공조, 주요국 통화에 대한 달러 평가절하 공조 등을 생각할 수 있다. 그러나 금리인하 외에는 모두 대규모 재정투입을 필요로 하며 정치적 이해관계와 악화된 여론을 의식할 수 밖에 없다는 점에서 쉽사리 동원하기 어려운 점이 있다고 할 수 있다.

공동성명 발표 후 폴슨 미 재무장관은 G7 각료급회의 폐막 후 미국은 이번 공동성명 합의사항을 이행하기 위해 대통령 직속의 금융시장워킹그룹(PWG)을 중심으로 대처해갈 것이며, 각국은 각국의 사정에 맞추어 행동계획을 추진해갈 것이라고 말했다. 또 최근 성립한 7,000억 달러 종합구제금융법안을 바탕으로 금융시장 안정을 위해 금융기관으로부터 주택모기지론 자산의 매입 및 보증, 지분매입을 추진하고 있다고 말했다. 특히 금융기관 지분매입과 관련해서는 우선주 매입 방식으로 추진할 것임을 밝혔다. 미국 재무성의 공적자본 투입은 빠르면 10월 말부터 개시될 것으로 추측되고 있다. FRB도 성명발표를 통해 필요한 경우 행동을 할 것이라고 강조했다.

그에 앞서 일본 나카가와 재무성 장관은 미 폴슨 재무장관과 회담하고 최근의 미국 금융위기를 극복하기 위해서는 부실금융기관에 대한 자본보강이 중요하다고 강조하면서 공적자금 투입을 통해 부실금융기관에 대한 신속한 자본보강을 해줄 것을 요청했었다. 또 나타가와 재무장관은 신흥경제국으로 금융위기가 확산됨에 따라 일본과 중국 및 중동산유국의 외화보유를 활용한 긴급대출제도를 IMF에 창설하도록 제안했다.

일본은행 시라카와(白川方明) 총재도 공동성명 발표 후 언론과의 인터뷰에서 필요하고 적절한 때에 조치를 취할 것이라고 말해 상황이 긴박해지면 금리인하를 검토할 수도 있음을 내비쳤다. 유럽중앙은행의 트리쉐 총재도 물가상승 위험은 줄어들었다고 말함으로써 지난 8일에 이어 추가 금리인하 가능성이 있음을 시사했다.

10월 11일 G7과 중국, 인도, 러시아 등을 포함한 총 24개국으로 구성된 국제통화기금위원회(IMFC)도 G7이 발표한 공동성명을 강력히 지지한다는 성명을 발표하고 폐막했다. 글로벌 금융위기를 극복하기 위해서는 각국의 공조가 절대적이라는 점을 강조한 것이다. 이 성명에서는 미국발 금융위기가 BRICs 등 신흥경제국에도 확산되고 있는 점을 우려하면서 선진국과 신흥경제국 간에 긴밀한 정책공조가 필요하다고 말했다. 또 신흥경제국의 금융위기에 대비하여 IMF는 긴급대출제도를 활용하여 자금지원을 할 것임도 밝혔다.

또 G7회의 폐막일 다음날인 10월 11일에는 G7과 신흥경제국을 포함한 G20의[11] 긴급 재무장관회의가 워싱턴에서 개최되었다. 이 회의에는 부시 대통령도 참석했는데 이번 글로벌 금융위기가 미국에서 시작되었기 때문에 전력을 다해 대처할 것이라고 말했다. 그에 앞서 10일 부시 대통령은 백악관에서 성명을 발표하고 미 재무성은 부실금융기관의 지분매입을 포함하여 은행의 자본보강을 위해 모든 수단을 강구하고 있다고 밝혔

---

[11] G7국가는 미국, 캐나다, 프랑스, 독일, 이탈리아, 일본, 영국이며, G20 국가는 G7과 아르헨티나, 호주, 브라질, 중국, 인도, 인도네시아, 멕시코, 러시아, 사우디아라비아, 남아공, 한국, 터어키, EU이다.

다. 부시 대통령은 대부분의 금융기관들이 부실자산 확대로 인해 자본부족에 빠져 있다고 말해 필요한 대출도 불가능한 상태라고 말했다.

G7 공동행동계획 발표에 이어 유로화 15개국도 10월 12일 긴급정상회담을 개최하고 '공동행동계획'을 채택하고 폐막했다. 합의된 공동행동계획의 주요 내용을 살펴보면 2009년 말까지 한시적으로 은행간 거래의 정부보증과 경영난에 빠진 금융기관에의 자본투입, 유럽중앙은행의 유동성 공급 확대 등으로 되어 있다. 이 공동행동계획을 구체화하기 위해 유로화권 국가들은 조속한 시일 내에 각자의 사정을 감안하여 세부대책을 마련하기로 했다.

이미 영국은 종합적인 은행구제대책을 발표하고 4개 은행에 대해 공적자금 투입을 결정했다. 공적자금 투입은 은행의 우선주를 구입하는 형태로 부분적으로 국유화를 한다. 공적자금 투입 규모는 최대 350억 파운드로 RBS에 150억 파운드, HBOS에 100억 파운드, 로이즈TSB에 70억 파운드를 투입하며, 최대 은행인 바클레이즈에도 30억 파운드를 투입한다. 바클레이즈는 중동산유국의 정부계펀드와도 자본출자 교섭을 하고 있는 것으로 알려지고 있다.

독일 정부도 신용불안을 해소하기 위해 신용보증 등 총 수천억 달러 규모의 공적자금 투입을 핵심으로 하는 부실은행 구제대책 등 포괄적인 금융위기대책을 서둘러 마련하여 발표하기로 했다. G7회의에 참석한 독일 슈타인브뤽(Peer Steinbrück) 재무장관은 금융업계 전체를 대상으로 한 구제책이 필요하다고 말했다. 프랑스 정부 역시 부실화된 은행에 자본투입과 경영진 교체 등을 주 내용으로 하는 일시적인 국유화 조치를 시행하기로 했다. 이번 주에 법안을 마련하여 의회에 제출할 예정으로 알려졌다. 포르투갈 정부도 은행의 유동성 공급을 위해 200억 유로 규모의 종합구제대책 마련에 들어갔다.

결론을 말하자. 미국은 빠르면 10월 말 안으로 부실금융기관에 대해 본격적인 공적자금이 투입될 것으로 보인다. 폴슨 재무장관은 공적자금은 부실금융기관의 우선주를 매입하여 자본을 보강하는 방식으로 투입하겠다고 말하고 있다. 페니매이나 프레디맥에 대한 자본보강도 우선주와 워런트 매입 방식이었으며 AIG에 대한 자본보강도 우선주와 워런트 매입 방식이었다.

그러나 이것은 또 한차례의 주가폭락을 예고하고 있다. 공적자금이 본격적으로 투입될 것으로 예상되는 11월부터 2008년 말까지 주가하락 가능성이 매우 높다. 부실금융기관의 우선주를 매입하는 방식으로 공적자금을 투입하겠다는 것은 납세자 보호를 위한 것으로 금융기관 부실은 보통주 투자자들이 모두 책임지도록 하겠다는 것이다. 그 경우 미국 재무성의 공적자금 투입이 결정되는 부실금융기관들의 보통주 가격은 사실상 종이조각에 불과하게 된다. 보통주는 사실상 대부분 감자 당하게 된다. 우선주 매입과 동시에 워런트 매입으로 페니매이와 프레디맥 그리고 AIG 모두 보통주는 사실상 이미 80% 가량 감자 당한 셈이나 마찬가지라고 할 수 있다.

많은 사람들이 부동산이든 주식이든 이미 적지 않은 투자손실을 입어 앞으로의 경제전망에 대해 필사적으로 매달리고 있다. 원인이야 어쨌든 투자손실을 입는다는 것은 안타까운 일이지만 우리 연구소는 이미 본 시평을 통하여 오래 전부터 무수히 많은 경고를 해왔다. 위험이 최고 수준에 달해 있을 때 무리하게 과욕을 부리면 화를 입는다는 사실을 교훈으로 삼아야 할 것이다.

개인이든 기업이든 금융기관이든 이미 발생한 손실에 대해서는 과감하고 빠른 결단이 필요하다고 할 수 있다. 부실정리 방식은 국가든 기업이든 개인이든 모두 똑같다. 누가 됐든 감당하기 어려운 큰 손실을 계속 안고 가면 갈수록 더욱 상황이 악화될 뿐이다. 정신적으로도 그 스트레스를 이길 수 없으며 새로운 각오와 새로운 마음으로 심기일전도 불가능하게 된다. 2001년 IT버블 붕괴로 코스닥시장이 1/5로 폭락한 후 상승세로 반전되기까지 몇 년이 걸렸는지 생각해보라. 떨어졌다가 다시 회복된다고 해서 예전의 원상태를 만회할 수도 없다. 회복세를 주도하는 종목이 달라지기 때문이다.

더욱이 글로벌 신용공황이 아직 한창 진행되고 있을 뿐만 아니라 무엇보다도 글로벌 실물경제 위기는 아직 시작도 안 한 상태이다. 본 시평에서 이미 이번 실물경제 불황이 전치 3년짜리라고 언급하였으나 얼마나 오래 갈 것인지는 뚜껑을 열어봐야 알 수 있을 정도로 예측불허라는 점도 생각해보기 바란다.

<경제시평> 2008년 10월 13일

미국 대선으로 본 민주주의 시장경제

　민주당 오바마 대통령후보가 공화당의 메케인 후보를 큰 차이로 누르고 44대 미국 대통령에 당선됐다. 미 의회 상원과 하원 역시 모두 민주당이 공화당을 크게 앞서며 다수당을 차지했다. 이로써 공화당 부시 정부의 8년은 실패작으로 평가 받아 미국 국민들로부터 통렬한 심판을 받은 결과가 되었다고 할 수 있다.

　2008년 현재 미국 통계청이 밝힌 인구시계에 의하면 미국 인구는 3억 500만 명으로 추산되고 있다. 이중 흑인은 3,935만 명으로 전체 인구의 12.9%에 불과하다. 또 아래의 <도표 1>에 나타난 바와 같이 미국의 18세 이상 인종별 인구분포를 살펴보면 백인이 전체의 72.2%로 압도적으로 많고 흑인은 10.8%로 히스패닉계 12.1%에도 미치지 못하고 있다. 이런 가운데 흑인인 오바마 민주당 후보가 전체 투표자의 53%에 해당하는 6,534만 표(선거인단 364명)를 얻어 5,735만 표(선거인단 163명)에 그친 메케인 후보를 800만 표의 큰 차이로 이겼다는 것은 그야말로 기적 같은 일이라고 해도 과언이 아닐 것이다.

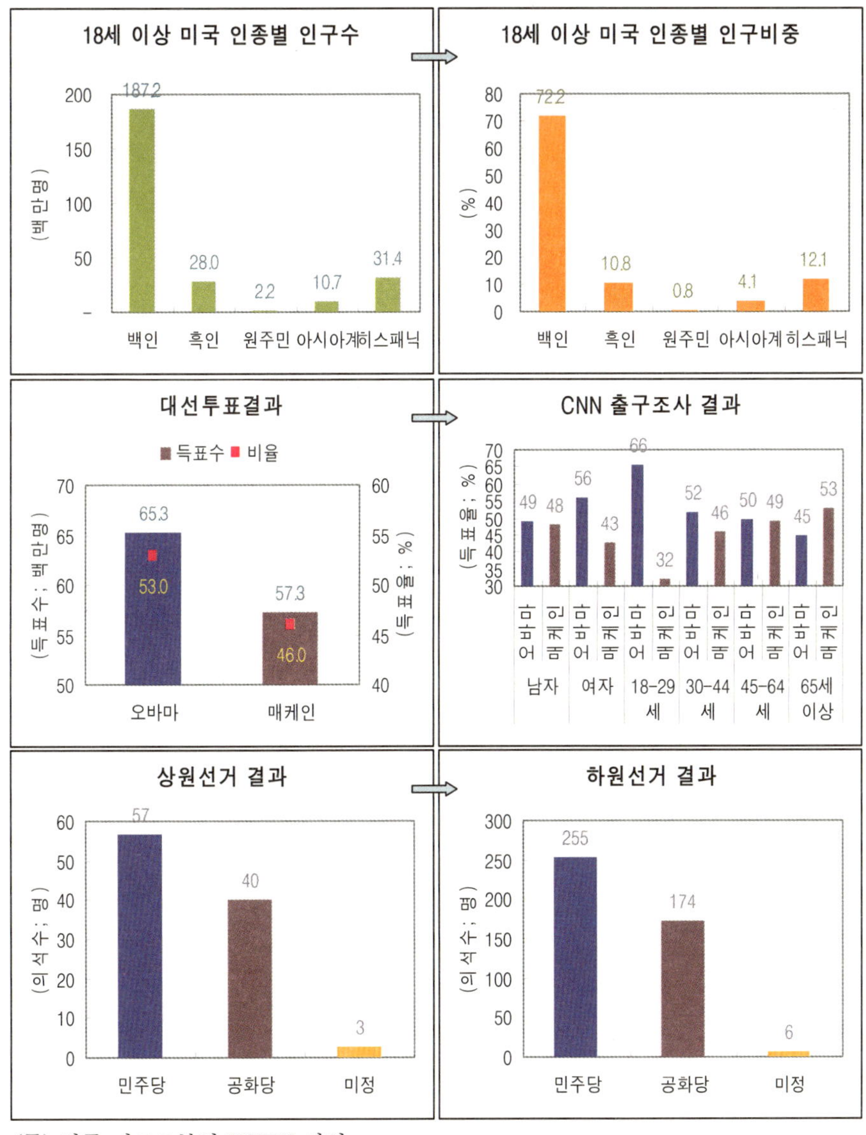

<도표 1> 미국의 인구분포 및 2008 대선 결과

(주) 각종 자료로부터 KSERI 작성

CNN의 출구조사 결과를 보면, 오바마 후보는 남녀 모두에게서 메케인 후보를 앞섰는데 특히 여성 유권자로부터 높은 지지를 얻은 것으로 나타났다. 또 연령대별로는 65세 이상을 제외하고 전 연령대에서 메케인 후보를 앞선 것으로 나타났는데, 특히 18~29세의 청년층으로부터는 메케인 후보의 2배 이상 지지를 얻었으며 30~44세 중년층으로부터도 높은 지지를 얻은 것으로 나타났다. 18~44세 인구는 18세 이상 인구의 절반 가량을 차지하고 있다.

상원과 하원 선거결과도 민주당의 압승으로 나타났다. 상원은 33명의 개선(改選)의석 중 민주당이 18석을 차지하여 기존의 51석보다 6석 늘어난 총 57석을 차지하였으며, 전원 선거를 치른 하원은 255석을 차지하여 공화당을 압도하였다. 이처럼 대선과 상하 양원에서 민주당이 모두 승리한 것은 93년 클린턴 대통령 이후 처음 있는 일이다. 행정부와 의회를 민주당이 장악함으로써 오바마 대통령당선자는 금융위기와 경기불황에 보다 강력하고 신속하게 대처할 수 있는 정치적 기반을 확보하게 되었다고 할 수 있다.

흑인인 오바마 후보의 대통령 당선은 민주주의 시장경제 발전에 있어서도 시대사적으로 한 획을 긋는 획기적인 일이라고 할 수 있다. 자본주의 시장경제는 그 자체만으로는 절대로 지속가능한 발전을 할 수 없다. 반드시 민주주의 발전이 병행되어야 한다. 민주주의의 발전은 자본주의 시장경제에 끊임없이 새로운 시장을 생성해주는 동력이 되기 때문이다. 이는 자본주의 시장경제 발전 역사를 통해서도 확인할 수 있다.

18세기 세계경제는 중상주의적 시장경제가 활발히 전개되고 있었다. 아담스미스, 리카르도, 밀 등 고전파 경제학자들이 분업이론과 교역이론에 관심을 가지게 된 것도 바로 이런 시대적 배경에서라고 할 수 있다. 그러나 이 시기에는 가내수공업 생산을 기반으로 하고 있었기 때문에 시장경제의 확대에 한계가 있었다. 가내수공업 생산시스템 하에서는 대량생산이 불가능했기 때문이다. 뿐만 아니라 가내수공업 경제의 소비자는 왕족과 귀족 계층에 한정되었으며 나머지는 대부분 농노이거나 농민으로 소비할 경제적 여력 자체가 없었다고 할 수 있다. 말하자면 시장 자체가 거의 형성되기 힘든 상황이었다고 할 수 있다.

19세기에 들어서면서 영국을 중심으로 증기를 새로운 동력으로 하는 산업혁명이 발생함에 따라 공장제 대량생산이 가능하게 되었다. 그런데 만일 18세기 말의 미국 독립전쟁과 프랑스 시민혁명 등을 통하여 새로운 평민계급의 탄생이 없었다면 산업혁명도 무위로 끝나고 말았을 지도 모른다. 그 이유는 공장제 대량생산 체제하에서 대량으로 쏟아져 나오는 막대한 공산품을 소비해줄 수 있는 새로운 소비자 계층이 없었을 것이기 때문이다. 프랑스 대혁명을 통하여 구시대의 특권계층이 붕괴되고 새로이 부를 축적하기 시작한 평민 계층의 형성은 산업혁명을 통하여 획기적으로 증대된 생산력을 지탱해줄 수 있는 수요를 형성하였던 것이다. 이를 바탕으로 산업혁명과 더불어 시장경제도 비약적인 발전을 이루게 되었다고 할 수 있다. 이 공장제 대량생산 체제를 바탕으로 왈라스, 제본스, 멩거 등 오스트리아학파를 중심으로 하는 신고전파 경제학이 탄생하게 된다. 이 신고전파 경제학은 오늘날 미시경제학 가격이론의 근간을 이루고 있다.

민주주의 시민사회의 발전과 시장경제 성장간의 상호 관계는 20세기에 들어와서도 계속된다. 19세기 후반부터 여성의 참정권이 확대되고 20세기 초에 미국에서 여성참정권을 위한 헌법수정이 이루어짐에 따라 여성을 새로운 수요자로 하는 시장이 성장 발전했다. 그런가 하면 1960년 대 흑인 민권운동을 통하여 흑인들의 권리가 신장됨에 따라 스포츠, 음 악, 패션 등의 영역에서 흑인을 수요자로 하는 새로운 시장이 성장 발전 했다.

아시아에서도 2차 대전 후 제국주의 전쟁에서 패망한 일본이 민주주 의 국가의 길을 걸어감에 따라 세계 2위의 거대한 시장경제가 새로이 탄 생했다. 한국 역시 90년대 민주화 정부가 들어서고 시민사회가 발전하면 서 시민들의 자유가 확대됨에 따라 그와 연관된 시장경제도 급속히 확대 발전하였다. 중국에서는 개혁개방과 함께 인민들의 민주적 권리가 신장 되고 부의 축적이 가능하게 됨에 따라 폭발적인 시장경제의 성장을 보였 다.

구소련이 붕괴된 후 러시아와 동유럽 국가에서도 민주주의가 확산됨에 따라 이들 지역경제는 이른바 이머징 마켓으로 불리며 급성장을 하였다. 중남미 국가들 역시 2000년 이후 민주주의 정권이 등장하면서 일반국민 들의 소득수준이 향상됨에 따라 중남미 각국의 시장경제도 급속한 성장 을 보였다.

21세기 초두에 세계 최강의 민주주의 시장경제 국가인 미국에서 흑인 대통령이 탄생했다는 사실은 세계 민주주의 시장경제 발전에 있어서 한 획을 긋는 획기적인 시대사적 사건이라고 할 수 있다. 미국에서 흑인 대 통령이 탄생한 것은 미국의 민주주의뿐만 아니라 장기적으로는 아프리카 와 아랍 및 제3세계 등 이른바 비기독교권 및 유색인종 빈곤국가들의 민 주주의 발전을 한 단계 더 끌어 올리는 자극제가 될 것으로 보이기 때문 이다. 이들 국가에서 민주주의 시민사회가 발전함으로써 중장기적으로 새로운 시장경제의 발전을 기할 수 있을 것으로 기대된다. 바로 그런 점에서 이번 미국 대선결과는 미국 국민들이 국가와 정파적 이념을 떠나 인종편견의 벽을 과거 민권운동과는 다른 새로운 차원에서 뛰어 넘었다는 점에서 세계사적인 사건이며 미국의 민주주의가 한 단계 더 발전하고 있음을 세계에 보여준 것이라고 할 수 있다.

이처럼 민주주의와 시장경제는 서로 뗄래야 뗄 수 없는 관계에 있다고 할 수 있다. 민주주의가 형식적으로뿐만 아니라 질적으로 더욱 발전되고 시민사회가 고도로 발전하면 할수록 그와 연동하여 시장경제도 더욱 고도화되고 건전하게 발전한다. 반대로 민주주의 발전 없이는 시장경제도 혼란을 겪게 되며 퇴보하게 된다. 민주주의가 침해 당하고 훼손될 때에 시장경제도 혼란에 빠졌다는 역사적 사실이 이를 뒷받침해준다. 예컨대 제국주의가 팽배했던 시기에 항상 전쟁이 발생했으며, 자본주의, 공산주의 체제를 불문하고 구소련과 냉전시대의 동유럽 국가, 북한, 아프리카, 미얀마, 20세기 중남미, 개혁개방 이전의 중국 등 독재 국가에서 시장경제가 성장 발전한 사례가 없었다는 점이 그 증거라고 할 수 있다. 독재는 항상 패망했으며 독재 패망 이후에 시장경제도 발전하기 시작했다고 할 수 있다.

또 미국에 국한하여 볼 때, 시장경제가 혼란에 빠졌던 시기에는 반드시 민주주의 퇴보 현상이 나타났다고 할 수 있다. 예컨대 1970년대 초반의 변동환율제 이행 과정에서 나타난 시장경제의 혼란은 베트남 전쟁과 워터게이트 사건에서 볼 수 있는 것처럼 미국 민주주의가 훼손되는 사건이 발생했었다. 그런가 하면 1980년대 말의 버블 역시 레이건 정부의 1% 부자들과 기업들만을 위한 잘못된 비민주적이고 반 대중자본주의적 정책들이 남발된 결과물이었다고도 할 수 있다. 지금의 금융위기와 경기불황 역시 네오콘으로 대변되는 부시 정부의 비민주적이고 기만적인 일방주의 정책들의 결과물이었다고 할 수 있다.

말이 일방주의이지 네오콘 독재주의였다고 할 수 있다. 이미 드러난 바와 같이 부시 정부와 네오콘들은 거짓 정보로 미국민과 동맹국들을 위협하고 전쟁을 일으켰으며, 테러위협을 과장하여 헌법을 무시하고 미국민들의 인권을 제한했다. 또 대중자본주의를 희생하면서 1% 부자와 월가 및 석유자본을 위한 정책들을 남발해왔다. 그 결과 자본주의 시장경제의 수요기반을 형성하는 일반 대중들이 부동산투기에 휩쓸려 하루아침에 가난해져 버린 것이다. 시장경제를 지탱해주는 소비계층이 가난해져 버림에 따라 시장경제 자체도 치명적인 타격을 받고 있는 것이다.

역설적으로 부시 정부의 이런 일방주의적 정책남발이 결과적으로 자신들의 정치적 생명을 앗아간 결과를 초래하고 말았다. 자신들이 부정하고자 했던 민주주의의 힘에 의해 무너져버린 것이다. 하루아침에 가난해져 버린 미국 국민들은 자신들이 속았다는 것을 뒤늦게 깨달았고 그에 대해 민주주의 방식을 통해 심판을 내린 것이다. 이처럼 미국의 민주주의는 여전히 건재하며 흑인 대통령을 선택할 만큼 질적으로 계속 발전해가고 있다는 점에서 미국의 자본주의 시장경제 역시 지속적으로 발전해갈 것으로 확신한다.

물론 최근의 금융위기와 경기불황으로 미국경제는 당분간 혼란과 어려움을 피할 수는 없다. 이 타격을 어떻게 최소화할 것인가가 오바마 차기 정부가 해결해야 할 최대 과제라고 할 수 있다. 작금의 미국경제가 당면하고 있는 문제는 하루아침에 해결될 수 있는 것이 아니다. 오바마 차기 정부가 감당하기 힘들 정도로 벅찬 난제인 것이다. 의료개혁 문제, 실업대책, 금융위기 대책 및 개혁, 기업파산 대책, 북한/이라크/이란 문제 등 온갖 문제들이 한꺼번에 쏟아지고 있으며, 오바마 차기 정부는 이를 한 꺼번에 해결해야 하는 입장이다. 어려운 난국에서 출범하는 새 정부에 대한 기대가 한껏 높아지고 있는 만큼 자칫하면 실망도 커질 수 있다는 부담감 역시 높다. 예컨대 전국민 의료보험제도 도입에 대한 기대가 높으나 막대한 재정적자 문제를 해결할 수 있는 방법을 찾지 못하면 불가능하다.

오바마 대통령 당선자는 당선 직후 대통령인수위원회 경제자문팀을 구성하여 대응책 마련에 나서고 있다. 이 경제자문팀은 17명으로 구성되는데 가이트너(Timothy Geithner) 뉴욕연방은행총재, 서머스(Lawrence Summers) 전 재무장관, 볼커(Paul Volcker) 전 FRB의장, 워렌버핏(Warren Buffett), 퍼거슨(Roger Ferguson) 전 FRB부의장 등 이전 민주당 정부 시절의 참모들이 대거 포함되어 있는 것으로 알려지고 있다. 여기에 오바마 대통령당선자와 바이든(Joseph Biden) 차기 부통령 그리고 대통령수석보좌관으로 임명된 이마뉴엘((Rahm Emanuel) 민주당 하원의원이 참석한다.

외신에 의하면, 여론조사 결과 가이트너 뉴욕연방은행 총재가 차기 재무장관 후보로 꼽히고 있는 것으로 나타나고 있다. 그런가 하면 서머스 전 재무장관은 미국경제가 건전하게 발전하기 위해서는 과소비 구조를 근본적으로 해결하지 않으면 안 된다고 말한 바 있다. 또 볼커 전 FRB 의장은 2008년 10월에 월스트리트저널에 기고한 기고문에서 미국경제가 직면한 위기극복 방안으로 첫째, 작금의 위기가 글로벌 위기인 만큼 국제공조를 중시할 것, 둘째, 시장원리를 제한하더라도 신뢰를 회복할 수 있도록 예금보험을 확대할 것, 셋째, 파생상품 계약불이행 위험을 줄이기 위해 청산기구를 설치할 것, 넷째, 위기가 수습되면 조기에 시장원리로 복귀할 것 등의 4가지 대안을 제시하고 있다.

결론을 말하자. 민주주의와 시장경제는 공동체의 공동선(共同善)을 가장 효율적으로 달성할 수 있는 공동운명체라고 할 수 있다. 시장경제 메커니즘은 민주주의적 방식을 통하여 공동체의 가치를 실현할 수 있는 가장 효율적인 수단인 것이다. 시장경제는 민주주의적 가치를 실현하기 위한 수단이며, 민주주의는 시장경제가 실현코자 하는 궁극적인 목적이다. 목적인 민주주의를 무시한 채 수단인 시장경제 메커니즘만으로 공동체의 운명이나 가치를 정할 수는 없다. 그것도 소수 부자만을 위한 사이비 시장경제 논리를 내세워서 말이다. 소수를 위한 시장경제를 주장하는 것은 무지함의 표시이며 대중 자본주의 발전의 역사적 교훈을 망각하는 것이다.

민주주의는 시장을 만들어 준다. 민주주의적 자유가 확대되면 될수록 그에 비례하여 시장도 확대된다. 시장의 건전한 발전 역시 민주주의를 더욱 풍요롭게 해준다. 반대로 민주주의적 자유를 상실하게 되면 시장경제도 혼란에 빠지게 된다. 민주주의와 대중 자본주의 시장경제는 공동운명체인 것이다.

1%의 부자가 만드는 시장은 99%의 일반 대중이 만드는 시장과 비교할 수 없을 정도로 작다. 특정 소수세력만을 위한 사이비 시장경제 정책을 남발할 경우 어떤 민주주의 보복을 받게 되는지는 이번 미국 금융위기와 대선이 잘 보여주고 있다고 하겠다.

<경제시평> 2009년 11월 10일

G20 정상회담 공동선언과
달러 기축통화제의 한계

2008년 11월 14일 글로벌 금융위기와 경기침체에 공동대처하고 금융개혁 방안을 논의하기 위해 미국 워싱턴에서 개최된 G20 긴급정상회담은 다음 날인 15일 공동선언을 채택하고 폐막됐다. 이번 G20 긴급정상회담이 개최되기 전에 미국과 유럽연합, 일본, 그리고 중국 등 이머징 국가들의 4극간에 이해관계가 팽팽하게 대립되는 모습을 보였다.

이번 G20 긴급정상회담에 앞서 유럽연합(EU)은 신용평가기관들의 등록과 감시, 국제회계 기준의 통합, 모든 금융분야에 규제와 감독 적용, 금융기관의 과다한 리스크 부담 방지를 위한 지침 책정, 국제통화기금(IMF) 기능 확대의 5가지 개혁원칙을 제시하기로 했다. 특히 미국 주도로 운영되고 있는 IMF 개혁에 관해서는 보다 근본적인 개혁을 요구하겠다는 입장을 피력해왔다. 금번 글로벌 금융위기와 관련하여 거의 대처하지 못하는 등 IMF가 사실상 기능부전 상태에 빠졌다는 비판이 높아졌다.

중국의 후진타오 주석도 IMF와 세계은행 등 국제금융기관의 개혁에 관해 개도국의 지위와 발언권을 높일 필요가 있다고 말했다. 금융위기의 원인에 대해서는 거시경제정책이 적절하지 못했다는 점과 금융감독이 철저하지 못했기 때문이라고 지적했다. 국제사회는 모든 필요한 조치를 취해 금융위기가 확산되는 것을 막지 않으면 안 된다고 강조하면서 각국은 거시경제정책의 공조를 강화해야 한다고 주장했다. 또한 중국이 세계경제 위기에 적극 공헌할 것이라는 의지를 대내외적으로 과시하기 위해 2010년까지 4조 위안(약 5,000억 달러) 규모의 대규모 경기부양책을 실시한다고 발표했다.

그런가 하면 일본의 아소 타로(麻生太郎) 총리는 이번 G20 긴급정상회담을 통해 위기극복을 위해 일본이 주도적인 역할을 해갈 생각이라고 말했다. 구체적으로는 개도국 금융기관의 자본보강 지원을 위해 세계은행과 공동으로 30억 달러의 '개도국은행 자본보강펀드'를 신설하며, 아시아개발은행(ADB)의 자본을 현재의 500억 달러에서 배로 늘릴 것과 IMF에 대해 1,000억 달러의 자금지원 방안도 제안하겠다고 말했다. 또 국제적인 통화시스템을 지키기 위해 달러 기축제도 유지를 강조할 것이며 부실채권의 조기 처리도 촉구할 생각이라고 말했다.

이에 대해 긴급정상회담 전날 미국 부시 대통령은 미국의 방만한 규제완화가 금번 금융위기의 주요 원인이라는 유럽 국가들의 비판에 반발했다. 부시 대통령은 이머징 국가들로부터 미국으로 환류된 거액의 자금이 저금리와 맞물리면서 위험을 무시한 방만한 대출로 확대된 것이 이번 금융위기의 원인이라고 주장하면서 금융규제 강화를 주장하는 유럽과 이머징 국가들을 견제하였다. 그리고 의제로는 각국의 대책을 점검하며, 개혁원칙의 확립, 행동계획 책정 등 5가지를 제시했다. 또 국제통화기금 개혁에 관해서는 출자 확대를 조건으로 이머징 국가의 발언권 확대에 대해

동의했다.

이처럼 미국과 유럽연합, 일본, 중국 등 세계 주요국간의 입장차이를 반영하여 G20 긴급정상회담에서 공동선언이 발표되었다. 미국 부시 대통령이 발표한 공동선언의 구체적인 내용을 살펴보면, 각국 정상들은 이번 글로벌 금융위기의 원인에 대해 인식을 같이 하고, 당장의 위기 극복과 경기부양을 위해 취해온 조치들과 앞으로 취할 대책들을 검토했으며, 이번 사태를 계기로 금융시장 개혁을 위한 공동의 원칙에 합의했다. 또 각국 재무장관들은 금융개혁을 위한 보다 구체적인 방안들을 검토하여 다음 번 정상회담에서 논의될 수 있도록 하였다. 그리고 마지막으로 각국 정상들은 자유시장 원칙을 재확인했다.

먼저, 각국 정상들은 경기부양과 이머징 국가들을 지원하기 위해 다음과 같은 즉각적인 조치를 취하거나 검토하기로 했다.

- 금융시스템 안정을 위해 필요한 모든 조치를 계속 취해나가기로 함
- 통화정책 지원의 중요성을 인식하고 필요한 경우 재정정책을 동원하기로 함
- 얼어붙은 신용시장을 지원하기 위해 유동성을 공급해주기로 함
- IMF와 세계은행, 기타 지역개발은행(MDBs)들은 무역금융과 인프라건설 금융 지원뿐만 아니라 이번 금융위기로 혼란에 빠진 개도국을 적극 지원하기로 함

둘째, 금융시장 개혁에 관한 공동의 원칙에 관해서는 다음과 같은 다섯 가지 사항에 합의했다.

- 투명성과 금융기관의 설명책임 강화 : 금융복합상품 공개의무화와 금융건전성에 관한 철저하고 정확한 정보공개, 과도한 위험거래 방

지 등

- 건전한 규제 강화 : 신용평가기관에 대한 강력한 감독 확립, 신중한 위험관리, 모든 금융시장 및 금융상품, 거래자에 대해 각자 상황에 맞는 감시 및 규제

- 금융시장의 통합성 촉진 : 시장조작 및 사기거래 방지, 이해상충 행위 금지, 테러나 마약 및 기타 불법 행위를 위해 금융시장을 악용하는 행위 방지

- 국제협력의 강화 : 각국의 법률과 규제를 통일함으로써 금융시장의 모든 부문에 관한 국제협력 및 공조를 강화

- 국제금융기구 개혁 : 이머징 국가와 개도국의 발언권 및 지위를 강화하여 함께 취약성과 문제점을 쉽게 파악하고 예견할 수 있고 금융위기 시에는 신속하게 중요한 역할을 할 수 있도록 국제금융기구들의 지배구조 및 회원제도 개선

셋째, 이번 금융위기 대처와 관련하여 각국 정상들은 상기 합의 원칙들을 수행하기 위한 전반적인 작업계획을 담은 실행계획을 승인했으며 각국 재무장관들은 이 실행계획이 철저하고 충분하게 실행될 수 있도록 작업해줄 것을 요청했다. 특히 이 실행계획에는 다음과 같은 즉각적인 조치들을 포함하고 있다.

- 장부외(off-balance) 항목에 대한 회계처리 및 공개 기준의 문제점을 확인

- 신용평가기관이 최고수준의 기준에 부합되고 이해상충을 방지하며 투자자들에게 보다 더 많은 정보공개를 하도록 하고 복합상품에 대한 신용평가를 세분화하도록 함

- 금융기관들은 적정 자본을 유지토록 하며 은행의 구조화 신용상품

및 증권화 상품거래에 대해 자기자본 충족 요건을 강화하도록 함
- 은행의 위험관리 실천을 강화하는 보다 강력한 지침서를 개발하며 위험의 과다 상태를 확인할 수 있는 내부감시 절차를 마련하도록 함
- 글로벌 금융기관들을 감시하는 각국의 감독기관들이 함께 만나고 정보를 공유할 수 있는 절차를 확립하도록 함
- 금융안정화포럼(Financial Stability Forum)을 확대하여 이머징 국가들도 참여할 수 있도록 함

또, 각국 정상들은 재무장관들에게 다음의 사항에 관해 보다 구체적인 검토를 하도록 지시했다.
- 경기변동의 진폭을 확대시킬 수 있는 규제정책들은 피하도록 함
- 금융위기 시에 복합금융상품에 대한 글로벌 회계처리 기준을 검토하도록 함
- 신용파생상품 시장의 투명성 강화와 시스템 리스크를 줄이는 방안을 강구함
- 금융기관 경영자들의 위험부담 및 혁신에 대한 보상 인센티브 제도를 재검토하도록 함
- 국제금융기구들의 권한, 지배구조, 예산 등에 관해 재검토하도록 함

넷째, 각국 정상들은 필요한 개혁들을 자유시장 원칙에 입각하여 추진해야 하며, 법치주의, 사유재산, 자유무역투자, 경쟁시장, 효율적으로 규제된 금융시스템 등이 반영되어야 한다는데 합의했다. 특히 다음의 사항에 합의했다.
- 보호(무역)주의를 배척함
- 2008년 안에 WTO 도하라운드의 성과를 도출할 수 있도록 노력함
- 향후 12개월 내에 어떠한 형태의 무역 및 투자 장벽 신설을 금지하

기로 함

- 개발원조계획을 재확인하며 글로벌 경제 발전을 위해 선진국 및 이머징 국가들이 각자의 역량과 역할에 맞는 참여와 협력을 해가기로 합의함

위 공동성명의 내용을 간략히 요약하면, 첫째 단기대책으로 금융위기 대처를 위해 국제공조를 계속 강화하고 각국이 금융확대 및 재정확대 정책을 적극 추진하며 국제금융기구의 개혁을 추진하기로 했다. 둘째, 금융시장의 투명성과 금융기관의 과도한 위험부담을 방지하고 금융감독을 강화하는 내용의 규제 개혁 방안 마련을 위한 공동원칙을 책정했다. 셋째, 금융규제 강화 방안 마련을 위한 구체적인 행동계획을 마련하고 파생상품의 회계처리 기준 및 금융기관의 자본건전성 등을 강화하기로 했다. 넷째, 위기 시에 각국간 이해상충으로 국제공조가 깨져 세계경제 위기가 더욱 증폭되는 것을 막기 위해 자유시장 원칙과 보호주의 배격을 강조했다.

이번 G20 정상회담은 글로벌 금융위기와 세계경제 침체에 직면하여 미국과 유럽연합 그리고 중국, 일본 등 세계 주요국들간의 이해관계와 입장이 서로 엇갈리고 있는 점을 사전에 차단하고 공동대처를 해나가자는 원칙을 확인하려 했다는데 그 의의가 있다고 하겠다. 금융개혁 등에 관한 이야기는 이미 여러 차례 나온 이야기들로 새삼스러운 것은 아니며, 자유시장 원칙과 보호주의 배격 역시 원칙론적인 이야기에 불과하다고 할 수 있다. 금융시장의 신용경색과 금융기관의 대규모 부실, 실물경제의 급강하를 막기 위한 구체적인 대책들은 각국의 금융 및 재정 확대정책에 맡겨진 모습이다. 즉 각국이 각자의 경제사정을 고려하여 알아서 잘 하

되 금리정책과 재정확대와 같은 국제공조에는 적극 협력하도록 하자는 것이다.

그러나 국제금융시장의 신용경색으로 인한 이머징 국가들의 달러부족 문제에 대해서는 IMF와 같은 국제금융기구의 개혁을 통해 해결하겠다는 입장이어서 당장에는 도움이 되지 못하고 있다. 중국 등 이머징 국가들의 발언권 및 지위 확대를 포함한 국제금융기구를 개혁한다는 정도에 그치고 있을 뿐이다.

G20 정상회담 전에 프랑스 등 유럽연합이 거론한 신브레튼우즈 체제 복귀 문제와 같은 매우 예민한 문제들에 대해서도 구체적으로 언급된 내용이 없다. 유럽연합은 글로벌 금융위기의 주요 원인 가운데 하나로 미 달러 기축통화제를 지목하고 있다. 신브레튼우즈 체제로의 복귀란 곧 현행의 변동환율제와 달러 기축통화 체제를 재검토해야 한다는 것을 의미한다. 1945년에 설립된 브레튼우즈체제(IMF체제)는 금을 기준으로 한 금태환 고정환율제를 기본으로 하고 있다. 그것이 1971년 닉슨선언으로 금태환을 포기하고 종이지폐인 달러 기축통화 체제로 전환되었으며 1973년에는 고정환율을 포기하고 변동환율 제도로 이행해갔다. 즉 1973년부터 미 달러 기축통화 중심의 변동환율제도가 시작된 것이다.

그러나 미 달러 기축통화 변동환율제가 시행되면서 미국 스스로가 냉전체제하에서 기축통화 안정을 위해 달러 강세정책을 고수했다. 일본 등 각국 역시 자국의 수출증대를 위해 외환시장에 수시로 개입했다. 그 결과 달러가 비정상적으로 고평가 되는 부작용이 누적됨에 따라 1985년에는 미국경제가 그 압력을 이기지 못하고 강제적으로 미 달러화 가치를 대폭 평가절하하는 조치를 단행하지 않을 수 없었다. 1985년 10월의 미일간 플라자합의가 바로 그것이다. 이 합의를 통해 미국은 당시 달러당

250엔이던 엔화 환율을 150엔으로 대폭 평가절상 시켰던 것이다. 미 달러 입장에서 보면 대폭적인 평가절하를 한 셈이다.

미 달러 기축통화 변동환율제는 90년대 후반에도 동아시아 외환위기를 촉발했으며, 미국경제에 거액의 쌍둥이 적자를 확대 재생산하는 근본원인이 되었다. 달러화가 강세를 지속하는 한 미국 가계들은 계속 수입 상품 과잉소비를 할 수밖에 없다. 미 국민들의 소득수준과 물가에 비해 달러의 지나친 강세로 인해 값이 너무나 싸기 때문이다. 또 미국이 주장하는 것처럼 2000년 이후 외환위기를 겪은 아시아 각국들이 필요 이상의 달러보유를 하지 않을 수 없게 되었고, 그것이 미국으로 대거 환류됨에 따라 저금리와 맞물리면서 유동성 과잉으로 부동산투기 버블 및 주가 버블을 낳는 근본원인이 되었다고도 할 수 있다.

사실 부동산 버블 붕괴와 주가폭락 그리고 글로벌 금융기관들의 연쇄파산과 기업들의 파산위험 급증 등 미국의 경제현실과 경제력 급감을 감안하면 미 달러화는 세계 주요통화에 대해 3,40% 정도 평가절하되는 것이 정상이라고 할 수 있다. 미 달러화의 대폭적인 평가절하는 작금의 미국 금융위기 및 경제불황을 극복하는데 있어서도 필요한 상황이다. 그러나 실제로는 달러가 기축통화이다 보니 일본 엔화에 대해서만 약세를 보이고 있을 뿐 여타 주요 통화에 대해서는 오히려 강세로 반전되고 있다.

달러가 강세로 반전된 이유는 미국경제가 호전되거나 여타 국가들의 경제가 악화되고 있기 때문이라기보다는 오로지 미국발 금융위기로 인한 국제금융시장의 신용경색으로 달러가 제대로 공급되지 않고 있기 때문이다. 미 달러화의 비정상적인 고평가는 오히려 상황을 더욱 악화시킬 뿐이다. 미국의 경우에는 달러 약세를 통해 수출을 늘리고 고용과 기업 실적을 개선할 수 있는 통로가 차단된다. 뿐만 아니라 달러의 비정상적인 강세는 이머징 국가들을 비롯한 여타 국가들의 대미 수출이 급증하는 요인으로 작용한다. 이는 미국으로 하여금 보호주의로 내닫는 요인이 되고 있다. 실제로 오바마 차기 정부 내에서는 이러한 움직임이 두드러지게 나타나고 있으며, 미 국민들의 오바마 차기 정부에 대한 기대에서도 이런 움직임이 강하게 나타나고 있다. 벌써 빅3 자동차회사에 대해 차기 정부는 강력한 지원의사를 표명하고 있다. 미국 자동차업계의 경영위기도 달러 기축통화제가 한몫 하고 있다는 사실은 부인할 수 없다.

달러의 비정상적인 강세는 달러 투기를 부채질하여 상황을 더욱 악화시킬 뿐이다. 달러가 대폭 평가절하 되면 달러에 대한 수요가 줄어 달러 유동성 부족 문제가 해소될 수 있다. 그러나 문제는 달러가 기축통화이다 보니 달러에 대한 수요가 줄어들지 않는다는 것이다. 그 결과 악순환이 계속된다. 만일 과거 금이나 SDR과 같은 세계통화가 존재하고 모든 통화가 그 세계통화에 대해 각국 통화의 변동환율을 결정한다면 미 달러 역시 여타 통화와 마찬가지로 경제력 변화에 맞추어 쉽게 조정이 가능해진다.

그런데 신브레튼우즈 체제 복귀를 주장하는 유럽연합과는 달리 일본은 달러 기축통화제 고수 입장을 보이고 있다. 그 이유는 간단하다. 만일 달러 기축통화제를 포기하고 세계통화 중심의 변동환율제로 이행해갈 경우 일본이 보유한 1조 달러의 외환보유에서 막대한 환차손이 발생하기 때문이다. 만일 달러 기축통화 중심에서 세계통화 중심으로 바뀌게 되면 달러화는 세계통화에 대해 최소한 3,40% 평가절하될 것이다. 그 경우 일본 입장에서는 미 달러화에 대해 상대적으로 엄청난 엔고와 막대한 환차손이 발생하게 될 것이다. 이것이 일본이 달러 기축통화제 유지를 주장하는 이유이다.

결론을 말하자. 작금의 글로벌 금융위기와 세계경제 동시 침체는 원래 '미국발' 금융위기에서부터 시작된 것이다. 따라서 올바른 문제해결의 순서는 미국경제 내의 구조적 모순부터 해결하는 것이라고 할 수 있다. 당장에는 금융기관의 위험관리 및 규제감독 강화 방안 마련이 필요하겠지만 보다 근본적으로는 미 달러 기축통화제에 대한 전면적인 재검토가 필요하다고 하겠다.

지금의 미 달러 기축통화제는 1992년 냉전시대의 종언과 더불어 이미 시대적 사명을 다했다고 할 수 있다. 미 달러 기축통화제로 21세기 급변하는 세계경제를 지탱해간다는 것은 불가능하다. 이번 글로벌 금융위기는 달러 기축통화제가 한계에 이르렀음을 경고해준 것이라고 하겠다.

고평가 된 미 달러 기축통화제가 계속 유지되는 한 세계 금융위기 반복은 피할 수 없다. 2009년 4월 영국 런던에서 개최되는 G20 정상회담에서는 이 문제를 진지하게 논의해야 한다.

<경제시평> 2008년 11월 17일

자산버블 기반 시장경제의 실패

2009년이 시작되었다. 해가 바뀌면 예의로라도 희망적인 이야기를 하는 것이 인지상정이라고 할 수 있다. 그러나 올해는 그렇지 못해 유감스럽다. 그만큼 올해는 힘들고 어려운 한 해가 될 것으로 보이기 때문이다. 국내외 대부분의 전문가들이 지난 2007년 하반기 미국 서브프라임론 사태로부터 시작된 글로벌 경제위기가 올해 가장 절정에 도달할 가능성이 높다고 말하고 있다.

2007년 하반기부터 시작된 미국발 서브프라임론 사태는 2008년에 들어서면서 미국발 글로벌 금융위기로 발전되었고 하반기부터는 글로벌 경기불황으로 확산되는 모습을 보이고 있다. 그 와중에 미국을 비롯한 세계 각국에서 부동산 버블이 붕괴하고 있으며 주가도 폭락했다. 실물경제도 급속히 냉각되어 대부분 선진국들은 올해 마이너스 경제성장이 거의 확실시되고 있으며 중국 등 신흥경제국 역시 대폭적인 성장둔화가 예상되고 있다. 물론 한국경제 역시 예외일 수는 없다. 한국경제도 올해 마이너스 성장을 면하기 어려울 것으로 보인다.

해가 바뀌었다고 해서 하루 아침에 국내외 경제적 상황이 갑자기 바뀔 리는 만무하다. 어제까지만 해도 고조되던 경제위기가 오늘 아침 해가 바뀌었다는 이유로 갑자기 호전될 리는 없는 것이다. 이처럼 경제현실은 크게 변한 것이 없지만 사람들의 인식과 기대는 해가 바뀜으로 해서 크게 영향을 받기도 한다. 똑 같은 하루라도 2008년의 마지막 하루와 2009년 첫 하루는 사람들의 인식 속에서는 같은 하루가 아닌 것이다. 이처럼 사람들의 인식 변화는 경우에 따라서는 상황을 호전시키기도 하지만 반대로 상황을 더욱 악화시키기도 한다.

흔히 어렵고 힘들수록 사람들은 실현가능성이 희박한 무리한 기대를 갖기 쉽다. 평상시에는 로또 복권에 관심조차 보이지 않던 사람이 경제적으로 감당하기 힘든 어려움에 처하게 되면 갑자기 로또 복권에 관심을 보이는 경우가 그 대표적인 예라고 할 수 있다. 실현 가능성이 무한히 낮은 한탕주의의 허황된 도박심리에 사로잡히게 되는 것이다. 개인이든 기업의 경영자든 실제로 이런 경험이나 유혹을 느껴본 사람들이 적지 않을 것이며 충분히 공감할 수 있을 것이다.

이처럼 어려움에 빠지게 되면 사람들은 어떻게 해서든 문제를 합리적으로 해결하려 하기보다는 오히려 한탕주의적 도박에 강한 유혹을 느끼게 된다. 그러나 이런 행동의 이면에는 현실도피나 현실을 부정하려는 심리가 강하게 깔려 있다. 동시에 어떻게 해서든 무조건 하루라도 어려운 현실에서 빨리 벗어나고 싶어하는 조급증에 사로잡혀 있다. 그 결과 평상시에는 생각하기 힘든 비이성적인 행동을 하게 된다. 그러나 그 비이성적 행동이 문제를 해결해줄 리는 만무하다. 아무리 로또 복권을 산다 한들 당첨 가능성은 거의 없는 것이다. 결국 마지막 실낱 같은 희망을 걸었던 로또 복권이 꽝이 되면 파국적인 상황에 직면하게 된다.

투기가 됐든 투자가 됐든 주식이나 부동산에 돈을 넣어 감당하기 힘든 큰 손실을 본 개인은 현실을 있는 그대로 보지 못할 가능성이 높다. 왜냐하면 큰 손실을 본 현실을 부정하려는 무의식이 마음속 깊이 강하게 작동하고 있기 때문이다. 내가 잘못한 것이 아니라 현실이 잘못되었다고 착각한다. 그리고 잘못된 현실은 곧바로 수정될 것이며 자신의 손실도 곧 만회될 것이라고 기대하게 되는 것이다. 그래서 큰 손실을 본 사람일수록 주식이든 부동산이든 더욱더 한탕주의 식의 도박 유혹에 쉽게 빠지게 된다. 그런 사람들은 거짓 정보나 사기적 루머 그리고 엉터리 정책선동에 평상시보다 훨씬 쉽게 걸려든다.

이런 도박적인 심정은 개인뿐만 아니라 기업이나 국가 역시 마찬가지라고 할 수 있다. 왜냐하면 기업이든 국가든 모두 사적 이해관계에 얽힌 사람들이 움직이는 것이기 때문이다. 기업이 어려움에 처하게 되면 경영자든 노조든 현실을 자꾸 부정하려 한다. 자신들의 잘못이나 실수가 아니라고 생각하려고 한다. 그래서 이성적인 해결책을 강구하기보다는 무리한 편법이나 감정적인 해법을 선택하기 쉽다. 그로 인해 문제의 근본 원인을 찾지 못하고 올바른 해법도 찾지 못한 채 악순환의 구렁텅이로 더욱 빠져들게 된다.

국가도 서로 다른 이해를 지니는 정치집단에 의해 크게 좌우된다. 특히 민주주의가 덜 발달한 정치 후진국일수록 경제위기에 직면하게 되면 비이성적인 도박적 정책 남발로 위기가 더욱 심화되는 모습을 쉽게 찾아볼 수 있다. 이들 국가는 현실의 경제위기를 끊임없이 부정하려 하며 자신들의 잘못이나 책임이 아니라고 주장한다. 그리고 위기를 한방에 해결하겠다는 식으로 한탕주의 도박적 정책들을 남발한다. 물론 선진국의 경우에도 경제위기에 직면하게 되면 비슷한 양상을 보이기도 한다.

이성적이고 합리적인 정책이란 공간적으로는 모든 지역과 국민 전체를, 시간적으로는 현 세대뿐만 아니라 미래의 자식세대를 포함한 전체의 이익을 극대화할 수 있는 문제해결 방법론 또는 이해조정 방법론을 말한다고 할 수 있다. 그렇기 때문에 선진국의 경우 정책을 만들어 입법화하기까지는 많은 연구와 토론을 거쳐 수년 간의 시간이 소요되는 것이 보통이다. 그렇게 해서 만들어진 정책은 시공간적으로 일관성과 지속성을 지니게 된다. 정책이 시도 때도 없이 수시로 바뀌거나 남발되지 않는다. 만일 정책이 잘못 만들어지게 되면 그 부작용도 일시에 끝나지 않는다. 수년간 지속될 수도 있으며 경우에 따라서는 나라가 망할 수도 있는 것이다. 작금의 미국발 금융위기가 무리한 금융규제 완화라는 정책실패에서 비롯된 것처럼 말이다.

정책에 의한 사회 전체의 효익극대화 문제와 개인의 이익극대화 문제는 차원이 다르다고 할 수 있다. 국가는 두 사람 이상이 모여 형성된다. 국가가 어느 한 정책을 채택할 때 그로 인해 발생하는 국가 전체의 효익과 국가를 구성하는 개인들의 이익극대화가 상충할 수 있다. 개인은 남의 이익을 생각하지 않고 오로지 자신의 이익만을 생각하면 된다. 그러나 국가는 그럴 수 없다. 구성원 모두가 납득할 수 있는 효익극대화를 추구해야 한다. 그래야만 국가로서의 존재이유와 공평무사함과 정의가 확보될 수 있는 것이다. 만일 국가가 편향되거나 도박적 정책으로 다른 개인들의 이익을 희생하여 특정 개인들에게만 특혜를 많이 주게 된다면 국가의 존립이 어렵게 된다. 이해상충으로 갈등이 첨예화되기 때문이다.

그래서 근대 경제학은 처음부터 시장가격 메커니즘이 개인의 이익극대화 문제와 국민 전체의 효익극대화 문제를 동시에 해결해주는가에 큰 관심을 가졌는데, 후생경제학(welfare economics)이 바로 그것이다. 후생경제학은 개인의 이익(후생) 극대화를 바탕으로 한 시장가격 메커니즘이 모든 개인의 후생을 합산한 사회 전체의 후생 극대화도 동시에 보장해주는가를 다룬다. 즉 시장가격 메커니즘의 소득재분배 정의를 다루는 분야인 것이다. 이것은 개인의 이익추구가 사회 전체의 경제적 정의와도 합치하는가에 관한 중요한 문제로서 특히 시장주의를 내세우는 신고전파 경제학자들에게 있어서 매우 중요한 문제였다.

만일 개인의 이익 극대화를 전제로 형성되는 시장가격 메커니즘이 동시에 사회 전체의 후생도 극대화해주지 못한다면 시장경제는 소득재분배 정의를 실현하지 못하는 비효율적인 것이 된다. 개인의 이익 극대화와 사회 전체의 후생 극대화는 시장가격 메커니즘을 통해 동시에 해결할 수 없으며 어느 하나를 위해 다른 하나를 희생해야 한다. 국가 입장에서는 사회 전체의 후생 극대화가 우선이므로 불가피하게 개인의 이익극대화 행위를 규제할 수밖에 없게 된다. 그러나 이것은 개인의 이익극대화를 전제로 하는 시장가격 메커니즘을 부정하는 것이며 시장경제를 전제로 하는 신고전파 경제학을 부정하는 것이 된다.

신고전파의 후생경제학 연구는 크게 두 가지 흐름으로 나뉘어진다. 하나의 흐름은 각 개인들의 후생을 합산할 수 있다는 가법성(기수성)을 전제로 한 학자들이 주장한 것으로 마샬, 에지워스, 피구 등이 그 대표적인 사람들이다. 이들은 후생의 가법성을 전제로 각 개인들의 후생(이익) 극대화에 의해 결정되는 시장가격이야말로 최대 다수의 최대 행복 또는 만인의 최대 행복이라는 공리주의 철학을 실현해준다고 주장했다. 즉 시장가격이 개인의 후생 극대화뿐만 아니라 사회 전체의 후생 극대화를 동시에 달성한다는 것이다.

후생경제학의 창시자라고도 불리는 피구는 한계효용 체감의 법칙을 이용하여 소득재분배가 경제의 총생산을 저하시키지 않는 한 사회 전체의 후생을 증대시킨다는 것을 증명하였는데, 이를 피구의 제2명제라 부른다. 한계효용 체감의 법칙이란 소득이 적을수록 추가적인 단위소득 증가로부터 얻는 한계효용(만족도)은 커지며 소득이 많을수록 추가적인 단위소득 증가로부터 얻는 한계효용은 작아진다는 것을 말한다. 이로부터 피구는 총생산을 저해하지 않는 소득재분배는 가난한 사람의 강한 한계효용(욕구)을 충족시켜주므로 사회 전체의 후생이 증대한다는 것이다.

물가하락이나 이자율 하락에 의한 실질자산가치 상승으로 소비가 증가하는 효과를 흔히 자산효과(wealth effect)라고 부르는데 이를 피구효과라고도 한다. 물가나 이자율과 같은 가격변화가 소득재분배를 유발하여 소비에 영향을 주고 있기 때문이다. 또 피구는 (+)외부경제로 다른 사람들의 소득재분배 증대 효과를 내는 사람들에 대해서는 보조금지급을, (-)외부경제로 다른 사람들의 소득재분배 감소 효과를 초래하는 사람들에 대해서는 과세(피구세)를 주장하기도 했다.

이와는 달리 파레토, 힉스, 칼도와 같은 경제학자들은 개인들의 후생은 서로 합산할 수 없다는 후생의 비가법성(서수성)을 전제로 효율성 문제와 재분배 문제를 분리하여 논해야 한다고 주장했다. 후생의 비가법성(서수성)은 일반성이라는 관점에서 가법성보다 진일보한 이론이라고 할 수 있다.

파레토는 시장가격의 분배 효율성과 관련하여 다른 사람의 후생을 희생시키지 않고서는 더 이상 사회 전체의 후생을 증대시킬 수 없다는 '파레토 효율성' 또는 '파레토 최적'이라는 개념을 정립했다. 파레토 최적 상태에서는 자원의 최적 활용이 실현된다. 개인의 이익극대화를 바탕으로 하는 시장가격 메커니즘이 파레토 최적 상태라는 것을 증명하게 되면 자동적으로 시장가격이 자원의 최적 활용 또는 자원의 효율적 배분도 보장해준다고 할 수 있게 된다.

그는 나아가 20%의 부자가 80%의 부를 차지하고 있으며 80%의 사람이 나머지 20%의 부를 가지고 있다는 80:20 경험칙인 파레토 법칙을 주장했다. 이런 편중 현상은 비단 경제뿐만 아니라 사회나 자연 현상 전반에서 흔히 발견된다는 것이다. 이러한 경험칙을 바탕으로 개인간 후생을 적절하게 재분배하여 사회 전체의 후생을 극대화할 수 있는 경제정책을 정립하는데 노력하였다.

시장의 실패 가능성을 인정하는 케인지안 경제학자들도 후생경제학의 소득재분배 문제에 큰 관심을 가졌다. 왜냐하면 시장 실패에 의한 소득재분배의 실패는 정책을 통해 시정해야 하는 것으로 보았기 때문이다. 케인지안 경제학자들에게 있어서 시장 실패의 경우 소득재분배 정책은 경기부양의 중요한 수단으로 인식되었던 것이다.

대표적인 경제학자들로는 칼도와 힉스가 있다. 칼도는 어떤 변화에 의해 이익을 얻는 사람이 손해를 보는 사람에게 보상을 해주고도 이익이 남는다면 그 변화를 수용할 수 있다는 칼도 보상기준을 내세웠다. 이에 비해 힉스는 어떤 변화에 대해 손해를 보는 사람이 변화를 반대하여 그 변화로 이익을 얻을 수 있는 사람에게 보상을 해주더라도 더 이상 사회 전체의 효용을 증대시킬 수 없을 때 그 변화를 수용할 수 있다는 힉스 보상기준을 주장했다. 이 두 사람의 주장을 합쳐 놓은 것을 칼도-힉스 보상기준이라고 한다.

지난 2000년부터 미국을 비롯한 세계경제는 무분별한 금융규제 완화와 잘못된 금리정책 및 환율정책 등을 배경으로 과다부채와 위험을 무시한 무차별적인 투기, 그리고 투기에 의한 과소비가 계속되었다. 그로 인해 기업들의 과잉투자도 계속되었다. 그러나 2007년 하반기 미국발 서브프라임론 사태를 계기로 글로벌 금융위기와 경제불황이 터지기 시작했다. 마치 거대 비만증에 걸린 사람이 당뇨와 심장마비 등 온갖 합병증이 한꺼번에 발생하여 피를 토하고 쓰러진 경우와 같다고 할 수 있다. 100년에 한번 있을까 말까 하는 위기라는 말이 이를 대변해준다고 할 수 있다. 그래서 FRB와 미 재무성 등 각국의 정책당국들은 전기쇼크 요법 등 앞뒤 안 가리고 긴급 심장 소생술과 응급조치를 취해왔다고 할 수 있다.

거대 비만과 합병증 발병은 시장의 실패를 의미한다. 시장의 실패는 경제 전체의 후생을 극대화하는 파레토 최적의 소득재분배도 실패하였음을 의미한다. 파레토 최적의 소득재분배 실패는 당연히 경제 전체적으로 자원의 엄청난 비효율적 낭비도 초래했다는 것을 의미한다. 시장실패의 충격이 큰 것에 비례하여 소득재분배와 자원의 비효율적 낭비 역시 크게 왜곡되었다고 할 수 있다.

계속 살이 불어나 겉으로는 경제성장이 계속된 것처럼 보였으나 경제 전체의 소득재분배 면에서는 80:20을 넘어서 95:5가 되는 부익부 빈익빈의 극단적인 양극화 현상이 가속화되었다. 각국에서는 비정규직이 급증했다. 특히 미국과 한국의 경우에는 부동산투기로 가계부채가 급증했으며 그를 바탕으로 과소비가 심화되었고 성장잠재력도 크게 저하되었다. 개인 이익극대화를 앞세운 시장 실패가 사회 전체의 후생극대화를 희생시킨 것이다.

거대 비만 경제가 지속되면서 원유를 비롯한 철광석 등 원자재 가격이 폭등한 것은 세계경제 전체로 자원의 비효율적 활용이 극에 달했음을 시사한다고 할 수 있다. 즉 파레토 최적의 소득재분배도 자원의 효율적 배분도 실현되지 못했던 것이다. 이번 금융위기로 지난 몇 년간 지속되어 온 거대 비만의 경제성장 방식과 자원의 비효율적 낭비로는 세계경제가 절대로 지속가능한 성장을 할 수 없다는 것이 여실히 입증된 것이다.

그러나 유감스럽게도 이처럼 시장실패와 정책실패가 명명백백히 드러났음에도 불구하고 각국의 정책당국들이 응급소생술의 단계를 넘어 중증 환자에게 당장 내일 일어서 뛰라는 식의 무모한 정책들을 남발하고 있다. 거대 비만이 발생하게 된 근본적인 원인 파악과 근본적인 치료방법을 고민하고 시행하기보다는 정치적 이해관계를 우선하여 다시 예전의 거대 비만 상태로 되돌리려 하고 있는 것이다. 지금의 경제위기의 근본적인 원인이 무엇이며 근본적인 치료법이 무엇인지는 굳이 일일이 설명하지 않아도 다 알 수 있을 것이다.

자유방임주의적 정책실패와 네오콘의 일방주의적 정책에 의한 민주주의 퇴보가 지금의 경제위기와 시장실패를 초래한 근본 원인이다. 근본적인 치료법은 무엇보다도 거대 비만에서 벗어나도록 하는 다이어트 정책과 퇴보된 민주주의를 다시 복원하는 정책을 시행하는 것이다. 나아가 시장실패로 인해 무너진 소득재분배를 파레토 최적 상태로 되돌릴 수 있는 정책을 시행해야 한다. 즉 80%의 중하위 계층의 소득재분배를 복원하는 정책을 시급히 보완해야 한다.

부동산과 주식 투기 등을 통해 거대 비만에서 과다 효익을 얻은 계층들이 이번 경제위기로 가장 큰 타격을 받은 것은 사실이다. 그러나 이들은 대부분 국가에서 정치적 주도세력을 형성하고 있다. 그 결과 지금의 경제위기 극복을 위한 정책도 이들의 효익을 우선하는 식으로 왜곡되어 추진되고 있다. 거대 비만 경제 형성 과정에서 착취당한 80%의 계층은 경제위기 속에서 그리고 위기 극복과정에서도 여전히 소외되고 있다. 80%의 중하위 계층이 부동산과 주식 투기에 몰입하지 않고 열심히 땀 흘려 일해서도 먹고 살 수 있는 건전한 시장경제를 만들어야 한다. 근면, 절약, 검소, 배려의 자본주의 시장경제의 초기 정신으로 되돌아가야 한다. 구조조정이란 바로 이것을 말하는 것이다. 단지 기업 하나 둘 정도를 줄이고 없애거나 사람 몇 명 자르고 줄이는 것이 아닌 것이다.

결론을 말하자. 최근의 글로벌 경제위기와 중국을 비롯한 신흥경제국의 급성장은 세계경제 성장패러다임의 근본적인 변화를 요구하고 있다. 세계경제는 더 이상 과거와 같은 거대 비만의 성장 패러다임으로는 지속가능한 성장을 유지할 수 없다.

세계경제 규모가 100이었을 때 5%를 성장하게 되면 105로 5만큼 늘어나게 된다. 그러나 신흥경제국의 급성장으로 세계경제 규모가 1,000으로 늘어난 상태에서 5% 성장을 하게 되면 1050으로 50만큼 늘어나게 된다. 똑 같은 5% 성장이지만 성장의 크기 면에서는 50은 세계경제가 100일 때의 5에 비해 10배에 해당한다. 이것은 세계경제가 과거 100일 때에 비해 자원소모량이 10배로 늘어남을 의미한다. 이런 속도로는 얼마 안 있어 자원고갈에 직면하여 세계경제가 성장을 멈추게 될 수밖에 없다. 세계경제가 무리한 비만성장을 추구하면 할수록 경제위기도 갈수록 커지게 되는 것이다. 이미 그런 상황에 도달했다.

과도한 자산투기 버블을 떠받치는 잘못된 정책남발로 거대 비만 성장을 하는 한, 지금과 같은 세계 경제위기는 확대 재생산될 뿐이다.